Die

Ohnmacht bei der Geburt

vom gerichtsärztlichen Standpunkt.

Eine Abhandlung für Aerzte und praktische Juristen

von

Dr. Moritz Freyer

Kreisphysikus in Darkehmen.

MOTTO:

Ejusmodi haec excusatio est, quam medici facile possint apud judices et deprimere et extollere, prout nimirum plus apud illos valuerit vel odium causae, vel favor.

Ernestus Platner.

Berlin.

Verlag von Julius Springer.

1887.

ISBN-13: 978-3-642-89708-5 e-ISBN-13: 978-3-642-91565-9
DOI: 10.1007/978-3-642-91565-9

Reprint of the original edition 1887

Vorwort.

Unter allen Verbrechen, welche das Strafgesetzbuch kennt, ist das furchtbarste der Mord, die planmässige, überlegte Vernichtung eines Menschenlebens; zugleich aber ist der Mörder von allen Verbrechern derjenige, welcher am wenigsten und kaum jemals Anspruch auf das Mitgefühl seiner Nebenmenschen erheben darf. Anders verhält es sich mit dem „Kindesmord“, der vom Morde wenig mehr als den Namen hat. Wenn eine Mutter ihr uneheliches Kind in oder gleich nach der Geburt vorsätzlich tödtet — und in diesem Falle ist sie eine Kindesmörderin speciell im Sinne des § 217 R.-St.-G.-B. —, so wird sie dem Sittenrichter vielleicht noch in milderem Lichte erscheinen, wenn schon der Mann des Gesetzes auf die für dieses Verbrechen normirte Strafe erkennt, die hier Zuchthaus von drei bis zu fünfzehn Jahren ist, und ihr die mildernden Umstände nicht zubilligt, die ihn berechtigen würden, auf Gefängniss von zwei bis zu fünf Jahren zu erkennen.

Aber diese Sympathie, welche die Kindesmörderin im einzelnen Falle dem Laien einflössen mag, darf sein Gerechtigkeitsgefühl nicht alteriren, und zumal darf derjenige Laie, welcher zur Mitwirkung bei einer Kriminalprocedur berufen ist, der natürlichen Regung seines Mitgefühls niemals einen Einfluss auf die praktische Ausübung seines Antheils an der Rechtspflege verstatten. Ich habe hier nicht die Geschworenen im Auge, denen ähnliche Vorhaltungen so oft und doch nie zu oft gemacht werden; ich denke an die Gerichtsärzte, deren Gutachten in allen Verhandlungen wegen Kindesmordes naturgemäss eine so grosse Rolle spielen. Auch der Arzt ist Mensch, und was wäre ein Arzt ohne Menschenliebe? Weil aber der Jünger Aesculap's sein Leben und Wirken der leidenden Menschheit widmet, ist auch er der Gefahr ausgesetzt, dass sein natürliches Mitgefühl auf sein Rechts- und Wahrheitsgefühl einen bestechenden Einfluss übe.

Ich weiss mich von solchem Einflusse frei, indem ich mich an eine Aufgabe mache, welche dazu angethan ist, der Vertheidigung in Kindesmordsprocessen eine Handhabe zu bieten. Ich will den Nachweis erbringen, dass, wenn von Frauenspersonen, die unter der Anklage des Kindesmordes stehen, der Einwand erhoben wird, dass sie in dem Momente der Geburt des Kindes ohnmächtig und deswegen bewusstlos gewesen, folglich aber für das tragische Schicksal desselben nicht verantwortlich seien —, man nicht ohne Weiteres berechtigt ist, einen solchen Einwand von der Hand zu weisen, ja, dass derselbe, speciell in den Fällen heimlicher Geburt, sogar die Wahrscheinlichkeit für sich hat. Und es ist nichts anderes als das Gerechtigkeitsgefühl, was mich bei diesem Schritte leitet. Ich will verhüten, dass umgekehrt eine Voreingenommenheit zum Schaden der Angeklagten Platz greife.

Denn seltsam! Während man sonst unserer Kriminaljustiz eine „schwächliche Sentimentalität“ zum Vorwurf macht, wird in den Verhandlungen wegen Kindesmordes das beregte Entlastungsmoment, dessen Erheblichkeit jedem Laien einleuchtet, vielfach mit einer erstaunlichen Leichtherzigkeit abgethan. Man begrüsst es mit Achselzucken und einem Lächeln, welches andeutet, dass man hier eine alte, bekannte „Ausrede“ wiederfinde, und wundert sich, wie die Angeklagte den Gerichtshof für gar so leichtgläubig halten könne. Und der Gerichtshof muss so urtheilen, weil ihm die medicinischen Sachverständigen in der Regel von der Unmöglichkeit, mindestens aber von der Unwahrscheinlichkeit des von der Angeklagten dargestellten Vorganges sprechen werden.

Ich selbst habe in den letzten Jahren mehrfach Gerichtsverhandlungen beigewohnt, in welchen von Seiten der Gutachter die widerspruchvollsten Ansichten über die von mir aufgeworfene Frage producirt wurden. Und da ist mir der Gedanke gekommen, derselben einmal gründlicher nachzugehen, und wiederholte private Unterredungen mit dem ersten Vertreter der Anklagebehörde in dem Landgerichtsbezirk, welchem ich angehöre, bestärkten mich in diesem Vorsatz. Ich begab mich auf ein wenig bebautes Gebiet und suchte es zu kultiviren. Das ist das einzige Verdienst, welches ich für mich in Anspruch nehme. Mögen Andere auf meiner Grundlage weiter bauen und etwaige Lücken ausfüllen!

Ich wandte mich mit Rundfragen an Gerichtsärzte und Geburtshelfer und sah aus ihren Antworten, dass sie eine systematische Erörterung des Gegenstandes für dringend nöthig hielten. Ein Mann wie E. Hofmann, der Verfasser des allbekannten Lehrbuchs der gerichtlichen Medicin, schrieb mir: „Ich kann Ihr Unternehmen nur lebhaft begrüssen und halte es mit Rücksicht auf die Häufigkeit einschlägiger Angaben in foro für sehr wichtig, dass Klarheit in die Sache komme. Der von Ihnen eingeschlagene Weg wird gewiss dazu beitragen.“

Das war ein neuer Sporn! Und so habe ich zunächst die Geschichte durchforscht und zum ersten Mal die historische Entwickelung dieser Frage in möglichster Vollständigkeit klargelegt. Aus derselben wird immerhin die eine Thatsache hervorleuchten, dass zu den Zeiten der Folter, wie heute, von den des Kindesmordes Angeschuldigten — ob mit, ob ohne Aussicht auf Erfolg — über den Geburtsvorgang stets dieselben Angaben gemacht worden sind. Sollten diese, durch Jahrhunderte sich hindurchziehenden Angaben wirklich nur Märchen, immer dasselbe Märchen sein, das sich die Angeschuldigten von einander aneignen, das unter den einsam zur Entbindung gelangenden Mädchen und Frauen in gleicher Weise sich fortpflanzt und von Generation zu Generation vererbt, wie das Märchen in der Kinderstube? Ich glaube, auch die Märchen erleiden im Laufe der Zeiten ihre Wandlungen, und dieses Märchen sollte unverändert und unwandelbar dasselbe geblieben sein? Schon diese Ueberlegung allein musste mich in der Ueberzeugung bestärken, dass jene Angaben über den Geburtsverlauf und somit auch über die Gebäraktsohnmacht nicht ganz bedeutungslos sein können.

Ich habe dann ferner nicht bloss in der Litteratur Umschau gehalten — sie bot trotz emsigen Nachforschens nur dürftige Ausbeute, und wenn einzelne Autoren dem behandelten Geburtsvorgang schon einige Wahrscheinlichkeit vindiciren, so thun sie das wohl nur auf Grund ihrer theoretischen Erwägungen und des Eindruckes vielleicht, den sie bei gerichtlichen Verhandlungen von dem Gegenstande persönlich gewonnen haben —, ich bin auch bemüht gewesen, ein umfassendes statistisches Material zu beschaffen und ausgiebig zu benutzen. Dass mir das möglich geworden ist, dafür darf ich den Herren Collegen und den Herren Staatsanwälten, welche mich so freundlich unterstützt haben, an dieser Stelle meinen verbindlichsten Dank abstatten.

Und nun möge meine Arbeit für sich selber sprechen!

Darkehmen, im März 1887.

Dr. Freyer.

Inhalt.

I.

Geschichtliche Entwickelung der Frage nach dem Einwande der des Kindesmordes Angeklagten, während des Geburtsvorganges ohnmächtig gewesen zu sein.

Wollen wir nachforschen, wann die Behauptung heimlich Gebärender, im bewusstlosen Zustande geboren zu haben, als Entlastungsmoment vor Gericht Eingang zu finden und beachtet zu werden anfing, so werden wir eben sowohl auf die früheſten Phasen strafrechtlicher Anschauungen, als auch besonders auf eben so frühe, zu gerichtlichen Zwecken bekundete und auf wissenschaftlicher Beobachtung basirte Aeusserungen der berufenen Vertreter der medicinischen Wissenschaften zurückzugehen haben. Allein bei dieser Forschung begegnen wir weit grösseren Schwierigkeiten, als wir sie bei der historischen Entwickelung mancher anderen, specifisch gerichtsärztlichen Materien zu gewärtigen hätten. Wenn wir uns, um ein Beispiel zu wählen, die Aufgabe gestellt hätten, in ähnlicher Weise die Frage nach dem Gelebthaben des neugeborenen Kindes zu erforschen, so würden wir wenigstens in der officiellen Einführung der Lungenschwimmprobe in die gerichtliche Praxis einen historischen Markstein besitzen, von dem aus die ersten Anfänge dieser Frage sich leicht zurück verfolgen liessen. Einen ähnlichen Markstein giebt es für unsere Frage nicht. Denn dieselbe hat schon wegen des Mangels, den Gegenstand, den sie behandelt, nachträglich objectiv feststellen zu können, niemals diejenige allgemeine Würdigung erlangt, die jene auf Grund der Möglichkeit ihrer objectiven Feststellung beanspruchen konnte. Daher ist es wohl gekommen, dass wir bisher noch keine specielle historisch-kritische Bearbeitung der vorliegenden, für die forensische Medicin gewiss nicht unwichtigen forensischen Einzelfrage besitzen. Dazu kommt die Thatsache, dass es auch noch keine so ausführliche, detaillirte und wissenschaftlich genügend bearbeitete Gesammtgeschichte der gerichtlichen Medicin giebt, dass wir an der Hand ihrer Details die erwünschten Daten für unsere Frage gewinnen könnten. Wir sind daher darauf angewiesen, in dem verschlungenen Gewirr von jeweiligem Kultur-, Rechts- und medicinischem Wissenschaftszustande alter und neuerer Zeit eigene Pfade zu suchen, um unter Berücksichtigung der Wechselbeziehungen zwischen strafrechtlichen Anschauungen und ärztlichem Wissen der verschiedenen Zeitepochen auf die ersten Spuren des von unserer Frage umfassten Gegenstandes zu gelangen.

Berücksichtigen wir, dass zur Würdigung des gedachten Einwandes vor Gericht vor Allem ein geregeltes Gerichtsverfahren gehört, bei welchem das richterliche Urtheil sich auf das ärztliche Sachverständigenurtheil stützt, so werden wir in der Geschichte des Rechts und der Heilwissenschaften nicht gar zu weit zurückzugehen haben. Denn in derjenigen Zeitepoche, in der die Rechtspflege im Grunde nichts anderes war, als die blosse Rache, die auszuüben jedem Privaten zustand, in der es also ein eigentliches Rechtsverfahren noch nicht gab, nahmen Mordthaten ein öffentliches Interesse überhaupt nicht in Anspruch und erheischten weder eine Entschuldigung, noch gar eine Aufklärung durch ärztliches Urtheil. Ihre Verübung blieb der Blutrache anheimgegeben, und wenn auch bestimmte Vorschriften hierüber schon im mosaischen Recht gegeben und dort sogar verschiedene Arten des Todtschlags unterschieden werden, so wird speciell die Tödtung eines neugeborenen Kindes dort von anderen Tödtungen noch nicht unterschieden. Ausserdem wurden, soweit ein richterliches Verfahren überhaupt stattfand, ausser Zeugen keine anderen aufklärenden Beistände zugelassen.

Auch in der späteren Zeit, die für Naturbeobachtung und Heilwissenschaft bereits einen Hippokrates zum würdigen Vertreter hatte, liess man die medicinische Wissenschaft an den rechtlichen Entscheidungen nicht theilnehmen, noch weniger machte man letztere von der ersteren abhängig. Denn dies widersprach der ganzen Natur des Rechtes, der sittlichen und religiösen Bildung jener Epoche; vielmehr überliess man, wo die richterliche

Einsicht nicht ausreichte, die Entscheidung einfach der Gottheit, indem die Griechen ihre Orakel befragten, die Römer ihre Auguren berathen liessen, die Germanen ihre Zauberer consultirten. Hie und da drängte sich wohl ein Erfahrener, ein der Natur Kundiger, an den Richterstuhl, um seine Erfahrung und Ansicht zum Besten zu geben und dadurch einen ungerechten Ausspruch zu verhüten, wie dies das Beispiel des Hippokrates erweist, der, als man eine Mutter des Ehebruchs bezichtigte, weil sie ein Kind geboren hatte, welches ihrem Gatten nicht ähnlich war, die Aufmerksamkeit der Richter auf ein im Schlafzimmer der Beklagten aufgestelltes Gemälde lenkte und dieselben zu überzeugen wusste, „dass die fremden Züge nichts weiter, als Abdrücke der Züge des letzteren seien.“ *) Im Allgemeinen jedoch findet sich auch bei den kultivirtesten Völkern des Alterthums, den Griechen und Römern, trotz des nicht zu verkennenden allmäligen Einflusses der ärztlichen Kenntnisse auf die Gesetzgebungen, weder ein Verlangen nach ärztlichen Zeugnissen, noch eine wirkliche praktische Anwendung eines solchen.

Dazu kommt, dass der Kindesmord in unserem Sinne, also die Tödtung des unehelichen neugeborenen Kindes durch seine Mutter, im Alterthum überhaupt nicht geahndet wurde, da man im Gegentheil in Griechenland, z. B. in Sparta und Kreta, auch ehelich geborene, schwächliche Neugeborene als unnütze Last beseitigte; in anderen griechischen Staaten und in Aegypten wurden Neugeborene ausgesetzt, um der gefürchteten Uebervölkerung zu steuern, und in Rom war bekanntlich in den Zeiten der allgemeinen Sittenverderbniss Fruchtabtreibung und Kindestödtung an der Tagesordnung, gehörten dort, weil nicht strafbar, fast zum guten gesellschaftlichen Tone. Erst als die humanen Begriffe des Christenthums, nach denen jedes menschliche Wesen als dem anderen gleichberechtigt und unantastbar galt, sich Eingang verschafft hatten, wurde der Kindesmord, gleichgültig ob am ehelichen oder unehelichen Kinde ausgeführt, jedem anderen Morde gleich geachtet und mit harten Todesstrafen geahndet. Diese Errungenschaft des Mittelalters finden wir bereits in den Verordnungen des ersten christlichen Kaisers Constantin sich ab-

*) Klose, System der Physik 1814.

spiegeln und finden sie in den folgenden Gesetzen des Mittelalters zunächst im verschärften Maasse wieder. Vergeblich sehen wir uns daher auch in den Zeiten der ersten Aufzeichnungen von Gesetzsammlungen, in den Zeiten des Theodosianischen Codex und der Justinianeischen Gesetzsammlung, trotz der Blüthe von Rechtswissenschaft und Heilkunde in dieser Zeit, trotzdem ein Galenus durch seinen ganz aussergewöhnlichen Ruf als Arzt und medicinischer Schriftsteller von dem Glanze seiner Wissenschaft weithin Kunde gab und durch seine Schrift über die Simulanten (Quomodo morbum simulantes sint deprehendendi) sogar gerichtlichen Zwecken hätte dienen können: vergeblich, sage ich, sehen wir uns auch in dieser Zeitepoche nach den ersten Spuren unserer Frage um.

Zwar begann in oder wenigstens bald nach dieser Zeit das Rechtsverfahren in peinlichen Fällen einen mehr modernen, d. h. inquisitorischen Charakter anzunehmen; auch kannte man wohl, wie aus den Exegesen des Jullius Paullus hervorgeht, die moderne Unterscheidung einer fahrlässigen von der absichtlichen Tödtung; allein die richterliche Anschauungsweise bedingte es damals, dass man die Strafbarkeit einer Handlung weniger in der Feststellung des Thatbestandes, als vielmehr in der Absicht, in dem Conatus suchte. Hieraus allein erhellt schon, wie wenig Aufschluss wir für unsere Frage zu erhoffen haben. Zur Feststellung der Absicht hätte schon die Verheimlichung der Geburt genügt; der wirkliche Thatbestand, ob schuld an dem Tode oder nicht, trat weit in den Hintergrund zurück.

Zudem war auch die medicinische Heilwissenschaft allmälig wieder in Verfall gerathen, ja, sie versumpfte so sehr, dass man hätte glauben mögen, ein Hippokrates und Galenus hätten nie existirt, und an Stelle der Heilkunde sehen wir jetzt, wie Mende*) sagt, morgenländische Afterweisheit und magische Künste, an Stelle der wahren Kunst Beschwörungen und Gebete durch die Priester und Bischöfe gesetzt.

Nun könnte man wohl einwenden, dass gerade derjenige Theil der Heilwissenschaft, der hier in Betracht kommt, die

*) Mende: Ausführliches Handbuch der gerichtlichen Medicin für Gesetzgeber, Rechtsgelehrte, Aerzte und Wundärzte. I. Th. 1819.

Geburtskunde, in seinen ersten Anfängen nicht die Aerzte, sondern die Hebammen beschäftigte, und dass man vielleicht diese bereits als Sachverständige in den fraglichen Fällen zuzog; — denn dass der Hebammen Urtheil volle Geltung hatte, ersehen wir daraus, dass gerade die erste gesetzlich statuirte Einholung eines Fachgutachtens, der wir in den Digesten begegnen, dasjenige einer Hebamme betrifft. War diese gesetzliche Bestimmung jedoch für bestimmte Fälle, für die Constatirung einer Schwangerschaft, vorgesehen, so folgt hieraus noch nicht, dass man das Gutachten von Hebammen auch bei Gelegenheit anderer Fälle einzuholen gewohnt war.

Nur wenig näher unserer Frage rücken wir auch in der nächsten Zeitepoche, als sich das nordisch-germanische Völkerrecht entwickelte und die Gesetzesnormen unter anderm darauf abzielten, gewissen, gegen den Bestand der Gesellschaft gerichteten Verbrechen den privaten Charakter zu entziehen. Die Tödtung des unehelichen neugeborenen Kindes galt wie die des ehelichen ja schon als Verbrechen. Allein nach Mittermaier ist die Handlung faktisch noch straflos geblieben, weil nach den geltenden Satzungen Keiner da war, der das „Wehrgeld“ fordern konnte. Erst aus dem Rechtsbuch der Insel Gothland ersehen wir, dass jedes Weib zur Bekundung dessen, ob das Kind todt geboren sei, zwei Zeugen haben sollte. Würde sie aber überwiesen, das Kind getödtet zu haben, so sollte sie 5 Mark Busse geben. Die Lex Visigothorum bestrafte die Tödtung des neugeborenen Kindes, gleichgültig, ob ehelich oder unehelich, mit dem Tode. Später erst wurde die Tödtung des unehelichen neugeborenen Kindes sogar als doppeltes Verbrechen angesehen und mit der härtesten Todesstrafe, dem Lebendigbegrabenwerden und Pfählen, bestraft.

Die Handhabung dieser Gesetzesbestimmungen liess einen noch ausgeprägteren inquisitorischen Charakter erkennen, als bisher, und zwar mit dem unverkennbaren Fortschritte, dass nun auch die Constatirung des Thatbestandes in den Vordergrund trat. Allein, was uns hier besonders interessirt, ist der Einfluss des kanonischen Rechts, der sich gerade in strafrechtlicher Beziehung geltend machte und speciell die Vergehen gegen die sociale Ordnung, wie Janovsky*) sich ausdrückt, „vom Standpunkte der religiösen Moral accentuirte und zu dem Verdikte des Verbrechens das in den damaligen Zeiten schwerwiegende Stigma der Sünde hinzugesellte". Unter solchen Umständen konnte füglich auch nicht einmal von dem Versuch eines Einwandes gegen den Vorwurf des Verbrechens die Rede sein, und finden wir auch, dass gerade bei einem nach dem kanonischen Rechte beurtheilten Falle von Todtschlag im Jahre 1209 von Papst Innocenz III. ausdrücklich ein gerichtsärztliches Fachurtheil verlangt wurde, so ist bei den reichen Strafbestimmungen des kanonischen Rechts gerade gegen den Kindesmord selbst unter Berücksichtigung des Motives der Noth und Schande wohl niemals ein solches Fachurtheil im Falle dieses Verbrechens zu erwarten gewesen.

Erst in der peinlichen Halsgerichtsordnung Carl's V. im Jahre 1532 und in deren Vorläufer, in der Bambergischen Halsgerichtsordnung vom Jahre 1507, finden wir die ausdrückliche Forderung eines fachwissenschaftlichen Gutachtens ausser in Fällen von Tödtungen, Kunstfehlern und anderen Verbrechen ganz speciell auch in Fällen von Kindesmord. Hier erst haben wir es also mit einem geordneten Rechtsverfahren zu thun, bei dem das richterliche Urtheil von dem fachmännischen gesetzlich Gebrauch macht. Jetzt konnte wenigstens ein Einwand zur Geltung gebracht werden, der in den Vorgängen der Geburt selbst begründet ist, und fast könnte es scheinen, als ob man sich damals schon in der That um solche Dinge kümmerte, da es das Gesetz ja ausdrücklich verlangte, in solchem Falle eine Hebamme zu Rathe zu ziehen — „durch die Hebammen oder sunst weither erfarung geschehe" —, wobei, wie aus dem „sunst weither" hervorgeht, auch die Zuziehung ärztlicher Sachverständiger wenigstens möglich gemacht war. Allein es handelte sich in solchem Falle wohl meistens nur um die Constatirung von Schwangerschaftszeichen und Geborenhaben, weniger um die Vorgänge bei der Geburt selbst. Daher sind diese wohl auch niemals zur gerichtlich-medicinischen Erörterung gelangt.

In Bezug auf die Geburtsvorgänge gab es damals zwar schon

*) Janovsky, die geschichtliche Entwickelung der gerichtlichen Medicin. Maschka's Handbuch der gerichtlichen Medicin. I. Band pg. 21.

verhältnissmässig gute wissenschaftliche Beobachtungen, wenigstens handelt eines der frühesten Lehrbücher über Geburtskunde, der im Jahre 1561 herausgegebene, von Ryff verfasste „der schwangeren Frawen und Hebammen Rosegarten", wie es im Titel schon heisst, „von vilfaltigen sorglichen Zufällen und Gebrechen der Mütter und Kinder, so ihnen vor, in und nach der Geburt begegnen mögen." Doch suchen wir sowohl in diesen, als auch in den Schriften der ersten gerichtlich medicinischen Schriftsteller noch vergeblich nach bezüglichen, auf die gerichtliche Praxis hindeutenden Stellen.

Einer der ersten gerichtlich medicinischen Schriftsteller, Baptista Codronchi*), 1597, der am Ende seines Werkes sogar eine Anleitung zur Abfassung von Gutachten nebst einigen Mustergutachten giebt, spricht wohl von Zeichen, wie eine stattgehabte Geburt zu erkennen sei, doch nicht von den Vorgängen bei der Geburt. Ebenso finden wir in dem wichtigsten Werke jener Zeit, dem des Fortunatus Fidelis**) (1601), das ausdrücklich zu gerichtlichen Zwecken bestimmt war, wohl über Zeichen der Schwangerschaft, über Früh- und Spätgeburt (Lib. III.), über Erstickungstod (Lib. IV) berichtet, über letzteren jedoch ohne Bezug auf Neugeborene und nichts über abweichende Vorgänge bei der Geburt. Einer Lipothymia parturientium, also einer wirklichen Ohnmacht Gebärender, finde ich zum ersten Male in einem Werke des Fabricius Hildanus***) (1614), das über verschiedene chirurgische Eingriffe und seltene Fälle berichtet, Erwähnung gethan, speciell in einem Briefe desselben an einen gewissen Döring. Es handelt sich dort aber um eine in den Tod übergehende Ohnmacht in Folge einer wegen Gebärmutterkrebses und Schieflage des Kindes unvollendet gebliebenen Geburt.

Dagegen spricht ebenfalls ein gerichtsärztlicher Hauptschrift-

---

*) Baptistae Codronchii philosophi ac medici Imolensis a) de vitiis vocis libri II, 1597, b) methodus testificandi, in quibusvis casibus medicis oblatis.

**) Fortunati Fidelis de relationibus medicorum libri IV. 1674.

***) Guilhelmi Fabrici Hildani Observationum et Curationum Cheirurgicarum centuria tertia, 1614, pag. 498.

steller jener Zeit, Paulus Zacchias*), wohl vom Tode der Mutter in Folge der Geburt, auch von Syncope, Lipothymia und animi deliquium, also den verschiedenen Formen der Ohnmacht, weist aber nur auf die Merkmale, durch die sie sich von einander unterscheiden sollen, hin. Ihr Verhältniss zum Geburtsvorgange berührt er nicht.

Bei diesem mangelhaften Ergebniss der aufgeführten einschlägigen Litteratur sehen wir uns genöthigt, andere Wege einzuschlagen, um unserer Frage auf die Spur zu kommen.

Es ist bereits erwähnt worden, dass der eine der angeführten Schriftsteller, Codronchus, seinem Werke Mustergutachten angefügt hat. Dies hatte vorher schon ein bedeutender französischer Arzt und Schriftsteller, Ambroise Paré, gethan, von dem selbst ein Gutachten aus dem Jahre 1583 existirt, so dass anzunehmen ist, dass in Frankreich damals schon häufiger ärztliche Gutachten abgegeben wurden. Dieser Usus des, ich möchte sagen wissenschaftlichen Zeugenbeweises dokumentirt sich alsbald auch in der weiteren Erscheinung, dass in wichtigen Fällen von den Universitäts-Fakultäten Obergutachten eingefordert wurden. Solche Gutachten und ganze gerichtliche Verhandlungen sind dann zur Belehrung der Fachgenossen von einzelnen Schriftstellern gesammelt und zusammengestellt worden. Eine Hauptrolle spielte in jener Zeit die Leipziger Fakultät, deren Ruf weit über die deutschen Lande hinaus ging, und ihre Gutachten aus der zweiten Hälfte des 17. Jahrhunderts finden wir vorwiegend von zwei bedeutenden Männern der medicinischen Wissenschaft, von Ammann**) (1677) und von Zittmann***) (1706), kritisch gesichtet und zum Gebrauch der gerichtlichen Physiker zusammengestellt.

Schauen wir uns also in diesen Sammlungen um.

In den Ammann'schen Zusammenstellungen finde ich unter dem Titel des Infanticidium, also des eigentlichen Kindesmordes, nur drei Fälle erwähnt. In dem ersten, unter dem 1. Mai 1656 begutachteten Falle (Cas. 69, pag. 451), handelt es sich um ein Kind, das, während die Gebärende „prae nimio dolore ipsa de

*) Pauli Zacchiae Medici Romani Quaestiones Medico-legales 1630.

**) Ammann: Medicina critica. 1677.

***) Zittmann: Medicina forensis, Responsa facultatis medicae Lipsiensis ad Quaestiones et casus medicales ab anno 1650—1700.

arca delabitur", auf den Boden fällt, wobei es passirt, dass die Gebärende dem Kinde die Nabelschnur nicht unterbindet und das Kind, indem sie es für todt hält, in's Bett nimmt, bis sie so aufgefunden wird. Die gutachtliche Frage dreht sich dabei vornehmlich darum, ob die vorgefundene Schädelverletzung oder die Unterlassung der Nabelschnurunterbindung die Todesursache abgegeben habe. Der Zustand der Mutter während der Entbindung wird nicht weiter in Betracht gezogen, wiewohl der Umstand, dass sie „prae nimio dolore" niederfällt, darauf hindeuten könnte, dass sie vor Schmerz „ohnmächtig" zusammengesunken sei. Jedenfalls ist von einer solchen Auffassung dort nichts erwähnt.

In den beiden anderen Fällen ist gar nichts Bezügliches enthalten.

In einem unter dem 17. April 1673 begutachteten Falle, von dem Zittmann (l. c. Centur. II. Cas. VI. pag. 367) erzählt, hat die heimlich Gebärende in einer 15 Stunden anhaltenden Epilepsie nach vorausgegangenem Fall über eine hohe Schwelle geboren. Das Kind ist todt zur Welt gekommen. Die Fakultät findet in dem Fall über die Schwelle und in der Epilepsie der Mutter eine genügend erklärbare Todesursache für das Kind. Sie hat dabei wohl mehr irgend eine gewaltsame, durch den Fall oder den epileptischen Anfall bedingte Einwirkung auf das Kind, als etwa den durch die Epilepsie erzeugten Bewusstlosigkeitszustand der Gebärenden im Auge gehabt.

In einem anderen Falle, vom 11. April 1674 (l. c. Cas. XX. pag. 409) handelt es sich um eine Frühgeburt im 8. Monat, von der die Frau überrascht wurde. In ihrer Angst und mit der Nachgeburt beschäftigt, hatte sie das Kind unvollkommen unterbunden liegen lassen, woher es starb. Es wird nun u. A. gefragt, ob unter solchen Umständen ein Weib bei solchen Kräften sein möge, dass sie vor allen Dingen das Kind pflegen müsse, und die Fakultätsantwort lautet hierauf bezüglich: „ad 4) Wenn ein gebärendes Weib nicht mit Ohnmachten oder sonst schweren Zufällen übereilet wird und gleich Niemand anders da ist, so ist sie schuldig, ... dass das Kind vor allen Dingen versorget . . . werde." Hier wird also wenigstens indirekt zugegeben, dass neben anderen schweren Zufällen auch **Ohnmachten** bei der Geburt vorkommen!

In einem dritten Falle endlich (Centur. V. Cas. XVIII. pag. 1150) werden „Mattigkeit und viele Ohnmachten" vor der Geburt als Folge andauernder Blutungen, die vor der Geburt stattgehabt, erwähnt. Bei der Geburt selbst ist Niemand zugegen, die hinzugerufene Hebamme findet das Kind noch ungelöst, doch todt. Die Fakultät nimmt an (10. Febr. 1691), dass der Tod des Kindes wohl in Folge der unablässigen Blutungen vor der Geburt eingetreten sein könne, dass es jedoch nicht gerade in Folge der vor der Geburt stattgehabten Ohnmachten im Mutterleibe schon gestorben zu sein brauchte.

Eine reichere und mehr positive Ausbeute für unsere Frage gewährt uns der Hallenser Gelehrte Michaelis Alberti*), der in seinem Systema Jurisprudentiae medicae vom Jahre 1736 ebenfalls forensische Fälle darbietet. Hier finden wir nicht nur bestätigt, was wir aus Zittmann's Casuistik bereits erfahren konnten, dass Kindesmorde ebensowohl im Wahnsinn**) (Melancholia), wie im epileptischen Anfalle begegnen können, sondern auch ganz ausdrücklich hervorgehoben, dass Frauenspersonen, um die Schuld einer unterlassenen Unterbindung oder ausgeführten Durchtrennung der Nabelschnur abzuwenden, sich auf die erlittene Ohnmacht zuweilen berufen („quando denique feminae pro avertenda culpa ex proaeresi intermissae deligationis aut commissae dissectionis funiculi umbilicalis ad perpessam lipothymiam vel epilepsiam provocant." (l. c. Tom. I., pars I., pag. 200). Weiter unten aber nimmt er das Vorkommen der Ohnmacht während der Geburt ganz ausdrücklich an mit den Worten: „licet quidem feminae sensibiliores et teneriores aliquando sub partu aut animi deliquia aut motus spasmodico convulsiones experiantur." (l. c. pag. 204.)

Als Beispiel für Ohnmacht während der Geburt führt er zunächst einen Fall aus dem Jahre 1724 an (Pars II., Cas. XIII.

*) Michaeli Alberti, Systema Jurisprudentiae medicae. Halae 1736.

**) In Betreff des Kindesmordes im Wahnsinn beruft er sich ausser auf Zittmann (dessen Fall 92 in der Centur. I.) noch auf den berühmten Kriminal-Rechtslehrer Carpzov, in Betreff der Epilepsie auf Harprecht und auf eine Begutachtung der Hallenser Fakultät, die annimmt, dass Personen, die früher an Epilepsie gelitten, zumal Erstgebärende, auch während des Geburtsaktes mit Benehmung ihres Verstandes und der Gedanken von dieser Krankheit befallen werden können.

pag. 137), in dem es heisst, dass die Inquisitin „gehend und über die Hoff-Schwelle schreitend, in Ohnmacht sinkend und niederfallend geboren, so ist das Kind von ihr cum κλυνω quasi und mit Gewalt weggeschossen und auf die Erde gefallen." In dem Responsum der Hallenser Fakultät wird die Ohnmacht in diesem Falle aus verschiedenen, rein äusserlichen Gründen nicht für wahrscheinlich gehalten, und in der sogenannten Praeparatio ad Judicium Scabinatus Halensis Juridicum heisst es mit Bezug auf den obigen Fall, es sei „solchen ihren blossen Fürgeben nicht stracks zu glauben, sondern sie muss juxt. Art. 131 C. C. diess sub tortura erhalten."

In einem anderen Falle aus dem Jahre 1725 (l. c. Tom. alt., Cas. XI. pag. 213) handelt es sich um eine Person, die 14 Tage lang an „hitziger Krankheit darniederlag. Vor der Entbindung waren Aderlässe an ihr vorgenommen worden, unmittelbar nach welchen sie von einer Ohnmacht befallen worden war. Auch hat sie „noch in momento partus heftige Ohnmachten empfunden." Die Lungen des Kindes zeigten sich nicht schwimmfähig, dagegen waren einige Flecke am Kopf vorhanden, die von Fingereindrücken der den Kopf comprimirenden Hand herrühren konnten. In dem unter dem 16. 12. 1727 abgegebenen Fakultätsgutachten dreht es sich wesentlich um die Frage, ob das Kind todt oder lebend geboren und ob es erstickt sein könne, und man kommt zu dem Schluss, der Verdacht solle auf ihr haften bleiben, bis sie die angeführten Momente, welche sie nach eigenem Vorgeben beigebracht (also die Ohnmacht als indirekte Todesursache) „gründlicher justificire und erweislich mache", d. h. sie wird, wie oben, mit der Tortur bedroht, weil nach Art. 131 der angeführten peinlichen Halsgerichtsordnung eine Weibsperson, die heimlich getragen, geboren und hernach vorgab, das Kind sei todt zur Welt gekommen, der Tödtung desselben verdächtig war, „und es war zu glauben, dass sie vor, in und nach der Geburt daran schuldig geworden, mithin dergestalt gravirt, dass die Wahrheit von ihr durch die peinliche Frage (Tortur) herausgebracht werden müsse."

Ich habe alle diese Fälle so ausführlich mitgetheilt, weil sie uns gleichzeitig die damaligen Zeitverhältnisse mit ihren rechtlichen Anschauungen und gerichtlichen Gepflogenheiten, sowie auch den medicinisch-wissenschaftlichen Standpunkt von damals klar wiederspiegeln. Das Hauptinteresse war dem Objekte des Verbrechens, dem todten Kinde, zugewandt, dessen Leichnam mit den etwaigen Merkmalen äusserer Gewalteinwirkung womöglich gleich den Beweis des Verbrechens bildete. Ja, man hielt es nicht einmal für nöthig, zu erweisen, ob das Kind nach der Geburt überhaupt gelebt habe. Die Nothwendigkeit dieses Erweises scheint erst durch die Vertheidiger, die man den Angeschuldigten gestattete, und die sich vornehmlich auf diesen Umstand beriefen, klar geworden zu sein und allmälig dazu geführt zu haben, dass die Leichen der Neugeborenen vor Erhebung der Anklage schon durch Medicinalpersonen untersucht wurden. Wenigstens wird in dem oben angeführten Zittmann'schen Falle vom Jahre 1674 (l. c. Cas. XX. pag. 409) der vorangegangenen Besichtigung des Kindesleichnams „durch einen Medicum und geschworenen Chirurgum" Erwähnung gethan. War die Todesursache aber nicht ersichtlich, so war die Inquisitin dennoch der Tödtung ohne Weiteres verdächtig und diese „Wahrheit" musste sie, wie wir oben hörten, auf der Tortur bekennen." Auf dieser bekannte sie natürlich alles, was man von ihr verlangte, und wir dürfen uns nur ein solches Torturprotokoll, das mit einer der Tortur unterzogenen Inquisitin aufgenommen wurde, ansehen, um mit Schaudern zu empfinden, wieviel Ungerechtigkeit in der damaligen „Gerechtigkeitsübung" lag!

Wie wir nun aus obigen Gutachten ersehen, wird der Einwand der Ohnmacht während der Geburt von den Angeschuldigten jetzt schon thatsächlich vielfach erhoben; auch die Vertheidiger scheinen denselben, zuweilen auch selbständig, ohne dass ihnen dies von den Inquisitinnen an die Hand gegeben wurde, öfter geltend gemacht zu haben, schon um das Infanticidium wenigstens nur pro culposo, und nicht pro doloso — damit eben nicht auf Todesstrafe zu erkennen sei — darzuthun. Allein die Fakultäten verhalten sich diesem Einwande gegenüber, wie wir sehen, noch sehr zurückhaltend, sie halten ihn ja noch für ein „Vorgeben", das durch die Tortur bewiesen werden soll, und da darf es uns nicht Wunder nehmen, wenn die Gerichte sich diesem ärztlichen Urtheil ohne weiteres anschliessen.

Eine praktische Bedeutung konnte also der Einwand

bei solchen Rechts- und medicinischen Anschauungen jedenfalls nicht gewinnen.

Dazu kommt, was den medicinisch-wissenschaftlichen Standpunkt anlangt, dass das medicinische Wissen trotz des Aufschwungs, den dasselbe bereits genommen, immerhin ein verhältnissmässig sehr mangelhaftes war. Man war gegen Ende des 17. Jahrhunderts (1682) durch die Lungenschwimmprobe wohl in den Stand gesetzt, zu beurtheilen, ob ein neugeborenes Kind nach der Geburt gelebt und geathmet habe, man war aber aus Mangel an pathologisch-anatomischen Kenntnissen noch nicht in der Lage, die Todesursache des Neugeborenen exact zu erkennen und sonstige von der Norm abweichende Befunde an der Leiche zu beurtheilen. Die pathologische Anatomie, die wichtigste Grundlage für den Leichenbefund, der wiederum die Grundlage für den gesammten objektiven Thatbestand zu bilden hatte und durch allmälige Einführung der legalen Obduktionen zu bilden anfing, fehlte noch; sie war erst im Entstehen und beeinflusste selbstverständlich mit den ihr anhaftenden Mängeln auch die forensisch-medicinischen Anschauungen.

Noch weniger waren die Vorgänge bei der Geburt medicinischwissenschaftlich genügend gewürdigt und beobachtet, speciell das Verhalten der Gebärenden mit Bezug auf ihre somatischen und psychischen Verhältnisse. Diese Mängel wurden schon damals in einzelnen medicinischen Kreisen unangenehm empfunden, und aus solchen Empfindungen ist es wohl herzuleiten, wenn derselbe Alberti, dessen Gerichtsfälle ich soeben citirt habe, in der Vorrede zu seinem im Jahre 1757 herausgegebenen Tomus alter seiner Werke, speciell darauf hinweist, dass gerade in Sachen des Kindesmordes gewisse Umstände mehr als anderswo Berücksichtigung erheischten, wobei er allerdings zunächst nur den etwa durch Epilepsie oder Geisteskrankheit alterirten Geisteszustand der Gebärenden im Auge hat. Ihre Berücksichtigung sei um so nothwendiger, als schon die Gesetzesbestimmungen (die peinliche Halsgerichtsordnung) die heimlich Gebärenden ohnehin verdächtig mache und anschuldige.

Indess wurde mit dem Fortschreiten der medicinischen Wissenschaft im 18. Jahrhundert, in dem an der gerichtlichen Medicin rüstig fortgearbeitet wurde, auch über die Vorgänge bei der

Geburt reiches Material gesammelt. Der nächste äusserlich sich bemerkbar machende Effekt war der, dass in gerichtlichen Fällen, sofern dieselben Geburtsvorgänge betrafen, die Hebammen allmälig verdrängt wurden und die Constatirungen nur durch Aerzte vorgenommen werden durften. Aus Schriften ferner, in denen unter anderem in Erwägung gezogen wird, ob ein Kind, das schon mit dem Kopfe geboren sei, ohne Schuld der Mutter noch während der Geburt umkommen könne, wie dies durch Beyer (Delineatio juris criminalis secundum constitutionem Carolinam etc. 1714) zwar geleugnet, von Bohn und Anderen aber schon früher bewiesen war, erkennen wir nicht nur ein stärkeres Anstürmen gegen die Härten der Carolina, sondern vor Allem die Thatsache, dass man mehr und mehr die besonderen Zufälle bei der Geburt und den Zustand der Mutter während des Gebäraktes in Rechnung zu ziehen begann. Hierauf machten zunächst allerdings mehr die Geburtshelfer, als die gerichtlichen Aerzte aufmerksam; doch gegen Ende des Jahrhunderts finden wir bereits solche Zufälle, die dem Kinde im Mutterleibe und während der Geburt begegnen können und bei der Beurtheilung eines fraglichen Kindesmordes von Einfluss sein könnten, auch in einer gerichtsärztlichen Abhandlung, in der von P. A. Böhmer*) zusammengestellt. Desgleichen macht Brinckmann in seiner „Anweisung für Aerzte und Wundärzte, um bei gerichtlichen Untersuchungen vollständige Visa reperta zu liefern" etc. (1781) darauf aufmerksam, dass „in soweit es möglich ist, die Art und Weise der Geburt und die Zufälle, so sich dabei eingefunden, fürnehmlich, ob heftige Verblutung dabei gewesen, deutlich bestimmt werden, damit dergleichen vorgewesene Zufälle mit den am Kinde vorgefundenen Umständen verglichen werden können." (l. c. pag. 32.)

Ueber das Stattfinden der mit Aufhebung des Bewusstseins einhergehenden Ohnmacht unmittelbar nach der Geburt spricht bereits Hebenstreit (Anthropologia forensis pag. 389), indem er meint, dass nach einer leichten Geburt eine Frauensperson nie so ohnmächtig (exanimis) sein könne, dass sie ausser Stande wäre,

---

*) Böhmer, P. A., Dissertatio de notabilibus quibusdam, quae foetu in utero et partu contingere possunt ad illustrandum infanticidium. Halae 1775.

für das Kind zu sorgen. Aber bald darauf sagt er, sich gewissermassen verbessernd, dass eine Frau auch nach einer kurz andauernden Geburt „a magno aliquo post illum profluvio ad animi deliquium .... deduci potuisse".

Fälle von Geburten im noch bestehenden Bewusstlosigkeitszustande hatte Storch*) in seinen „Weiberkrankheiten" 1750 in endloser Zahl beschrieben und diesen Fällen hatte er noch 16 Beobachtungen von Mauriceau, einem französischen Arzte, hinzugefügt. Auf die Art dieser Bewusstlosigkeitszustände, die nämlich nicht durch Ohnmacht, sondern durch Krämpfe bedingt waren, komme ich noch zurück.

Desgleichen hatte Behrens**) 1751 in seiner Inaugural-Dissertation einen Fall von einem im tiefen Schlafe der Mutter geborenen lebenden Kinde beschrieben. Auch auf diesen Fall werde ich noch zurückkommen. Auf beide Autoren berief sich dann der berühmte Haller***) in seinen „Elementa Physiologiae corporis humani", wo er von Entbindungen spricht, die zu Stande kamen „ex matre sopita" und „ad summum debili", worunter er wohl Ohnmachten verstehen dürfte. Die nun auf diese und noch andere Autoren sich berufenden Gutachter — ich führe hier zunächst Roose†) mit seinem in Loder's Journal 1797 veröffentlichten Gutachten an — bejahen daher ganz ausdrücklich die Möglichkeit, dass eine Frauensperson während einer Ohnmacht ohne Empfindung der Geburtsschmerzen gebären könne, und haben diese Meinung sicherlich auch vor Gericht vertreten. Wenigstens berichtet ein englischer Arzt, der berühmte Geburtshelfer William Hunter††), dass er mit dieser Meinung in einem ähnlichen Falle sogar vor Gericht Erfolg gehabt habe.

*) Storch, Weiberkrankheiten, 5 Bände 1750.

**) Behrens, De partu mirabili foetus vivi in somno matris profundo. Helmstadii 1751.

***) Haller, Elementa Physiologiae corporis humani, T. VIII. 1766.

†) Roose, Gutachten des Fürstl. Ober-Sanitäts-Collegiums zu Braunschweig über einen muthmasslichen Kindesmord. Loder's Journal für die Chirurgie, Geburtshülfe und gerichtliche Arzneikunde. I. Bd. 1797, pag. 132.

††) Ueber die Ungewissheit der Zeichen des Mordes an unehelich geborenen Kindern. Ein Schreiben des sel. Dr. Will. Hunter an die Gesellschaft der Aerzte zu London. — Pyl's neues Magaz. für d. gerichtl. Arzneikunde und medic. Polizei. I. Bd. Stendal 1786 pag. 408. (Aus dem Hannöverschen Magazin vom Jahre 1784.)

Solche Meinungen konnten aber erst in dieser Zeit der Aufklärung und humanistischen Bestrebungen Eingang finden, da eine wichtige Wendung in der Auffassung des Kindesmordes überhaupt sich dadurch zu vollziehen begann, dass man den Gemüthszustand der Gebärenden auch vor Gericht zu würdigen anfing.

Nachdem von Seiten der Aerzte, wie erwähnt, immer wieder und wieder auf dieses Moment hingewiesen und auf Grund desselben für Milderung der Strafe, wenigstens für Abschaffung der Folter plaidirt worden war, wie dies der Holländer Peter Camper*) in seinen Gedanken „über Kindermord" recht eindringlich und unter Berufung auf sein „erleuchtetes" Jahrhundert thut, fand dieses Moment auch seitens einiger berühmter Rechtsgelehrter (Meister jun., Quistorp, Feuerbach) Berücksichtigung.

Ich will indessen nicht verschweigen, dass trotz dieser allgemeinen Hinneigung zu milderer Auffassung und trotz dem Streben nach möglichst objektiver Beurtheilung des Gegenstandes es noch manchen tüchtigen Gerichtsarzt gab, der von seinen Vorurtheilen so sehr eingenommen blieb, dass er Erfahrungen Anderer ignorirte und in seiner beständigen Verbrechenriecherei an nichts weniger als an den Geisteszustand der vermeintlichen Verbrecherin dachte. So spricht der einstmalige Königsberger Stadtphysikus Büttner**) in seiner Anweisung, wie ein Kindesmord auszumitteln sei, nur in Ausdrücken, wie: „gottlose Mutter", „böses Vornehmen" und ähnlich. Zur Illustration seiner Voreingenommenheit gegen die des Kindesmordes Angeschuldigten mag folgender Satz dienen: „Wenn gottlose Mütter bei den stärksten Geburtswehen, von der inneren Angst, Furcht, Schaam und Bosheit gestärkt, heimlich im Stehen gebären und das Kind schleunig auf ein Strassenpflaster oder in den Abtritt oder in einen Eimer mit Wasser oder in einen Teich schiessen lassen" etc. (l. c. pag. 131). Oder, er führt Zeichen des gewaltsamen Erstickungstodes durch weiche Gegenstände an, wie: Zunge

*) Peter Camper, Abhandlung von den Kennzeichen des Lebens und des Todes bei neugeborenen Kindern nebst einigen Gedanken über die Strafen des Kindesmordes. Aus dem Holländischen übersetzt von Herbell. 1777.

**) Büttner's vollständige Anweisung, wie durch anzustellende Besichtigungen ein verübter Kindermord auszumitteln sei etc. Herausgegeben von Metzger. Königsberg. 1804.

zwischen den Lippen, Adern am Gesicht aufgedunstet, Lungen sehen gelb aus etc. und lehrt, dass aus solchem Befunde „ihr böses Vornehmen nicht allein vermuthet, sondern auch fest geschlossen werden muss, sie haben gottloser Weise das Kind erstickt.“ (l. c pag. 186). Bei solchen Anschauungen ist natürlich nicht zu erwarten, dass Vorgänge in dem Gemüthsleben der Gebärenden während der Geburt Berücksichtigung finden konnten, und es wird in seinem angeführten Werke das Eintreten einer tiefen Ohnmacht während des Kreissens auch nur gelegentlich der Frage erwähnt, ob in solchem Falle etwa der Kaiserschnitt zu machen sei, es wird aber nicht weiter erörtert, ob etwa ein Kind während einer solchen Ohnmacht geboren werden könnte. Diese Erwägung unterbleibt selbst in einem Falle, der unter den angefügten Obduktionszeugnissen (No. 25) erzählt wird, und in welchem die Inquisitin auf dem Nachtstuhl gebar, dabei in Ohnmacht fiel und in diesem Zustande noch aufgefunden wurde. Dieser letztere Umstand wird einfach übergangen.

Dagegen treten die meisten gerichtsärztlichen Schriftsteller dieser Zeit um so energischer und ausführlicher für unsere Frage ein.

Man kann von der Frage einer Geburt im bewusstlosen Zustande der Gebärenden kaum sprechen, ohne in erster Linie des berühmten Mitgliedes der Leipziger Fakultät, Ernst Platner zu gedenken. Er gab während der Jahre 1801—1814 von Zeit zu Zeit sogenannte Programmata heraus, die unter Berücksichtigung des körperlichen, gemüthlichen und geistigen Zustandes schwangerer und gebärender Frauen hauptsächlich auf eine Milderung der Strafe für Verheimlichung der unehelichen Schwangerschaft und Geburt, sowie für Kindesmord hinzielten. Die Frage von der Bewusstlosigkeit während der Geburt ist von ihm unter Zugrundelegung zweier bestimmter Fälle in den beiden Schriften: „De lipothymia parturientium, quantum ad excusationem infanticidii“ vom Jahre 1801 und „De eclampsia parturientium, quantum ad suspicionem infanticidii narratio quaedam“ vom Jahre 1812 des Näheren behandelt worden.

Weit ausführlichere Abhandlungen widmeten ihr jedoch Henke, der bedeutendste unter den gerichtsärztlichen Schriftstellern, und Mende, beide ziemlich gleichzeitig zwischen 1815 und 1820, während Klose und Wildberg in ihren Lehrbüchern unter Berufung auf bekannt gewordene und eigene Beobachtungen ihrer nur Erwähnung thun.

Jedenfalls war nach diesen Forschern neben den verschiedensten, eine Bewusstlosigkeit im Zeitpunkte des Gebäraktes bedingenden Zuständen, wie Schlaf, Eclampsie, Epilepsie, auch an der Möglichkeit des Statthabens der Geburt in einem durch Ohnmacht bedingten Bewusstlosigkeitszustande nicht mehr zu zweifeln.

Allein die Strafgesetzbestimmungen und bezüglichen Entwürfe, die in dieser Zeit in den verschiedenen Staaten und Ländern theils in Kraft waren, theils entstanden, hatten sich, sei es, um das Verbrechen des Kindesmordes einzuschränken, sei es, um dasselbe als solches zu strafen, noch mit so starken Schutzmauern umgeben, dass Einwände, wie der in Rede stehende, gegen dieselben kaum aufkommen zu dürfen hoffen konnten.

Sehen wir uns einzelne dieser Strafbestimmungen darauf hin etwas genauer an.

In Preussen war im Jahre 1794 das Allgemeine Landrecht in Kraft getreten. Nach demselben stand noch auf vorsätzlicher Tödtung der Neugeborenen die Todesstrafe, ebenso auf jeder vorsätzlichen Unternehmung dazu; konnte aber dabei nicht mehr festgestellt werden, ob das Kind lebend geboren war und gelebt hatte, so stand „Staupenschlag und lebenswierige Festungsstrafe“ darauf (Theil 1, Titel 1, §§ 965, 966, 968). Schon Verheimlichung der Schwangerschaft sowie der Niederkunft wurde bestraft. Uebereilung durch die Geburt wurde im Allgemeinen nicht anerkannt, geschweige denn Ohnmacht bei der Geburt. War keine Spur tödtlicher Verletzung, „wohl aber der Verdacht einer sonstigen, unnatürlichen, lebensgefährlichen Behandlung gegen die Gebärerin“, so hatte sie 15 Jahre Zuchthaus zu gewärtigen (§ 960, b). Hatte das Kind noch in der Geburt gelebt, konnte die Mutter aber, da sie leugnete, des Mordes auch sonst nicht überführt werden, so hatte sie ebenfalls schwere Strafe (Staupenschlag mit lebenswierigem Zuchthaus) verwirkt (§ 962). War also das Leben des Kindes selbst in der Geburt nur nachgewiesen, so gab es eben keinen Einwand mehr, gleichgültig, ob die Gebärende Schuld oder nicht Schuld am Tode des Kindes hatte. Und da es eben auf das Gelebthaben des Kindes ankam, so sehen wir solche Rechtsanschauungen selbst von medicinischer Seite gefördert, indem nach einem Gutachten der „Wissenschaftlichen Deputation für das Medicinalwesen zu Berlin“ vom 27. Febr. 1816 als Regel festgehalten werden sollte, dass z. B. bei heimlichen Geburten, da diese, wie angenommen wurde, schnell vor sich gehen, niemals ein sogenanntes vorzeitiges Athmen (vagitus uterinus) als statthabend angenommen und dass in jedem Falle heimlicher Geburt das Leben des Kindes als ein Leben **nach** der Geburt angesehen werde.

In den anderen deutschen Staaten waren die Gesetzesbestimmungen ähnlicher Art.

Die Verheimlichung wurde allenthalben bestraft und damit waren schon die meisten des Kindesmordes Verdächtigen zu fassen. Ferner war die **Unterlassung** derjenigen Handlungen, welche vor, während und nach der Geburt zur Erhaltung des Lebens des Kindes nothwendig sind, strafbar, gleichgültig, ob die Gebärerin der mörderischen Absicht geständig oder überwiesen war (Bayerischer Entwurf eines neuen Strafgesetzbuches vom Jahre 1822). Auch wenn die Geschwängerte ihren Zustand nur so lange verheimlichte, bis sie dabei keine Hilfe mehr erlangen konnte, so war sie nach dem Stübel'schen Entwurf vom Jahre 1824 für das Königreich Sachsen ebenfalls strafbar. Aehnlich verhielt sich Gans in seinem Entwurf und seiner Schrift: „Von dem Verbrechen des Kindermordes“. War der Tod des Kindes durch die hilflose Geburt verursacht, so sollte die Mutter, je nachdem dieses in Gewissheit oder nur in Wahrscheinlichkeit beruhte, Zuchthausstrafe (von mindestens 6 Monaten) verwirkt haben. Dasselbe betont der Entwurf des für das Grossherzogthum Baden berechneten Criminalcodex, der die Folgen der Hilflosigkeit bei der Niederkunft allein ohne Mitwirkung anderer schuldhafter Handlungen oder Unterlassungen bestraft und die Strafe bei vorhandener Fahrlässigkeit noch erhöht.

Nach allen diesen Gesetzesbestimmungen war es, wie Mende*) mit Recht sagt, den Gesetzgebern nur darum zu thun, bei der Unzuverlässigkeit, die in der Ausmittelung des Thatbestandes

*) Mende (l. c. II Theil pag. 543).

beim Kindesmorde obwaltet, dadurch einen Ausweg zu finden, dass die Strafe mehr auf ein Vergehen gelegt wurde, ohne welches der Kindesmord nicht leicht vorkommt, und das sich mit grösserer Sicherheit ausmitteln lässt, als dieser selber. Dies Vergehen ist die Verheimlichung der Schwangerschaft und der Geburt und die Wegschaffung des todten Neugeborenen. Das Hauptgewicht sollte bei der Gesetzgebung auf die Ermittelung der Schuld gelegt werden, und die Steigerung der Strafen bei den verschiedenen Nebenumständen deutete darauf hin, dass schliesslich doch nicht nur die Verheimlichung, sondern in ihr das nicht vollständig zu beweisende Verbrechen des Kindesmordes bestraft werden sollte. Jedenfalls waren bei solchen Grundsätzen für den Rechtsgebrauch die verschiedenen Seelenzustände der Mutter und das durch dieselben bedingte Thun und Lassen während des Geburtsaktes nicht hinreichend unterschieden, woher auch unsere Frage, die gerade das unabsichtliche Lassen bei der Geburt betrifft, dem bestehenden Gesetz gegenüber eine praktische Bedeutung noch nicht gewinnen konnte.

Nichtsdestoweniger sehen wir die Frage von der medicinischen Welt unablässig weiter behandelt und, wenn auch nicht immer mit zutreffenden Beispielen belegt, bald in einzelnen beobachteten und zur Nutzanwendung für eventuelle gerichtliche Zwecke bestimmten Fällen, bald in ausführlichen gerichtlichen Gutachten immer wieder von neuem auftauchen. Da berichtet Schmitt*), der Director des klinischen Entbindungs-Instituts zu Wien, über einen Fall von Geburt „in einem bewusst- und sprachlosen Zustand", da bringen Montgomery**) und Paterson, zwei englische Geburtshelfer, Beispiele für vorübergehende Geistesabwesenheit während des Geburtsaktes. Dr. Leonhard***), Arzt zu Mühlheim, beschreibt als Beitrag zur gerichtlichen Medicin eine „un-

*) Schmitt, Uebersicht der Vorfallenheiten an dem klinischen Entbindungs-Institut d. k. k. med. chirurg. Josephs-Academie zu Wien vom 1. Nov. 1810 bis letzten Octob. 1812. Med. Chirurg. Zeitung von Salzburg 1813, Bd. I, pag. 96.

**) Montgomery, Ueber das Vorkommen von Geistesabwesenheit bei sonst normalem Geburtsverlauf. (Dublin. Journal, Vol. V. No. 1, 1834). Schmidt's Jahrbücher. Bd. II, pag. 322.

***) Leonhard, Unbewusste Geburt bei vollem Bewusstsein. Schmidt's Jahrbüch. Bd. 22 pag. 234. (Med. Zeitschrft. v. V. f. H. in Pr. No. 24. 1837).

bewusste Geburt bei vollem Bewusstsein", und Dr. Möller*) zu Helsingör und Schultze**) in Spandau theilen Fälle von Geburten mit, von denen die Mütter erst nach Verlauf mehrerer Tage sich überzeugten.

Unter den gerichtlichen Gutachten dieser Zeit will ich nur das von Schreyer***), Amts- und Stadt-Physikus zu Oelsnitz, erwähnen, der sich mit Bezug auf Fälle von Geburten, die im bewusstlosen Zustande der Kreissenden stattgefunden, bereits auf 14 Autoren und auf 2 selbsterlebte Fälle zu berufen weiss. Andere Gutachten, die denselben Punkt behandeln, finden sich in den verschiedensten Fachzeitschriften zerstreut.

Ein grösseres Interesse widmeten unserer Frage die Geburtshelfer jener Zeit theils in ihren Lehrbüchern, theils in besonderen Abhandlungen. Obenan stehen in dieser Beziehung Jörg und Wigand mit besonderen Schriften, v. Siebold, Naegele und Hohl mit ihren Lehrbüchern.

Auch die in jener Zeit entstandenen Specialschriften über Kindesmord konnten nicht umhin, der Frage ihre Aufmerksamkeit zu schenken und dieselbe, wenn auch nicht ausführlicher zu behandeln, wenigstens zu streifen. Unter den Autoren solcher Schriften seien genannt: Meyer, Schwörer, Günther, Schütz, Cohen van Baren, v. Fabrice, aus neuester Zeit der Franzose Tardieu.

Ferner finden wir die Frage nach der Bewusstlosigkeit während der Geburt in den encyclopädischen Hand- und Wörterbüchern jener Zeit, von denen das von Siebenhaar und aus späterer Zeit das von Kraus und Pichler erwähnt seien, behandelt.

Endlich konnten auch die verschiedenen Lehrbücher über gerichtliche Medicin jene Frage nicht mehr unberührt lassen.

---

*) Möller, Eine Geburt, wovon sich die Mutter erst nach Verlauf mehrerer Tage überzeugte. Mitgetheilt von Wevermann. Schmidt's Jahrb. 1839 Bd. 21.

**) Schultze, Niederkunft im bewusstlosen Zustand während eines dreitägigen Schlafes. Schmidt's Jahrb. Bd. 44 pag. 197.

***) Schreyer, Gutachten über eine verheimlichte Schwangerschaft und Geburt, ein Beitrag zur Beurtheilung der Zurechnungsfähigkeit der Schwangeren und Gebärenden. Henke's Ztschrft. für die Staatsarzneikunde. 24. Ergänzungsheft. 1837.

Wir finden sie daher in den meisten Lehrbüchern dieser und der neueren Zeit wieder, bald in längeren Kapiteln abgehandelt, bald nur kurz berührt. Von deutschen Autoren nenne ich vornehmlich v. Siebold, Friedreich, Schürmeyer, Brach, Wald, Buchner, Schauenstein, Krahmer, Casper-Liman, Kornfeld, Hofmann, Skrzeczka, von ausserdeutschen Autoren: Briand et Chaudé, Legrand du Saulle, Taylor.

Bei so reichhaltiger Litteratür, die weiter unten erst einer näheren kritischen Beleuchtung unterzogen werden soll, konnte es nicht fehlen, dass die neuere Gesetzgebung vermöge der humaneren und milderen Rechtsanschauungen, die in derselben Platz griffen, auch unserer Frage zugänglicher wurde.*) Dem preussischen Strafgesetzbuch von 1851 ist das 1871 in Kraft getretene deutsche Strafgesetzbuch gefolgt. Den Ausschlag in der Beurtheilung der Schuldfrage bei einer fraglichen Kindestödtung giebt von nun an der Zeitpunkt, in welchem das Verbrechen begangen sein soll. Es wird gefragt, ob „in oder gleich nach der Geburt." Es ist also endlich den psychischen Vorgängen während dieses Zeitpunktes und somit dem durch diese Vorgänge bedingten körperlichen und geistigen Zustande der Mutter Rechnung getragen. Dieser Zustand wird als ein im Allgemeinen

---

*) Wie human übrigens schon in früheren Jahrhunderten erleuchtete Staatsmänner über unseren Gegenstand dachten, und wie weit sie auch darin ihrem Zeitalter voraus waren, ergiebt folgender merkwürdige Ausspruch Friedrichs des Grossen in dessen Schreiben an Voltaire, datirt vom 11. October 1777:

> „Unter den Personen, welche in Preussen hingerichtet werden, sind die meisten Kindesmörderinnen. Aber von den Geschöpfen, die so grausam gegen ihre Leibesfrucht verfahren, werden nur die hingerichtet, denen man die Mordthat beweisen kann. Ich habe Alles gethan, was ich nur konnte, um diese Unglücklichen zu verhindern, ihre Kinder bei Seite zu schaffen. Die Herrschaften müssen es gerichtlich anzeigen, wenn ihre Mägde schwanger sind; ehemals zwang man diese armen Mädchen, öffentliche Kirchenbusse zu thun, aber davon habe ich sie befreit; es giebt in jeder Provinz Entbindungshäuser für sie, und man sorgt auch für die Erziehung ihrer Kinder. Doch ungeachtet aller dieser Erleichterungsmittel habe ich noch nicht dahin kommen können, ihnen das unnatürliche Vorurtheil aus dem Kopfe zu treiben, das sie dahin führt, ihre Kinder umzubringen. Ich beschäftige mich jetzt mit dem Gedanken, die Schande abzuschaffen, als die es ehemals galt, sich mit Frauenzimmern zu verheirathen, die Mütter waren, ohne verehelicht zu sein; ich weiss nicht, ob mir dies nicht gelingen wird."

abnormer vom Gesetzgeber vorausgesetzt und braucht nicht mehr in jedem einzelnen Falle erst bewiesen zu werden. Hingegen ist jede über diesen Zustand noch hinausgehende geistige oder körperliche Alteration — und dazu gehört auch die durch Ohnmacht bedingte Bewusstlosigkeit während des Gebäraktes — jedesmal erst noch festzustellen und es ist zu fragen, ob in dem gegebenen Falle Bedingungen vorhanden gewesen sind, welche es erfordern, dass solchem Einwande stattzugeben sei. Sind sie vorhanden, ist anzunehmen, dass das Kind in Folge eines solchen Bewusstlosigkeitszustandes zu Grunde gegangen, so lässt das Gesetz die Angeschuldigte straffrei, weil es eben nur absichtliche Unterlassungen, und nicht unvorhergesehene Zufälle straft.

Wenn wir aber Erörterungen über den in Rede stehenden Einwand, wie sie vor Gericht noch oft genug vorkommen, seit dem letzten Decennium in besonderen Publikationen kaum noch zu Gesicht bekommen haben, so liegt das gewiss nicht in der Thatsache begründet, dass die Frage nach der Bewusstlosigkeit während des Gebäraktes etwa als eine abgeschlossene zu betrachten ist, sondern wahrscheinlich in dem Umstande, dass bei der heute üblichen Mündlichkeit des Verfahrens jene Erörterungen sich bei den einzelnen Verhandlungen durch mündlichen Vortrag erledigen, während die etwa vorher abgegebenen schriftlichen Gutachten mit ihren Erörterungen bei den Akten bleiben. Daraus folgt aber keineswegs, dass in dieser Frage Einmüthigkeit der Meinungen und Klarheit in den Anschauungen der gerichtlichen Gutachter besteht; im Gegentheil wird sich weiterhin zeigen, wie wenig dies der Fall ist und wie sehr die gerichtliche Medicin, so hoch sie in ihrer Gesammtheit als exacte Wissenschaft dasteht, gerade in diesem ihrem Zweige der Sichtung und des Ausbaues nicht nur befähigt, sondern auch benöthigt ist!

II.

Die verschiedenen Bewusstlosigkeitszustände in Beziehung zum Gebärakt und die Ohnmachtsbewusstlosigkeit insbesondere.

Wenn im Allgemeinen von einem in bewusstlosem Zustande vor sich gehenden Gebären die Rede ist, so hat man neben den bekannten künstlich erzeugten Bewusstlosigkeitszuständen noch an eine Reihe krankhafter Zustände zu denken, die es bewirken können, dass die Gebärende von dem Geburtsvorgange, insbesondere von dem letzten Akt desselben, der Ausstossung des Kindes, keine Bewusstseinsempfindung behält.

Von den künstlich erzeugten Bewusstlosigkeitszuständen ist am bekanntesten die Chloroformnarkose, die alltäglich geübt wird und vermittelst deren man es erreicht, dass die Gebärende von dem Gebärakte, sei es, dass derselbe noch spontan vor sich geht, sei es, dass künstlich mit Zange oder durch Wendung nachgeholfen werden muss, absolut nichts empfindet. Sie erwacht und weiss nicht, was mit ihr vorgegangen.

Selbstverständlich können ausser Chloroform beliebig andere Betäubungsmittel, Alkohol, Aether, Opiate, in Anwendung kommen und denselben Effekt bewirken. Der Alkohol wirkt alsdann in der Weise, dass er Trunkenheit und damit Bewusstlosigkeit erzeugt. Geburten, die in einem so hohen Grad von Trunkenheit vor sich gegangen, dass die Gebärenden bei ihrem Erwachen von dem Vorgange nichts wussten, sind sicher beobachtet.

Neuerdings ist es auch gelungen, durch das seit einigen Jahren mehr in die Oeffentlichkeit gedrungene Hypnotisiren einzelne Personen während des Gebäraktes derartig zu betäuben, dass sie von der Beendigung desselben nichts merkten. Der relativen Neuheit wegen lasse ich den kurzen Bericht aus der „Deutschen Medicinal-Zeitung“ hierüber hier folgen*):

„Eine sonst ganz gesunde 26jährige Gravida konnte sehr leicht in starken schlafähnlichen Zustand gebracht werden, wenn man ihr eine glänzende Thermometerkugel, beiläufig eine Spanne weit, vor die Augen hielt. In einem bewusst- und empfindungslosen Zustande verharrte sie dann so lange, bis man sie durch längere und intensive Reize, wie kräftiges Schütteln etc., erweckte. Nachtheile für die Gesundheit folgten diesen Versuchen nicht, darum entschloss sich Fritzl, auf der Braun'schen Gebärabtheilung in Wien, als sich die Kreissende im Stadium sehr schmerzhafter Krampfwehen befand, dieselbe zu hypnotisiren. Es gelang sehr gut; die Wehen blieben kräftig und schienen noch wirksamer als vorher; die Kreissende blieb vollkommen empfindungslos, bis sie nach $^5/_4$ stündigem Verharren in der Narkose nach der Geburt der Placenta durch Rütteln etc. aus dem hypnotischen Schlafe geweckt wurde. Sie konnte sich nur an das Vorhalten der Thermometerkugel erinnern und war im übrigen aufs höchlichste über die beendigte Geburt erstaunt.“

Auch in zwei anderen Fällen ist Fritzl die Hypnotisirung Kreissender gelungen, allerdings nicht so rasch und so vollkommen, wie in dem eben citirten Falle.

Diese Beobachtung zeigt uns, was beiläufig bemerkt sei, gleichzeitig, wie alte Theorien durch neue Beobachtungen hinfällig werden. Jörg**), ein bedeutender Geburtshelfer aus der ersten Hälfte dieses Jahrhunderts, sagt z. B. mit Bezug auf den sogenannten magnetischen Schlaf, unter welchem wir die Hypnose zu verstehen haben, Folgendes: „Es steht jedoch dem magnetischen Schlafe oder dem Schlafwandeln nicht blos die Eclampsie, sondern auch der Geburtsakt schnurstracks entgegen, denn jede Wehe würde den leisen Schlaf einer in diesen Zustand versunkenen Person unterbrechen.“ Hier sehen wir, dass dies nicht zu geschehen braucht.

---

*) Deutsche Medicinal-Zeitung, VII. Jahrgang, Berlin, Mitte Decemb. 1885. Probenummer pag. 7. Eine Geburt in Hypnose. Von Eduard Fritzl, Wien. Wiener med. Wochenschrift. 1884/85.

**) Jörg, Die Zurechnungsfähigkeit der Schwangeren und Gebärenden. Leipzig 1837, pag. 341.

Als künstliche Betäubung wäre endlich noch die Kältewirkung anzusehen, wenn sie so hochgradig geworden, dass sie bereits ein Schwinden des Bewusstseins herbeigeführt hat. Poppel*) erzählt einen solchen Fall, in welchem ein 19jähriges Mädchen auf einer Schlittenfahrt bei — 17 ° R. von der Geburt überrascht wurde, das Kind sammt Nachgeburt unterwegs verlor und selber beim Stillhalten des Schlittens in halberstarrtem Zustande gefunden wurde, ohne dass sie wusste, was mit ihr vorgegangen war.

Unter den krankhaften Bewusstlosigkeitszuständen haben wir solche zu unterscheiden, die durch Geisteskrankheit erzeugt werden, und solche, die durch andere krankhafte, seit längerer Zeit vorbereitete Störungen des Körperbefindens hervorgerufen werden.

Die ersteren, die ihrer Natur nach keine eigentliche Bewusstlosigkeit, keinen Verlust des Bewusstseins, sondern nur eine krankhafte Veränderung desselben darstellen, betreffen Personen, die schon geistesgestört sind, oder es während des Gebärens werden und in Folge ihrer Geistesverwirrung kein Bewusstsein von dem, was mit ihnen vorgeht, haben. In diesem Zustande vermögen sie natürlich auch Handlungen auszuführen, über die sie sich und Anderen keine Rechenschaft geben können. Diese Verwirrung der Sinne, die sich bis zum ausgesprochenen Wahnsinn und zur Raserei steigern kann, geht entweder mit dem Gebärakt vorüber, oder bleibt nach demselben noch längere Zeit bestehen.

Geburten während bereits bestehender oder eben ausgebrochener Geisteserkrankung sind oft genug beobachtet worden.

Ausser durch wirkliche Geistesstörung kann eine solche vorübergehende Bewusstseinsveränderung während des Gebäraktes auch durch ein Fieberdelirium (wie beim Typhus, bei der Lungenentzündung und dgl. Krankheiten mehr) bedingt werden, wofür es ebenfalls Beispiele giebt.

Unter den anderen, im Körper lange vorbereiteten krankhaften Störungen, die vorübergehende Bewusstlosigkeit während des Gebäraktes bedingen können, steht obenan die Eclampsie,

*) Poppel, Bewusstloser Zustand während und nach der Geburt durch Kälte bewirkt. Monatsschrift für Geburtskunde, Bd. XXV, pag. 387, Mai 1865.

jene Krampfform, die gerade die Gebärenden befällt, es aber nicht, wie die Epilepsie, bei einem einzelnen Krampfanfall bewenden, sondern denselben in kürzeren oder längeren Pausen wiederholt auftreten lässt. Das Bewusstsein ist während eines jeden einzelnen Krampfanfalles vollständig aufgehoben, und während es anfangs in den Zwischenpausen noch wiederkehrt, bleibt es bei öfterer Wiederholung der Anfälle auch in diesen Pausen fort und kehrt erst nach beendeter Geburt, oft erst lange nachher wieder, oder geht direkt in Gehirnschlag und Tod über. Der Anfall kommt meist plötzlich und unerwartet, zuweilen gehen ihm Vorboten voran; während des Anfalles bestehen, wie bei der Epilepsie, krampfhafte Zuckungen, Schaum tritt vor den Mund, die Zunge wird zerbissen, die Athmung ist schnarchend und unregelmässig. Dagegen bleiben die Wehen kräftig, und die Geburt geht meist schnell vor sich. Erwacht die Gebärende nach beendigter Geburt aus ihrer Bewusstlosigkeit, so fühlt sie sich tief angegriffen, empfindet Schmerzen in allen Gliedern und ist kaum im Stande, sich zu erheben oder sonst eine Handlung vorzunehmen. Meistens bleibt auch noch eine gewisse Benommenheit, eine Unklarheit im Denken, als Nachwirkung für kurze Zeit zurück.

Die beschriebenen Anfälle entwickeln sich in einem schon während der Schwangerschaft krank gewordenen Körper, indem sich hier gewisse Veränderungen in den Nieren oder im Blute ausgebildet haben, die manchmal schon während der Schwangerschaft, meistens aber erst im Verlauf des Geburtsstadiums zum Ausbruch der Anfälle führen.

Geburten während einer eclamptischen Bewusstlosigkeit sind von Aerzten oft genug beobachtet worden, da nach Schröder*) auf 500 regelmässige Geburten eine eclamptische kommt, und unter 316 eclamptischen Geburten die Eclampsie 190 mal während des Gebäraktes auftritt.

Eine andere krankhafte Störung, die vorübergehende Bewusstlosigkeit auch während des Gebäraktes bedingen kann, ist die Epilepsie. Ihre Anfälle gleichen denen der Eclampsie vollkommen, da auch sie mit vollständiger Bewusstlosigkeit verbunden

*) Schröder, Lehrbuch der Geburtshülfe. IV. Auflage, 1874, pag. 660.

sind. Sie wiederholen sich aber, wie erwähnt, nicht so oft, wie bei der Eclampsie, und entwickeln sich insofern auf dem Boden eines kranken Körpers, als in solchen Fällen epileptische Anfälle nachweislich schon früher im Leben dagewesen sind und ihren Grund theils in unbekannten, theils in bestimmt nachweisbaren Erkrankungen (Gehirngeschwülsten, überstandener Hirnhautentzündung u. a.) haben.

Es ist nicht nothwendig, dass eine Person, die an Epilepsie leidet, den Anfall auch während des Gebäraktes bekomme, da z. B. beobachtet ist*), dass eine epileptische Person, die noch in den letzten 24 Stunden vor der Geburt vier Anfälle bekam, bei der Geburt selbst keinen einzigen hatte, während allerdings umgekehrt bei einer anderen Beobachtung**) während der Geburt sechs epileptische Anfälle auftraten, in der ganzen Schwangerschaft aber keiner.

Ferner ist als Krankheit, die vorübergehende Bewusstlosigkeitszustände während eines Gebäraktes zu erzeugen im Stande ist, die Hysterie zu nennen. Ihre Anfälle unterscheiden sich von denen der Eclampsie und Epilepsie in der Form wesentlich dadurch, dass das Bewusstsein nicht ganz vollkommen aufgehoben ist und die Bewusstlosigkeit nicht so lange, wie bei jenen Krankheitszuständen, nachwirkt. Schröder***) beschreibt einen hysterischen Anfall während der Geburt aus eigener Anschauung. Er sagt: „Wir sahen sie (die hysterischen Krämpfe) einmal bei einer 26jährigen Erstgebärenden, die schon in der Schwangerschaft ähnliche Zufälle gehabt hatte, in exquisiter Weise. Während der ganzen Geburt traten in unregelmässigen Zwischenräumen und nicht schon von einander abgegrenzt, die Anfälle auf, die in unruhigem Hin- und Herwerfen, Zittern am ganzen Körper, besonders den unteren Extremitäten, klonischen Krämpfen der oberen Extremitäten, Schluchzen und Knirschen mit den Zähnen bestanden. Die Pupillen waren eng, das Bewusstsein nicht vollständig aufgehoben.“

Aehnliche Fälle werden wir noch weiter unten kennen lernen. Jedenfalls kommen diese Anfälle nur bei hysterischen,

*) Elliot in Schröder's Lehrbuch, l. c. pag. 656.
**) Braun in Schröder's Lehrbuch, l. c. pag. 656.
***) Schröder, l. c. pag. 656.

also nervös-kranken Personen vor und haben sie ihre Ursache in bestimmten, wenn auch nicht immer nachweisbaren Organerkrankungen.

An diesen Krankheitszustand der Hysterie reiht sich schliesslich ein anderer, mit diesem verwandter Zustand, die Lethargie oder die Schlafsucht, ein Zustand scheinbarer und vielleicht auch vorhandener Bewusstlosigkeit, bei geschlossenen Augen, erschlafften Muskeln, aber gesteigerter Erregbarkeit der Muskeln und Nerven. Dieser Zustand wird als Theilerscheinung der Hysterie angesehen und hat seine Ursache ebenfalls in einer organischen Erkrankung des Körpers.

Einen Geburtsvorgang in einem solchen lethargischen oder tiefen Schlafzustand werden wir ebenfalls weiter unten kennen lernen.

Alle diese Zustände von der Eclampsie bis zur Lethargie haben also das Gemeinsame, dass sie Erscheinungen bereits bestehender krankhafter Veränderungen des Körpers bilden und sich theils mit dem Gebärakt compliciren, theils, wie die Eclampsie, eine fast ständige Begleiterscheinung desselben bilden können.

Im Gegensatz sowohl zu den künstlich erzeugten, wie den krankhaften Bewusstseinsstörungen stehen zwei gewissermassen natürliche, d. h. im gesunden Körper, durch bestimmte physiologische Vorgänge bedingte Bewusstlosigkeitszustände, deren einer an unserem Körper alltäglich in die Erscheinung tritt, das ist der natürliche Schlaf, und deren anderer unter gewissen Bedingungen plötzlich hervorgerufen werden kann, das ist die Ohnmacht.

Während wir nun Beziehungen der erstgenannten krankhaften Bewusstlosigkeitszustände zum Gebärakt, derart, dass beide sich compliciren können, auf Grund unzweifelhafter Beobachtungen soeben kennen gelernt haben, sind die Beziehungen der beiden letztgenannten Zustände zum Gebärakte zum mindesten bestrittener Natur.

Geburten, die im natürlichen Schlaf vor sich gegangen seien, werden ebenso oft für möglich gehalten, wie bestritten. Als neuere Beobachtung, die für die Möglichkeit sprechen soll, wird ein in Dubois' Klinik zu Paris beobachteter

Fall*) angeführt, wo eine Erstgebärende den grössten Theil des Gebäraktes verschlief, und als sie beim Erwachen einen starken Drang zum Harnlassen verspürte, sich deshalb aufrichtete, ein Nachtgeschirr ergriff und in dieser aufrechten Stellung das Kind gebar.

Dieser Fall kann natürlich nur beweisen, dass ein Theil des Gebäraktes während des Schlafes sich abspielen kann; ob aber der ganze Gebärakt im Schlafe noch beendigt werden kann, so dass die Gebärende erst bei ihrem Erwachen das Geschehene bemerkt, muss so lange mindestens offene Frage bleiben, bis eine einschlägige unzweifelhafte Beobachtung die Möglichkeit erweist.

Geburten endlich während einer Ohnmachtsbewusstlosigkeit bilden trotz ihrer praktischen Bedeutung, die sie durch den Umstand gewinnen, dass ihr Vorkommen vor Gericht so häufig von den des Kindesmordes Angeschuldigten behauptet wird, erst recht eine offene Frage, da sowohl die Möglichkeit ihres Vorkommens überhaupt, als auch vor Allem die Wahrscheinlichkeit eines etwa öfteren Vorkommens bei der **heimlichen** Geburt, um die es sich eben in den Fällen vor Gericht handelt, heutzutage noch vielfach bestritten wird.

In der vorliegenden Abhandlung habe ich mir nun die Aufgabe gestellt, die heimliche Geburt in ihren Beziehungen zum Bewusstlosigkeitszustande zu erörtern.

Es werden daher von den oben geschilderten Bewusstlosigkeitszuständen vorweg diejenigen ausser Acht zu bleiben haben, die, auf künstlichem Wege erzeugt, die Mithülfe dritter Personen erheischen dürften, also die Chloroformnarkose und die Hypnose. Alkohol-, Aether- und Opium-Bewusstlosigkeit schliessen die Möglichkeit eigenmächtiger Herbeiführung nicht aus, könnten also ebenso, wie eine zufällig durch Kälte herbeigeführte Bewusstlosigkeit auch bei der heimlichen Geburt einmal vorkommen. Allein die Wahrscheinlichkeit ihres etwa öfteren Vorkommens bei letzterer ist ebenso gering, wie diejenige der auf pathologischem Wege herbeigeführten Bewusstlosigkeitszustände, also der Eclampsie, Epilepsie und Hysterie, weil dieselben wegen ihrer verhältnissmässig langen Dauer und Nachwirkung öfter zur Cognition der Umgebung gelangt wären, als dies thatsächlich der

*) Schmidt's Jahrbücher, Bd. 83, pag. 198.

Fall ist. Auch die durch einen natürlichen Schlaf erzeugte Bewusstlosigkeit nehme ich hier aus; dieselbe ist, wie erwähnt, zu ungenügend beobachtet, als dass sie für forensische Fälle auf irgend eine Beweiskraft Anspruch erheben dürfte. Hier soll vielmehr nur die durch einen Ohnmachtszustand bedingte Bewusstlosigkeit in Betracht kommen, weil diese die am häufigsten behauptete und dennoch am meisten bestrittene ist.

Ehe ich auf das Verhältniss dieser letzteren Form von Bewusstseinsstörung zum Gebärakt näher eingehe, halte ich es für nöthig, diesen Zustand mit Bezug auf seine Begriffsbegrenzung, auf den physiologischen Vorgang, auf seine klinischen Erscheinungen und auf sein Vorkommen ausführlicher darzulegen.

Unter Ohnmacht haben wir einen Zustand zu verstehen, in welchem der Mensch in Folge momentanen Verlustes des Bewusstseins unfähig geworden ist, seine Glieder zu gebrauchen und somit willkürliche Handlungen auszuführen. Je nachdem mehr der geistige oder der körperliche Unvermögenszustand in den Vordergrund tritt, werden für denselben Zustand verschiedene Bezeichnungen gebraucht, so Lipothymia = Bewusstseinsverlust und Eclysis = Erschlaffung, welcher letzteren Bezeichnung unser Wort „Ohnmacht" noch am nächsten kommt. Hier werden wir es mit der Aeusserung beider Zustände zugleich zu thun und unter Ohnmacht schlechtweg eine gleichzeitige Einbüssung der Besinnung und physischen Thatkraft zu verstehen haben.

Ihrem physiologischen Vorgange nach beruht die Ohnmacht nach der übereinstimmenden Ansicht aller Forscher, die sich mit ihr beschäftigt haben, auf einer Blutleere des Gehirns, in Folge deren der Reiz, den das Blut auf das Gehirn behufs Unterhaltung seiner Thätigkeit auszuüben hat, aufhört.

Diese Blutleere kann auf verschiedene Weise zu Stande kommen:

Entweder verarmt das Gehirn an Blut in Folge eines plötzlichen, grossen, allgemeinen Blutverlustes, oder in Folge einer starken Verengerung der Blutgefässe des Gehirns, so dass dieselben weniger Blut oder gar keines zu dem Gehirn hinzulassen.

Der Effekt, den der Blutverlust hervorbringt, ist derselbe, wenn das Blut nicht gerade ganz und gar aus dem Körper entweicht, sondern wenn es nur nach einer anderen Körperregion plötzlich hinströmt, z. B., wenn nach plötzlicher Entleerung der durch Wasseransammlung (bei Wassersucht) ausgedehnten Bauchhöhle die grossen Blutgefässe der letzteren, von ihrem Drucke entlastet, sich nun auf einmal weiten und desto energischer mit Blut füllen.

Während die auf diese Weise erzeugte Hirnblutleere gewissermassen mechanisch durch ein Abfliessen des Blutes aus den Hirnblutgefässen herbeigeführt wird, entsteht die durch Verengerung der Hirnblutgefässe hervorgebrachte Blutleere auf reflektorischem Wege, indem durch einen äusserlich auf den Körper ausgeübten stärkeren Reiz eine plötzliche Zusammenziehung der kleinen Blutgefässe des Gehirns bewirkt wird. Ein solcher starker Reiz kann einerseits in einem dem Körper zugefügten empfindlichen oder übermässigen Schmerz bestehen, welcher dann unter Vermittelung der peripheren Empfindungs-Nerven zum Gehirn geleitet wird, andrerseits in einer durch Freude, Schreck, Furcht, Entsetzen hervorgerufenen psychischen Alteration enthalten sein.

Dass die Hirnsubstanz, die an und für sich gegen Ernährungsstörungen bekanntermassen sehr empfindlich ist, auf plötzliche Beraubung ihres Nahrungsmittels, des Blutes, sofort mit einer Einstellung ihrer Funktionen antwortet, darf nicht wunder nehmen. Die nächste Aeusserung dieser Arbeitseinstellung ist aber der Verlust des Bewusstseins, derjenigen Fähigkeit, vermöge deren wir Eindrücke von der Aussenwelt aufnehmen und eine zielbewusste Willensenergie bethätigen. Der physiologische Vorgang ist also so zu denken, dass in Folge einer der genannten äusseren Einwirkungen, sei es auf dem mechanischen Wege des Blutabflusses, sei es auf dem reflektorischen des Gefässkrampfes, momentan Blutleere des Gehirns, in Folge dessen Verlust oder Hemmung des Bewusstseins und dadurch wieder Verlust der Macht über die willkürlichen Bewegungen der Glieder entsteht.

Je nach dem Grade der Ohnmacht ist das Bewusstsein bald nur theilweise aufgehoben, bald vollständig erloschen, von jener traumartigen Umnachtung mit theilweiser Erhaltung der Empfindung bis zum tiefsten todesähnlichen Schlafe mit Aufhebung jeder Spur derselben.

In den niedrigeren Graden der Ohnmacht äussert sich die Bewusstseinsstörung bereits, ehe es noch zu der körperlichen Erscheinung der ausgeprägten Erschlaffung der Glieder gekommen ist. Man sieht solche Personen blassgeworden dasitzen oder selbst dastehen, auch selbst noch willkürliche Bewegungen unwillkürlich in höchst zweckmässiger Weise ausführen, z. B. vielleicht noch ein paar Schritte weiter gehen, während ihnen die Sinne bereits vergangen sind. In den schwereren Graden dagegen folgt die Erschlaffung, das Zusammensinken des Körpers alsbald nach und mit dem vollständigen Verlust des Bewusstseins hört jede Spur von Empfindung und Bewegung auf. Für das Entstehen dieser schweren Grade ist auch ein höherer Grad von Gehirnblutleere vorauszusetzen, und Nothnagel*) will es scheinen, als ob zu ihrer Erzeugung immer eine gewisse Schnelligkeit des Zustandekommens der Hirnblutleere oder wenigstens eine mehr plötzliche Steigerung derselben gehört.

Die klinischen Erscheinungen einer Ohnmacht sind in kurzem folgende:

Unter einem Gefühl von Beklemmung und Beängstigung in der Brust, speciell in der Herzgegend, verbunden mit Herzklopfen, Frösteln und Schaudern tritt sichtbare Blässe des Gesichts auf, das Gehör wird durch Ohrensausen gestört, die Augen verdunkeln sich bis zur vollständigen Blindheit, es tritt Schwindel ein, das Bewusstsein umnachtet sich mehr und mehr und, oft mit leichtem Aufschrei und zuweilen unter flüchtigen Zuckungen, stürzt die Person zusammen. Bei näherer Untersuchung findet man das Athmen sehr oberflächlich, langsam und schwach, den Puls klein, die übrige Körperoberfläche ebenfalls blass wie das Gesicht, die Extremitäten kalt, schlaff und ohne jede Empfindung daliegend. Nur in ganz schweren Fällen, bei bedeutendem Grade von Blutleere des Gehirns, gesellen sich Krämpfe hinzu, die bekanntlich ebenfalls durch Hirnblutleere erzeugt werden. Doch bleibt das Hauptcharakteristikum für die Ohnmacht ausser der Bewusstlosigkeit gerade das Fehlen anderweitiger Gehirnerscheinungen, zum Unterschiede von der Eclampsie, Epilepsie und Hysterie,

*) Nothnagel, Anaemie, Hyperaemie, Haemorrhagie, Thrombose und Embolie des Gehirns. Handbuch der speciellen Pathologie und Therapie von Ziemssen. Bd. XI, 1876, pag. 20.

die mit Krämpfen resp. krampfähnlichen Erscheinungen einhergehen, und von dem Hirnschlagfluss, welcher Lähmung als Gehirnerscheinung zeigt.

Im Allgemeinen geht die Ohnmacht rasch vorüber; sie dauert in der Regel von einigen Sekunden oder Minuten bis zu einer halben oder ganzen Stunde.

Als Gradmesser für die Tiefe der Ohnmacht besitzen wir objektiv nur die verschiedenen Methoden der Hautreizung, vermittelst deren wir Schmerz und bewusste Empfindung des letzteren zu erzeugen suchen. Oft gelingt es, falls nicht nach einigen Sekunden oder Minuten von selbst Erholung eingetreten ist, schon durch leichte Hautreize, durch Besprengen mit kaltem Wasser oder durch Riechmittel, Empfindung und Bewusstsein hervorzurufen, zuweilen jedoch müssen die energischsten Hautreizungen, und diese recht ausdauernd angewandt werden, ehe man das geschwundene Bewusstsein allmälig wiederkehren sieht (Lipothymia gravis). In einem von einem Beobachter*) bei einer 46jährigen Frau behandelten Fall von tiefer Ohnmacht, die in Folge schwerer Trauer eingetreten war und $1^1/_2$ Stunden andauerte, konnte die Patientin erst durch die intensivsten Hautreizungen allmälig wieder zum Bewusstsein gebracht werden. Wie stark diese Hautreizungen gewesen sein müssen, geht daraus hervor, dass von dem massenhaften Auftröpfeln von brennendem Siegellack auf die Waden, Schenkel und Magengegend so starke Entzündungen und Eiterungen an den gebrannten Stellen nachher entstanden waren, dass die Patientin erst nach mehreren Monaten sich davon erholte.

Die Ohnmacht befällt robuste, kräftige Leute, wie, vorwiegend allerdings, heruntergekommene, blasse und sogenannte nervöse Personen; vornehmlich scheint sie Frauen zu befallen.

Oft gehören anscheinend nur geringe Veranlassungen zur Erzeugung der Ohnmacht: Der Anblick einer kleinen Wunde, einiger Tropfen Blut, das Ziehen eines Zahnes u. dgl.

Dagegen setzt nach Samuel**) jede Herabsetzung der Kräfte, sei dieselbe durch Hunger oder Ueberanstrengung bedingt, eine gewisse Disposition zur Ohnmacht. Ebenso tritt letztere bei

---

*) Schmidt's Jahrb. Bd. 23, pag. 54.

**) Samuel: Artikel „Ohnmacht" in Eulenburg's Real-Encyclopädie der gesammten Heilkunde. Bd. X. 1882.

nervöser Konstitution leichter ein, und zwar nach den verschiedensten schweren Gemüthserregungen. Ganz besonders disponirt zur Ohnmacht sind Schwangere und Erstgebärende; bei ihnen genügt oft schon ein intensiver Geruch, um Ohnmacht herbeizuführen. Da die Ohnmacht auf Circulationsstörung beruht, so kommt sie bei vorhandenen Affektionen des Herzens leichter zu Stande, desgleichen bei künstlich, z. B. durch starkes Schnüren erzeugter Circulationshemmung. Für das Zustandekommen tieferer Ohnmacht werden jedoch auch im Allgemeinen intensivere Reize erforderlich sein.

Eine Erfahrung ist noch bemerkenswerth: Die Ohnmacht tritt vorwiegend bei aufrechter Stellung ein, und bei geschwächten Personen besonders dann, wenn sie aus der liegenden plötzlich in die sitzende oder überhaupt aufrechte Stellung gebracht werden. Der geschwächte Herzmuskel scheint dann unfähig zu sein, die nothwendige Blutzufuhr zum Gehirn hinauf zu ermöglichen.

Der Unterschied zwischen dem Ohnmachtszustande und den anderen, theils künstlich erzeugten, theils krankhaften Körperzuständen, welche ebenfalls Bewusstlosigkeit in ihrem Gefolge haben, ist, wie wir sehen, ein sehr wesentlicher. Abgesehen davon, dass vermuthlich die Vorgänge, die in dem hier die Hauptrolle spielenden Organe, in dem Gehirn, zur Entwickelung kommen, ganz verschiedenartige sind, äussern sich die gesammten Zustände auch in ihrem klinischen Bilde in ganz verschiedener Weise. Bei der Ohnmacht neben der Bewusstlosigkeit vollständige Erschlaffung der Glieder, bei den anderen Zuständen gerade krampfhafte, wenn auch unbewusste Bewegungen derselben. Dort die Unfähigkeit, irgend eine Aktivität nach aussen hin zu entwickeln, hier gerade eine erhöhte, wenn auch unzweckmässige Aktivitätsentwickelung. Vor allem aber ist ein principieller Unterschied darin zu sehen, dass die krankhaften Bewusstlosigkeitszustände sich nur auf einem durch Krankheit bereits vorbereiteten Boden entwickeln, während die Ohnmacht die gesundesten Menschen befallen kann, sobald nur die Bedingungen für ihr Zustandekommen gegeben sind.

Ob und wieweit diese Bedingungen auch in dem Geburtsvorgange enthalten sind, soll im Folgenden untersucht werden.

III.

Die Beziehungen der Ohnmacht zur gewöhnlichen und zur heimlichen Geburt.

Unter den wesentlichsten Bedingungen zum Zustandekommen einer Ohnmacht haben wir in Vorstehendem als mechanisch wirkende Ursachen die plötzliche Entleerung der Leibeshöhle und die direkt nach aussen statthabende übermässige Blutung, als reflektorisch wirkende Momente den übergrossen Schmerz und die abnorme psychische Alteration kennen gelernt. Ein den Eintritt einer Ohnmacht erheblich begünstigendes Moment bildet daneben die aufrechte Körperstellung.

In dem unter normalen Verhältnissen vor sich gehenden Gebärakte werden wir nun nach diesen, das Zustandekommen einer Ohnmacht bedingenden und begünstigenden Momenten im Allgemeinen vergeblich suchen.

Um mit dem begünstigenden Moment der aufrechten Körperstellung zu beginnen, wissen wir, dass die Kreissende für gewöhnlich im Bett liegt, in der Regel also keine aufrechte Körperstellung einnimmt.

Unter den regelrecht von statten gegangenen Wehen und dem allmäligen Vorrücken des Kindes haben die äusseren Geschlechtstheile sich genügend geweitet, um den Geburtsschmerz, der durch eine plötzliche Dehnung der zur Geburt noch nicht genügend vorbereiteten Weichtheile verursacht wird, zu mildern; und im letzten Moment des Gebärens steigert der Schmerz sich noch bis zu einer gewissen Höhe, der Kopf wird geboren und es tritt eine Ruhepause ein, nach welcher erst der übrige Theil des

Kindeskörpers dem Mutterleibe sich entwindet, so dass auch die Entleerung des letzteren nur eine allmälige ist.

Es fallen hier also auch der übergrosse Schmerz und die plötzliche Entleerung des Leibes fort, und wenn auch Schmerz und das vierte Ohnmachtsmoment, die psychische Alteration, in manchen Fällen eine grössere Intensität erreichen, so werden sie durch andere Einwirkungen, durch trostreichen Zuspruch, durch eigene Standhaftigkeit und Willensenergie, im einzelnen Falle durch geringere Empfindlichkeit leicht paralysirt und lassen es in der Regel höchstens zu einer gewissen Apathie, zu einer kaum merklichen und jedenfalls nur ganz leichten und schnell vorübergehenden Bewusstseinsstörung, zu einer Art Ohnmachtsanwandlung kommen.

Eine übermässige Blutung endlich pflegt unter gewöhnlichen Verhältnissen ebenfalls nicht stattzufinden, jedenfalls nicht eine so übermässige, dass sie gleich Ohnmacht herbeiführen sollte.

Verläuft der Gebärakt dagegen in abnormer Weise und unter abnormen äusseren Verhältnissen, so kann er sehr wohl einzelne oder alle Bedingungen zum Zustandekommen einer Ohnmacht in sich vereinigen.

Man stelle sich zunächst vor, die Kreissende nehme nicht, wie gewöhnlich, eine liegende Stellung ein, sondern stehe oder befinde sich in einer anderen Form aufrechter, z. B. sitzender oder hockender Stellung, wie das zuweilen sogar trotz grösster Sorgsamkeit in der Behandlung der Kreissenden vorgekommen, so haben wir in dieser ungewöhnlichen Körperstellung schon ein wichtiges Moment für das Zustandekommen einer Ohnmacht.

Auch der Schmerz sei, wie das vorkommt, gleich von Anfang an erheblich stärker und steigere sich mit dem stärkeren Widerstande, der ihm seitens des Kindeskörpers oder der Geburtswege entgegengestellt wird. Ist der Kopf dann heruntergetreten, so drückt er auf den Mastdarm, auf die zahlreichen Nerven im Becken, drängt das Mittelfleisch vor und die nervenreichen, möglicherweise schon entzündlich geschwollenen und um so schmerzhafteren Weichtheile der äusseren Geschlechtstheile gewaltsam auseinander. Jetzt gerade, in dem entscheidenden Momente, werde noch gar der Wille gelähmt und habe er den nothwendigen Gebrauch der Hilfskräfte nicht mehr in seiner Gewalt.

„Dies alles," sagt Hohl*), „kann die ruhigste Frau ausser Fassung, kann ihren Heroismus, den sie bisher bewiesen, zum Scheitern bringen, und der letzte Moment des Durchbruches des Kopfes oder dieses und des ganzen Körpers ihre Exaltation aufs Höchste steigern, selbst bis zur Verzweiflung, ja in einen unzurechnungsfähigen Zustand versetzen." Ein solcher Schmerz ist dann sicherlich intensiv genug, um reflektorisch auch einen Ohnmachtszustand hervorrufen zu können.

Stellen wir uns ferner vor, dass die psychische Alteration ganz abnorm gesteigert sei. Das beste Beispiel für eine solche bietet uns die einsam und besonders die heimlich Gebärende. Ich wüsste von dem Gemüthszustande einer solchen und von seiner Veränderung während des Gebäraktes keine beredtere und bessere Schilderung zu geben, als wie sie wiederum Hohl (l. c.) giebt, den ich hier selber reden lassen will.

„Wir haben oben bemerkt," sagt er, „dass das Weib bei dem Beginn der Geburt von Unruhe und Angst ergriffen werde, und es in ihr liege, gleich den Thieren, die einen verborgenen Ort aufsuchen, sich zurückzuziehen; um wie viel mehr wird eine unglückliche Schwangere, welche weiss, dass die Geburt den Schleier lüftet, den sie bisher über ihren Fall gedeckt hat, weiss, dass mit der Geburt ihre Existenz vernichtet ist und sich ein kümmerliches Leben für sie und ihr Kind eröffnet, weiss, dass sie von allen Seiten mit Vorwürfen, vielleicht auch mit Hohn und Spott überschüttet wird, aber von keiner Seite ein Wort der Beruhigung vernimmt, sich in ihrer Unruhe und Angst an einen stillen Ort zurückziehen. Wir wissen, dass dergleichen Kreissende den heimlichen Ort wieder verlassen, um sich zu entdecken, aber in der Furcht, in der Angst, die sie beherrscht, den Entschluss wieder aufgeben und an derselben Stelle oder einer anderen sich wiederfinden, ihn nicht mehr verlassen können, weil unerbittlich die Geburt vorschreitet. So nun sich selbst überlassen, allein in einer jämmerlichen Lage, genöthigt, die sich steigernden Schmerzen mit aller Macht zu unterdrücken, gezwungen, die Geburt in dem kurzen Augenblick ihres Abkommens möglichst durch Drängen und Pressen abzukürzen, wohl wissend, dass der

*) Hohl, Lehrbuch der Geburtshilfe. Halle, 1855, pag. 529.

erste Laut des Kindes sie verräth, hoffend, dass kein Leben ihm einwohne, muss sie im letzten Moment des Gebärens in einen Zustand von Exaltation kommen, der ihre Sinne leicht verwirren, ihr das Bewusstsein rauben, sie in Manie setzen kann."

Bei einer solchen Steigerung der psychischen Erregung dürfte es in der That nicht wunder nehmen, ja, es wäre nur natürlich, wenn eine so Bedrängte im Moment des Gebärens in Bewusstlosigkeit, in Ohnmacht verfiele.

Nehmen wir endlich eine plötzliche Entleerung des Mutterleibes an, wie sie bei einer Ueberraschung durch den Geburtsakt stattfinden kann. Die Wehen drängen sich zusammen, erfolgen fast ohne Pause Schlag auf Schlag, die Gebärmutter ist in unausgesetzter Spannung, die Kreissende klammert sich an irgend einen Gegenstand, um sich an demselben festzuhalten, sie drängt kräftig mit, und mit einem Male schiesst plötzlich das Kind in seiner Gesammtheit aus dem Mutterleibe hervor und stürzt zur Erde. Die Blutgefässe des Unterleibes und der Gebärmutter, auf denen der Inhalt der letzteren bisher gelastet hatte, werden plötzlich entlastet, und die enorme Blutquantität, die in dieselben nun auf einmal einströmt, wird in demselben Verhältniss und mit derselben Schnelligkeit dem Gehirn entzogen. Es ist derselbe Effekt, der, wie oben erwähnt, entsteht, wenn man bei Brust- oder Bauchwassersucht den Flüssigkeitsinhalt zu schnell abfliessen lässt, wodurch erfahrungsgemäss recht häufig Ohnmacht herbeigeführt wird.

Denken wir schliesslich noch an Entbindungen, bei denen in Folge plötzlicher Erschlaffung der Gebärmutter oder in Folge eines weiten Einrisses in die Muttermundslippen oder in den Damm der Ausstossung des Kindes unmittelbar eine abnorme starke Blutung hinterher folgt, so haben wir in den geschilderten abnormen Geburtsverläufen fast alle Momente beisammen, die zum Zustandekommen einer Ohnmacht erforderlich sind.

Es ist klar, dass alle diese abnormen Verläufe des Gebäraktes sich auf eine einzige Person konzentriren können, indem eben eine Person unter den unsäglichsten Schmerzen und in der verzweifeltsten Gemüthsstimmung ihr Kind plötzlich und stehend zur Welt bringen und noch während der Ausstossung des Kindes oder unmittelbar darauf eine heftige Blutung erleiden kann. Es ist aber ebenso klar, dass ein so abnormer Verlauf sich vorwiegend bei Personen ereignen wird, die sich selber unter abnormen Verhältnissen befinden, und das ist bei heimlich Gebärenden in vollem Masse der Fall.

Man kann wohl sagen, dass bei heimlich Gebärenden die aufrechte Stellung die gewöhnliche und die Bettlage die weniger gewöhnliche sein dürfte. Denn die Bettlage wird, wie Schütz*) dies sehr plausibel auseinandersetzt, nicht gerade als die passende gewählt, sondern sie wird nur beibehalten, weil die Gebärenden sich gerade zufällig im Bett befinden oder dort ihre Schmerzen besser unterdrücken zu können glauben. Meistens verlassen die Gebärenden aber vor Unruhe das Bett, setzen sich auf den Rand desselben, auf eine Bank, einen Stuhl, oder, weil sie im letzten Moment des Gebäraktes in Folge des Druckes des Kindskopfes auf den Mastdarm von einem Gefühl wie Stuhldrang gequält werden, auf den Eimer. Noch seltener werden sie gerade am einsamen Orte die liegende Stellung aufsuchen, weil ihnen hier die nöthigen Stützpunkte für ihre Extremitäten fehlen; ist Stroh oder sonst irgend eine weiche Unterlage vorhanden, so setzen sie sich wohl auf dieselbe und suchen ihr Kreuz zu stützen, oder sie suchen durch irgend eine der aufrechten Körperstellungen einen festen Halt zu gewinnen. Mehrgebärende, die den Geburtsvorgang als solchen eher erkennen, hocken oder kauern gewöhnlich nieder; Erstgebärende, des Vorganges unkundig, bleiben meistens in stehender, vorn übergebeugter Stellung und halten sich mit den Händen am Bettrande, an der Thüre oder sonst einem Gegenstande fest, oder stemmen sich mit dem Rücken gegen die Wand und mit den Füssen gegen den Erdboden. Zuweilen stürzt das Kind gerade beim Einsteigen der Kreissenden ins Bett oder beim Umhergehen derselben hervor. Jedenfalls hängt die ungewöhnliche Stellung, die gewählt wird, nach Schütz von mancherlei Zufälligkeiten ab, und die Gebärenden gelangen zu derselben meistens ohne Vorbedacht durch die Situation, in welcher sie sich gerade befinden. Diese Annahme werde um so plausibler, wenn man weiss, dass die Stellung im Liegen „keineswegs die zu allen Zeiten von der Schule sanktionirte“ gewesen ist. Es sind früher und auch neuerdings immer wieder

*) Schütz, Ueber die heimliche Geburt. Verhandlungen der Gesellschaft für Geburtshülfe in Berlin. IV. Jahrgang. 1851.

andere Situationen als vortheilhafte gepriesen worden, von Ritgen die kauernde, von Baudelocque die stehende mit gespreizten Beinen und angestemmtem Rücken, von Ludwig wieder die kniekauernde Stellung. Man weiss nur aus Erfahrung, dass die Rückenlage, und in dieser die Seitenlage am vortheilhaftesten zu sein scheint; ob am natürlichsten, wer will das beweisen! Natürlich ist nach Schütz (l. c.) „für eine Erstgebärende gewiss nur, dass sie, wenn sie von den Wehen dazu aufgefordert wird, dem Drange folgt, feste Stützpunkte für die Thätigkeit der Bauch- und Beckenmuskeln zu gewinnen und ihrer Bürde, welche sie zu neuem Drängen anreizt, so schnell wie möglich los zu werden sucht.“ Dass nun von den heimlich Gebärenden beim Gebärakt vorwiegend irgend eine der aufrechten Körperstellungen eingenommen werde, hat van Baren*) sogar aktenmässig durch Zahlen nachzuweisen gesucht und Schütz ist zu gleichen Resultaten gekommen, während beide sich noch auf Klein stützen, der 283 privatim beobachtete Fälle von Geburten in ungewöhnlicher Körperstellung gesammelt hat.

Somit sind wir jedenfalls berechtigt, die aufrechte Körperstellung bei der heimlichen Geburt als die gewöhnliche, zum mindesten als eine häufig vorkommende anzunehmen und darin ein wesentliches Moment für das Zustandekommen einer Ohnmacht zu sehen.

Was die zu grosse Schmerzhaftigkeit anlangt, so ist aus verschiedenen Umständen zu schliessen, dass eine solche gerade bei heimlich Gebärenden häufiger vorhanden sein wird. Heimlich Gebärende sind meistens Erstgebärende und bei diesen ist der Gebärakt erfahrungsgemäss mit grösseren Schmerzen verbunden als bei Mehrgebärenden. Einen mehr objektiven Massstab für das Vorhandengewesensein eines abnorm grossen Geburtsschmerzes könnten nachträglich Zeichen stattgehabter Quetschungen der äusseren Geschlechtstheile und Einrisse in dieselben abgeben; allein dies wird nachträglich selten festgestellt, und so sind wir in dieser Beziehung nur auf die Schilderungen angewiesen, die die Angeschuldigten selber von den ausgestandenen Schmerzen

*) Cohen van Baren: Zur gerichtlichen Lehre von verheimlichter Schwangerschaft, Geburt und dem Tode neugeborener Kinder, erläutert durch 100 den Akten entnommene medicinisch-gerichtliche Fälle. 1845.

geben. Ihre meistens kräftige Konstitution, da sie vorwiegend der arbeitenden Klasse angehören, spricht keineswegs gegen die Annahme zu grosser Schmerzen; denn die kräftige Konstitution steht nicht immer mit der Schmerzempfindlichkeit im Einklang, und wir wissen, dass oft die kräftigsten Personen am wenigsten Schmerz ertragen können. Auch der Umstand, dass die Früchte Unehelicher vermöge ihrer im Allgemeinen angenommenen geringeren Dimensionen die Geburtswege leichter passiren und somit weniger Schmerz verursachen dürften, kann nicht in Betracht kommen, da es erstens gar nicht erwiesen ist, dass die Früchte Unehelicher thatsächlich kleiner sind — nach van Baren kommen auf 50 Fälle heimlicher Geburt 40 reife Kinder, darunter 14 über 6 Pfd. und 19″ —, und zweitens, wenn die Frucht im gegebenen Falle kleiner war, es doch noch auf die Beckenverhältnisse der Mutter ankommt. Endlich hat man in der allgemein angenommenen kürzeren Dauer der heimlichen Geburt auch eine leichtere und schmerzlosere Geburt sehen wollen. Aber auch die kürzere Dauer ist noch bestritten. Kurz ist gewöhnlich nur das allerletzte Stadium der Geburt; was an Schmerzen vorangegangen, bleibt meistens unberücksichtigt, und forscht man näher nach, so erfährt man meist, dass die Schmerzen schon viele Stunden, oft sogar Tage vorher begonnen haben. Dagegen bildet die kürzere Dauer gerade ein Moment für die Annahme eines abnorm grossen Schmerzes während des Gebäraktes. In diese kurze Zeit hinein konzentriren sich die Wehenschmerzen zu dem höchsten Grad von Geburtsbeschleunigung, zu der von Wigand gewürdigten, sogenannten Ueberstürzung der Gebärmutter, die Wigand mit Bezug auf die Schmerzensäusserung der Gebärenden dahin schildert, dass die letzteren jammern oder „wüthen“ oder über den Schmerz sogar ihr Bewusstsein verloren haben und dass schliesslich unter Schrei oder Zähneknirschen und Ausleerungen von Schweiss, Urin, Koth und Darmwinden das Kind plötzlich hervorstürze. Wo es aber sogar zu solchen unwillkürlichen Explosionen kommen kann, da, darf man wohl annehmen, muss der Schmerz ein übernatürlicher, ein ganz abnormer sein, und so können wir auch für die heimliche und im allgemeinen kürzere Geburt eine stärkere Schmerzempfindlichkeit der Gebärenden annehmen, als unter anderen Verhältnissen, und damit wieder in der heimlichen

Geburt ein weiteres Moment für das Eintreten einer Ohnmacht sehen.

Die abnorme psychische Alteration heimlich Gebärender ist schon oben gewürdigt worden. Ich glaube nicht, dass in der Hohl'schen Schilderung eine erhebliche Uebertreibung anzunehmen ist. Es ist zu natürlich, dass sich Furcht, Schrecken und welche Gemüthszustände man auch sonst bei einer Gebärenden im letzten Moment der Geburt finden kann, sich bei keiner anderen Gebärenden in dem Masse und mit der gegen das Ende der Geburt zunehmenden Steigerung zusammenfinden werden, als gerade bei der heimlich Gebärenden. Eine treffliche Schilderung ihres Gemüthszustandes giebt uns auch der berühmte englische Frauenarzt William Hunter, der von den unehelich Schwangeren unter Anderem Folgendes*) sagt: „In ihrer Unruhe und durchaus nicht in der Absicht, das Kind umzubringen, denken sie auf allerlei Mittel, die Geburt geheim zu halten. Sie schwanken zwischen Schwierigkeiten von allen Seiten umher, setzen die böse Stunde weit hinaus und verlassen sich oft zu sehr auf Glück und Zufall. In diesem Zustande werden sie dann oft eher von der Geburt überrascht, als sie vermuthen, ihre Entwürfe schlagen fehl, die Noth ihres Körpers und ihrer Seele beraubt sie aller Ueberlegung, aller vernünftigen Massregeln, sie entbinden sich von selbst an dem ersten besten Orte, den sie in der Angst und Verwirrung finden. Zuweilen sterben sie in den Geburtswehen, ein ander Mal fallen sie ganz erschöpft in Ohnmacht, und wenn sie sich wieder ein wenig erholen, finden sie, dass das Kind, es sei nun todtgeboren oder nicht, keine Spur des Lebens von sich giebt."

Wenn nun auch die gemüthlich so Perturbirten in den Geburtswehen nicht gleich sterben, so ist ihre Ohnmacht dabei wohl zu verstehen, und es liegt jedenfalls in der Gemüthsalteration heimlich Gebärender ein wesentliches, ich möchte sagen, mit das bedeutendste Moment zum Zustandekommen einer Ohnmacht.

Fast nicht weniger wesentlich in dieser Beziehung ist der Umstand, dass die plötzliche Ausstossung der Frucht aus der Gebärmutter, ihre Ausstossung auf einmal, also eine Ueberraschung der Gebärenden durch den letzten Akt der Geburt,

---

*) W. Hunter, l. c. pag. 414—15 u. 17.

gewissermassen durch die Natur der heimlichen Geburt bedingt ist. Die heimlich Gebärenden gehen meistens bis zum letzten Augenblick umher, da sie über die einzelnen Stadien der Geburt in Unkenntniss sind, daher auch nicht unterscheiden können, wann der letzte Moment der Geburt herangenaht ist. Meistens werden sie noch über die Art des Schmerzes getäuscht, und indem sie die Wehen missdeuten und dieselben für Stuhldrang halten, geben sie letzterem Folge und stossen so das Kind auf einmal heraus. Dies kann Mehrgebärenden ebenso gut wie Erstgebärenden passiren, wofür Beobachtungen an nicht heimlich Gebärenden vorliegen. Die Ueberraschung durch die Geburt bei heimlich Gebärenden ist um so natürlicher, als die abhängige Dienststellung, die Arbeitsverhältnisse und die Umgebung es nicht leicht gestatten, sich so einzurichten, dass die für einen mehr normalen Geburtsverlauf nothwendigen Bequemlichkeiten vorhanden sind oder hergerichtet werden können.

Mit Bezug auf die Blutung endlich ist es bekannt, dass dieselbe um so leichter eintritt, je schneller der Gebärakt vor sich gegangen ist. Die Fähigkeit der Gebärmutter, sich wieder zusammenzuziehen, versagt, und es tritt Erschlaffung des Gewebes und der Gefässwandungen und damit die Bedingung zur Blutung ein. Kommt noch hinzu, dass die Gebärende übermässig presst und sich in aufrechter oder einer dieser gleichwirkenden, kauernden oder sitzenden Stellung befindet, so addirt sich nach Spiegelberg*) die Schwere des Kindes noch voll zu der Expulsivkraft, das Kind stürzt hervor und gestattet dem Blutstrom einen freien und raschen Zustrom zu der plötzlich entlasteten Unterbauchgegend und dementsprechend ein Abströmen von dem Gehirn. Somit bildet die plötzliche Entleerung der Gebärmutter theils durch die plötzliche Blutschwankung, theils durch die Blutung nach aussen ein wesentliches Moment zum Zustandekommen der Ohnmacht, und je nachdem die Blutung durch vorzeitige Lösung des Mutterkuchens vor Ausstossung der Frucht, oder in Folge plötzlicher Erschlaffung der Gebärmutter, resp. durch Einrisse in diese und den Damm unmittelbar nach der Ausstossung des Kindes

*) Spiegelberg, Lehrbuch der Geburtshülfe für Aerzte und Studirende. Lahr 1878.

eintritt, wird auch die Ohnmacht als Folge von Blutung vor oder nachher eintreten können.

Fassen wir nunmehr das über den Gebärakt Gesagte, sofern derselbe unter abnormen Verhältnissen, speciell bei der heimlichen Geburt vor sich geht, zusammen, so ergiebt sich, dass in demselben die wichtigsten Bedingungen zum Zustandekommen einer Ohnmacht unter allen Umständen gegeben sind. Findet eine durch ungewöhnliche Körperhaltung begünstigte Blutung oder durch übereilte Geburt bedingte plötzliche Entleerung der Gebärmutter statt, so ist damit das Moment der mechanischen Entleerung der Hirngefässe durch Abströmen des Blutes aus denselben und dadurch die den Ohnmachtszustand bedingende Blutleere des Gehirns gegeben. Waltet dagegen die psychische Alteration oder der Schmerz vor, so kommt das Moment des reflektorischen Gefässkrampfes und die durch diesen erzeugte Blutleere, somit die andere Bedingung zur Ohnmacht zu Stande. Eines dieser Momente aber wird bei der heimlichen Geburt stets obwalten, meistens werden es mehrere zusammen sein, und so haben wir bei derselben, vom theoretischen Standpunkte aus betrachtet, die Bedingungen zu einer Ohnmacht durchaus zu gewärtigen.

Eine theoretische Erörterung erheischt noch die naheliegende Frage, ob der Geburtsschmerz, der wohl im Stande ist, Ohnmacht zu erzeugen, es auch gestatten wird, dass nach Eintritt der Ohnmacht der noch nicht beendete Gebärakt trotzdem seinen Fortgang nehmen kann. Nimmt man nämlich an, dass die Ohnmacht vor Ausstossung der Frucht eingetreten sei, so dürfte es sich fragen, ob die nun folgenden Geburtswehen, sei es, dass sie noch den ganzen Kindeskörper herauszubefördern, sei es, dass sie die eben begonnene Geburt nur zu beendigen hätten, die durch die Ohnmacht bedingte Bewusstlosigkeit nicht wieder aufheben müssten. Wir haben oben kennen gelernt, wie intensiv ein solcher Wehenschmerz, der die Aufgabe hat, den Kindeskörper durch die Geschlechtswege hindurch zu treiben, sein kann, und müssten demnach a priori annehmen, er könnte wohl gross genug sein, um selbst die tiefste Ohnmacht aufzuheben und durch das wiederkehrende Bewusstsein zur Perzeption zu gelangen. Der Wehenschmerz lässt sich aber mit anderen Schmerzempfindungen schwer vergleichen, und mag er immerhin für einen der intensivsten zu halten sein, so werden hier theoretische Raisonnements nichts entscheiden; hier wird es vielmehr auf die Beobachtung ankommen, die, wie im Weiteren gezeigt werden wird, die Möglichkeit, dass trotz vor sich gehender Geburt die Ohnmacht und die durch dieselbe bedingte Bewusstlosigkeit fortbestehen kann, zur Evidenz erweisen wird.

IV.

Kasuistische Beobachtungen aus der bisher bekannten Litteratur.

Die einschlägigen Beobachtungen und Erfahrungen, die hier in Betracht kommen, sind, wie ich oben gezeigt habe, theils in Einzelpublikationen, theils in gerichtlichen Gutachten, theils in den Werken der Geburtshelfer und gerichtlich-medicinischen Schriftsteller niedergelegt.

Die ältesten bekannt gewordenen Gutachten, die sogenannten Fakultäts-Gutachten, stützten sich, wie wir gesehen haben, meistens ganz allgemein auf die wissenschaftlichen Erfahrungen der Professoren und beurtheilten danach den gegebenen Fall. Spätere Gutachter dagegen wussten sich bereits auf beobachtete Fälle zu berufen, die wir dann in noch späteren Gutachten immer wiederkehren sehen.

Ein älteres Gutachten, das von Roose, das aus dem Jahre 1797 stammt, hatte einen solchen Fall zu behandeln, in welchem die Angeschuldigte behauptet hatte, dass ihre Entbindung während eines Zustandes von Ohnmacht erfolgt sei. Indem Roose „nach reiflicher Ueberlegung aller in den Akten vorkommender Umstände“ die Wahrscheinlichkeit ihrer Behauptung bejaht, bemerkt er, dass es an derartigen Beispielen nicht fehle und beruft sich 1. darauf, dass Weiber „bei völligem Bewusstsein und ohne Schmerzen und Wehen“ geboren hätten, wovon Pechlin (Obs. med. phys. Lib I. Obs. 27 pag. 65) ein merkwürdiges Beispiel erzähle, 2. darauf, dass Weiber „in einem gänzlich bewusstlosen Zustande“ geboren hätten, als z. B. „in einem tiefen, widernatürlichen Schlafe" (Fall von Heister in Behrens' dissert. De partu mirabili etc.), „in einem ohnmächtigen Zustande, wo sie erst nach einigen Stunden erwachten, ohne zu wissen, was mit ihnen vorgegangen sei, wie der Hofrath und Leibarzt Sommer (Mitglied desselben Ober-Sanitäts-Collegiums, dem Roose angehörte) mehrere Fälle der Art beobachtet hat und wie auch z. B. Pitaval einen solchen Fall (in seinen sonderbaren Rechtshändeln, Theil I.) erzählt." Ferner wird noch auf Geburten in apoplektischem und epileptischem Zustande hingewiesen, wobei De Haen, Rat. med. III., pag. 243 und Storch, Weiberkrankheiten, Theil 5, Cas. 1 citirt werden, und endlich wird selbst auf Geburten nach der Mutter Tode hingedeutet!

Wir sehen also, dass man damals bereits über eine reichhaltige Litteratur verfügen zu können glaubte und, um die Möglichkeit der Geburt während der Ohnmacht zu beweisen, in der Auswahl der Fälle nicht sehr penibel war, sondern auch Geburten im Schlaf und anderen Bewusstlosigkeitszuständen als Beispiele heranzog. Uns sollen die letzteren aber, wie oben erwähnt, hier nicht interessiren und sie können daher ausserhalb unserer Erörterungen bleiben. Nur zur Richtigstellung der Thatsache will ich mit Bezug auf die citirte Geburt „in einem tiefen, widernatürlichen Schlafe" bemerken, dass der letztere sich beim Nachlesen in der erwähnten Dissertation von Behrens*) als eine ganz evidente Eclampsie entpuppt, aus der die Gebärende nicht mehr zum Bewusstsein kommt, vielmehr drei Stunden nach der Entbindung stirbt. Ich führe dies besonders deswegen an, weil dieser Behrens'sche Fall gewissermassen als Paradefall immer und immer wiederkehrt, sicherlich ohne dass diejenigen, die ihn als besonderen Fall von „Geburt im Schlafe" citiren, die Art dieses Schlafes geprüft haben. Auch zu dem Pechlin'schen Falle will ich nur bemerken, dass es sich dabei um eine Frau handelte, die, wie es in P's. Obs. heisst, „in suffocatione hysterica et summa debilitate" ein lebendes Kind gebar. Welcher Natur dieser Zustand war, ist heute schwer zu sagen, jedenfalls muss seine Ohnmachtsnatur zweifelhaft bleiben. Was nun noch gar den Pitaval'schen Fall anlangt, der eine Geburt in einem „wirklichen

*) Behrens, l. c.

Ohnmachtszustande" bekunden soll, so erfahren wir von Pitaval*) selbst, der übrigens gar nicht Arzt, sondern Parlamentsadvokat zu Paris war, dass die Frau, um die es sich hier handelt, da die Wehen zu stark waren, von der Hebamme „ein Tränkchen, welches sie (die Gebärende) in einen tiefen Schlaf brachte", erhalten hatte. Nach Annahme Pitaval's war es ein narkotisches Mittel. Der Schlaf dauerte bis zum Morgen. „Die Gräfin," heisst es weiter, „kam mit einem Sohne nieder, ehe sie solches noch empfand, während des tiefen Schlafes, der ein rechtes Bild von dem Tode war." Wir haben es hier also am wenigsten mit einer Ohnmacht, sondern mit einer künstlich durch ein Narkotikum erzeugten Bewusstlosigkeit zu thun, was der Gutachter gewiss nicht wusste. — Ueber die Sommer'schen Fälle, die ihm wohl nur mündlich mitgetheilt waren, erfahren wir nichts Näheres, dürfen nach Obigem aber mit Recht wohl zweifeln, ob auch diese wirkliche Ohnmachtszustände betrafen.

In einem späteren, von Schreyer (l. c.) im Jahre 1837 publizirten Gutachten, in welchem derselbe die Möglichkeit der Geburt in gänzlich bewusstlosem Zustande der Mutter durch ältere und neuere Erfahrung für evident erwiesen hält und sich auf eigene Fälle zu stützen weiss, werden folgende Beobachtungen und Autoren citirt:

1. Carus, Zur Lehre von Schwangerschaft und Geburt, Leipzig 1822. 7. Fall, pag. 114.

Dieser Fall betrifft eine mit Konvulsionen verbundene Bewusstlosigkeit und ist mit Sicherheit für eine Eclampsie zu halten.

2. Mende, Handbuch der gerichtlichen Medicin, 3. Bd., Leipzig 1822, pag. 544—45, Anm. 12.

Hier haben wir es in der That mit einem Ohnmachtszustande zu thun, in welchem die Gebärende sogar mit der Zange entbunden wurde, ohne dass sie es gewahr wurde. Der Fall ist, von Mende selber beobachtet, so wichtig, dass ich ihn wörtlich wiedergeben will:

*) Pitaval, Gayott von, Erzählung sonderbarer Rechtshändel sammt deren gerichtlichen Entscheidung. Aus dem Französischen übersetzt. I. Theil. 1747. „Die Geschichte des Kindes, das von zwoen Müttern, als das ihrige, gerichtlich zurückgefordert worden. Oder die berühmte Rechtssache des S. Geran", pag. 188. (Die Geschichte spielt im Jahre 1641. Anm. d. Verf.)

„Ich selber beobachtete ein 18jähriges Mädchen, das von mir für schwanger erkannt wurde, aber die Möglichkeit einer Schwangerschaft hartnäckig leugnete. Mit ihrer Bewilligung untersuchte ich sie noch am Morgen vor ihrer Niederkunft und fühlte den vorliegenden Kopf der Frucht ganz deutlich. Nichtsdestoweniger blieb sie beim Leugnen. Am Nachmittag klagte sie über Leibschmerzen und ging in die Kammer auf den Leibstuhl. Hier hörte man sie heftig schreien und eilte herbei, fand sie aber ohnmächtig, so dass man sie in das Zimmer tragen musste. Ich ward herbeigerufen und traf sie in einem völlig bewusstlosen Zustande an. Da der Kopf des Kindes schon in das kleine Becken eingetreten war, so legte ich die Zange an und zog ihn nicht ohne Beschwerde hervor, wobei die Gebärende keinen Laut von sich gab. Erst wie die Schultern aus den Geburtstheilen traten, stöhnte und schrie sie, doch kam sie erst eine halbe Stunde hernach, nachdem auch die Nachgeburt schon abgegangen und sie in ihr Bett gebracht war, zum vollen Bewusstsein, und sie liess sich von dem, was mit ihr vorgegangen war, nur schwer überzeugen. — Ihr Geliebter, ein Arzt, hatte ihr eingebildet, dass sie durch das, was er mit ihr vorgenommen habe, nicht schwanger werden könne."

Merkwürdiger noch sei der Fall von May, den die Mutter beschuldigte, dass er ihr das Kind zugebracht habe. (Stolpertus, ein junger Arzt am Krankenbette. 2. Theil.)

Nun, einen merkwürdigeren, d. h. einen besseren Beleg für die Möglichkeit, dass die Geburt in vollständiger, durch Ohnmacht bedingter Bewusstlosigkeit vor sich gehen könne, brauchen wir gar nicht. Der von Mende mitgetheilte Fall ist ein so authentischer und enthält die Bedingungen zu einer Ohnmacht so naturgemäss, so zwingend in sich, — ich erwähne nur die psychische Erregung über eine der Person zugemuthete Schwangerschaft, den heftigen Schmerz beim Drängen in dem vermeintlichen Stuhldrang, die aufrechte Körperstellung dabei — dass er sozusagen einen Musterfall selbst für jede heimliche, angeblich mit Ohnmacht einhergegangene Geburt abgeben kann.

3. und 4. wird Henke citirt in seinen „Abhandlungen aus dem Gebiete der gerichtlichen Medicin" (2. Auflage, I. u. III. Band, Leipzig 1823), wo er es für einen feststehenden Erfahrungssatz

hält, dass die Geburt im bewusstlosen Zustande stattfinden könne. Auf ihn komme ich noch weiter unten zurück.

5. wird Roose's Gutachten angeführt, das ich bereits erörtert habe.

6. Storch, Weiberkrankheiten, Theil 5, Cas. 1.

Hierüber ist in dem Roose'schen Gutachten schon bemerkt, dass es sich dort um apoplektische und epileptische Zustände handelt, was ich aus eigener Lektion dieses Werkes bestätigen kann. Diese Fälle gehören also nicht hierher.

7. A. Haller, Elementa physiologiae. Theil VIII, pag. 420.

In diesem Werke finde ich nur von Haller selbst in einer Anmerkung die Behrens'sche Dissertation und La Motte: „de la génération" citirt, wo es sich um eine Geburt „in vero somno", also wieder um eine Geburt im Schlafe handeln soll.

8. Schmitt, Salzburger medicinisch-chirurgische Zeitung, 1813, Bd. 1, pag. 97 und ebendaselbst 1817, No. 30, pag. 56. Derselbe berichtet über zwei eigene Beobachtungen, deren eine eine spontane Entbindung in einem Ohnmachtszustande, deren andere eine Entbindung in Eclampsie betrifft. Den ersten Fall, der wiederum wichtig ist, will ich, wie Schmitt ihn berichtet, wörtlich wiedergeben:

„Die Andere, eine 20jährige Blondine von zartem Körperbau, hatte zweimal, dem Mechanismus nach zwar normal, aber unter Ohnmachten und bei gänzlicher Bewusstlosigkeit geboren. Bei dieser (dritten) Niederkunft verfiel sie gleich beim Eintritte der Geburtswehen in einen bewusst- und sprachlosen Zustand mit blassem Gesichte, blauen Lippen, geschlossenen Augen, unbemerklichem, nur zuweilen durch tiefe Athemzüge unterbrochenem Athmen. In diesem Zustande verblieb sie während des ganzen Gebärungsaktes, der unter kräftigen Wehen zwei Stunden dauerte, ungeachtet wiederholte Versuche, sie durch Riech- und andere Reizmittel zu erwecken, gemacht wurden. Kaum hatte sich das (lebende, gesunde) Kind dem mütterlichen Schoosse entwunden, als die Gebärende zu sich kam, ohne alle Rückerinnerung des Vergangenen, und dann nach ungetrübtem Wochenbette im besten Wohlsein das Institut verliess."

Dieser Fall hat, als Ohnmachtsfall aufgefasst, jedenfalls etwas Eigenartiges an sich. Abweichend vom klinischen Bilde der Ohnmacht fallen hier die blauen Lippen, die zeitweiligen tiefen Athemzüge und vor allem die lange Dauer des ganzen Zustandes auf. Schmitt fragt daher mit Recht am Ende seiner Beschreibung: „Ist dieser Zustand ein Hysterismus?“ und fügt gleich hinzu: „Ich wüsste ihn wenigstens mit nichts Anderem zu vergleichen.“

Es muss in der That zweifelhaft bleiben, ob wir es hier mit einer reinen Ohnmacht oder mit einer anderen Form von Bewusstseinsstörung zu thun haben, zumal die Gebärende schon die beiden vorangegangenen Entbindungen unter gleichen Erscheinungen durchgemacht haben soll. Die Hysterie tritt ja bekanntlich unter den chamäleonartigsten Erscheinungen des Krampfes sowohl wie der Lähmung auf, sie wäre daher auch sehr wohl im Stande, einen ohnmachtähnlichen Zustand zu Wege zu bringen. Zum mindesten haben wir hier eine hysterische Anlage bei der Gebärenden vorauszusetzen, während der eigenartige Ohnmachtszustand, in dem sie geboren hat, seine Abweichungen von dem üblichen Verlauf einer Ohnmacht vielleicht nur durch Komplikation mit hysterischen Erscheinungen erlangt hat.

9. wird Wildberg in seinem Handbuch der gerichtlichen Arzneiwissenschaften (Berlin 1812, pag. 133) mit Bezug auf seine dort mitgetheilte Beobachtung citirt.

Wildberg erzählt: „Ich habe selbst einen merkwürdigen Fall erlebt, dass eine hochschwangere Frau, nachdem sie auf einem unsanften Wagen beim raschen Fahren durch eine tiefe steinige Grube nicht weit von ihrem Hause einen sehr heftigen Stoss und davon zugleich einen heftigen Schmerz im Bauche erlitten hatte, und deshalb sogleich nach dem Absteigen zu Bette gebracht ward, in einen Zustand gänzlicher Bewusstlosigkeit und tiefen Schlafs verfiel, in welchem sie einige Stunden darauf ein reifes, aber todtes Kind gebar. Erst am dritten Tage wurde sie wieder zu sich und nach mehreren Wochen zur Genesung gebracht.“

Ich habe auch diesen Fall wörtlich, wie er erzählt ist, wiedergegeben, weil er nach meiner Meinung einen auf äusserer, traumatischer Veranlassung beruhenden Ohnmachtszustand darstellt, wie er durch Erschütterung des Leibes zu Stande gekommen ist. Dieses Zustandekommen hat man sich durch eine analog dem Goltz'schen Klopfversuch eintretende Reflexlähmung der Gefässnerven, speciell des Splanchnicus, zu erklären, durch welche Lähmung eine Erweiterung der Gefässe und eine Ansammlung des Blutes in der Unterleibshöhle bewirkt wird. Wenn dieser Fall auch in Rücksicht auf die lange Nachdauer der Bewusstlosigkeit zur praktischen Verwerthung für unsere Frage nur wenig geeignet erscheint, so zeigt er immerhin, wie eine Ohnmacht durch Erschütterung des Leibes kurz vor der Niederkunft zu Wege gebracht werden kann, ein Vorkommniss, das auch einmal bei einer heimlichen Niederkunft in Frage kommen kann.

10. wird Klose, System der gerichtlichen Physik, pag. 469 angeführt.

Dieser aber beruft sich wieder, wie wir dort lesen können, auf die Beobachtung von Behrens und auf 2 Fälle von Maas im nordischen Archiv und fügt hinzu: „Und in der That sind solche Fälle, dergleichen einer auch kürzlich erst hier*), wiewohl in Gegenwart eines Geburtshelfers und mehrerer Zeugen stattgehabt hat, so selten nicht.“

Den Fall von Behrens kennen wir bereits.

In den beiden Fällen von Maas**) betraf der eine eine mit Konvulsionen komplicirte Bewusstlosigkeit, der andere eine Bewusstlosigkeit nach voraufgegangenem heftigem maniakalischem Zustande, von dem es heisst: „fiel sie, gleichsam als in einem apoplektischen Zustande, der mit Schnarchen und Flechsenspringen vergesellschaftet war, sinnlos zurück.“

In beiden Fällen wurde Zange angelegt, im zweiten wurden Zwillinge zur Welt befördert, und die Entbundene kam nach 4 Wochen und erzählte, dass sie von den Vorgängen bei der Geburt nichts gewusst habe.

Wir haben es aber in beiden Fällen sicherlich nicht mit Ohnmachts-, sondern mit eclamptischen Zuständen zu thun, die daher ausser Betracht bleiben dürfen.

11. wird W. Hunter's oben gegebene Schilderung von dem Gemüthszustande unehelich Schwangerer citirt, wo es zum Schluss

*) Klose lebte in Breslau.

**) Maas, Erfahrungen aus der Geburtshilfe. Nordisches Archiv für Natur- und Arzneiwissenschaft von Pfaff und Scheel. I. Band, 1799, pag. 315.

heisst, dass sie in den Geburtswehen manchmal „ganz erschöpft in Ohnmacht" fallen.

12. muss wieder einmal die bekannte Behrens'sche Dissertation über die wunderbare Geburt im tiefen Schlafe herhalten.

13. werden die Platner'schen Programmata (l. c.) und dessen von Dr. Hedrich zu Leipzig im Jahre 1820 herausgegebene „Untersuchungen über einige Hauptkapitel der gerichtlichen Arzneiwissenschaft" angeführt, wo (l. c. Cap. XXIII fol. 393) namentlich der Grundsatz aufgestellt werde, dass die Bewusstlosigkeit bei der Entbindung „nur dann Glauben verdiene, wenn keine gewaltthätige Handlung vorliege."

14. wird Wigand*) mit seiner Ansicht über den Einfluss der Gemüthsbewegung heimlich Gebärender auf den Geburtsvorgang citirt, sofern durch denselben Ueberstürzung der Gebärmutter und höchste Beschleunigung der Geburt bewirkt werde. Auch seien bei solchen überschnellen, sich selbst gänzlich überlassenen Geburten die Kinder, wenn sie lebend geboren werden, sehr schwach, so dass sie bald wieder stürben.

15. endlich führt Sch. 2 selbsterlebte Fälle an, wo verheirathete Frauen in bewusstlosem Zustande gebaren und sich nachher schwer überzeugen konnten, dass die Entbindung wirklich vor sich gegangen war. In beiden Fällen, sagt Sch. selbst, fanden Konvulsionen statt. Ausserdem habe er noch einen dritten Fall beobachtet, in welchem das Kind während „eines kataleptischen Zustandes" geboren wurde, und ferner eine Entbindung, bei der nach den jedesmaligen Wehen wirkliche Ohnmacht stattfand. Er könnte, sagt er schliesslich, noch mehrere Fälle von Geburten im bewusstlosen Zustande anführen, wenn er nicht fürchten müsste, die ihm gesteckten Grenzen zu überschreiten.

Wir können nachträglich nur bedauern, dass der Gutachter in diesem Falle die gesteckten Grenzen nicht überschritten hat; vielleicht wären unter seinen Fällen doch einige gewesen, die mit wirklichen Ohnmachtszuständen einhergingen, während die beiden Fälle, die er oben anführt, ebensowenig, wie die anderen, die er erwähnt, Zustände von Ohnmacht darstellen, sondern nur

*) Wigand, die Geburt des Menschen, Bd. I, Mannheim 1820, pag. 80.

solche, die mit Krampfzuständen einhergingen, daher eclamptischer Natur waren.

Somit ist die Ausbeute aus dieser reichhaltigen Litteratur, auf die sich das Sch.'sche Gutachten stützt, mit Bezug auf die durch Ohnmacht bedingte Bewusstlosigkeit eine verhältnissmässig geringe; es sind nur die drei von Mende, Schmitt und Wildberg (ad 2, 8 und 9) beobachteten Fälle auszusondern, von denen der erste und letzte als reine Ohnmachtsfälle, der zweite nur als zweifelhafter Ohnmachtsfall anzusehen sind, während die Bewusstlosigkeit in den übrigen Fällen wohl durchweg durch Eclampsie bedingt war.

Die übrige Kasuistik von Geburten in einer durch Ohnmacht bedingten Bewusstlosigkeit fällt noch spärlicher aus. Sowohl aus den einzelnen Publikationen, als auch aus den verschiedenen einschlägigen gerichtsärztlichen, geburtshülflichen und allgemeinen Sammelwerken, soweit mir dieselben zu Gebote standen, habe ich nur noch zwei Fälle von Geburt in Bewusstlosigkeit auftreiben können, die jedoch bei genauerer Betrachtung sich als Ohnmachtszustände ebenfalls nicht anerkennen lassen. Der eine ist von Dr. Möller (l. c.) zu Helsingöhr beobachtet und verlief folgendermassen:

„Eine 25jährige, zum ersten Mal schwangere Dame bekam kurz vor ihrer Niederkunft heftige Konvulsionen mit Bewusstlosigkeit. Dieser Zustand währte ungeachtet angewandter Aderlässe und krampfstillender Mittel 30 Stunden, nach welcher Zeit die Konvulsionen nachliessen, die Bewusstlosigkeit aber fortdauerte. 16 Stunden darauf erfolgte die Geburt eines todten Mädchens, wovon die Wöchnerin erst nach einigen Tagen, wo erst das Bewusstsein wiederkehrte, etwas wusste. Später hat diese Dame 12mal glücklich geboren."

Es ist klar, dass es sich hier wieder um eine Eclampsie handelte, was schon aus der angeführten Anwendung der „krampfstillenden" Mittel zu entnehmen ist. Der Umstand, dass die Konvulsionen bereits 16 Stunden vor Beendigung der Geburt aufgehört hatten, kann nicht hindern, die Bewusstlosigkeit als eine durch Eclampsie bedingte aufzufassen.

Der andere Fall ist von Dr. Schultze (l. c.) in Spandau beobachtet und wie folgt erzählt:

„Sch. wurde am 25. Mai 1843 zu einer Tischlerfrau gerufen, die zum 4. Mal schwanger war und jetzt, nachdem sie den 9. Monat ihrer Schwangerschaft erreicht hatte, in einen so tiefen Schlaf verfiel, dass sie trotz allen Rüttelns und Schüttelns und ungeachtet aller Belebungsmittel, welche ihr unter die Nase gebracht wurden, als Salmiak-Spiritus, Aether und dergleichen nicht aus demselben zu erwecken und zu ermuntern war, und am 3. Tage dieses widernatürlichen Schlafes, ohne Bewusstsein, von einem lebendigen, gesunden Knaben entbunden wurde, welcher völlig ausgetragen war. Als Sch. sie am folgenden Morgen des vierten Tages besuchte, war sie kurz zuvor von selbst erwacht, konnte sich durchaus nicht der stattgehabten Entbindung erinnern und war darüber höchst erstaunt.“

Auch dieser Fall ist als Ohnmachtsfall nicht anzusehen, da es Ohnmachten von dreitägiger Dauer nicht giebt, solche Zustände vielmehr das Krankheitsbild der Lethargie darstellen.

So findet sich in der Litteratur noch eine Reihe von Fällen, die allgemein als Beispiele für Geburt in Bewusstlosigkeit angeführt werden, bei genauerer Betrachtung sich aber als Geburten in Ohnmachtsbewusstlosigkeit nicht anerkennen lassen. Bald sind es anhaltende oder vorübergehende Bewusstlosigkeitszustände, die nur während des Kreissens bestanden haben, bald Störungen des Bewusstseins oder nur der Empfindung während des Gebäraktes, bald nur ein Verkennen des letzteren bei erhaltenem Bewusstsein. Man kann diese Zustände auch nicht einmal als ohnmachtähnliche bezeichnen. Indessen wird auf ihre Beziehungen zum Gebärakt überhaupt, sowie besonders zur heimlichen Geburt so oft Bezug genommen, dass ich es für zweckmässig halte, dieselben gleichsam zur Unterscheidung von den beschriebenen Ohnmachtsfällen hier noch anzufügen.

Einen Zustand von Scheintod während des Kreissens schildert d'Outrepont.*)

„Eine im letzten Monat schwangere, sonst gesunde Tagelöhnerfrau bekam eines Tages plötzlich Frost mit drauffolgender Hitze und verfiel in einen soporösen Zustand, aus dem sie durch

*) d'Outrepont, Kaiserschnitt nach dem Tode. Praktische Beiträge zur Geburtskunde. 10. Neue Zeitschrift für Geburtskunde, Bd. XV. 1843 pag. 344.

allgemeine und örtliche Blutentleerungen, kalte Umschläge und Sinapismen nach 7 Stunden erst wieder erweckt werden konnte. Am folgenden Tage befand sie sich ziemlich wohl, hatte nur über mässiges Fieber und sonst weiter nichts zu klagen, ebenso am zweiten Tage. Am dritten Tage gegen Abend verfiel sie nach kurzem Röcheln in einen Zustand, in dem man sie für wirklich todt halten musste. Die extremen Theile des Körpers waren eiskalt, alle Schliessmuskeln desselben gelähmt, der Puls und Herzschlag spurlos verschwunden, ebenso das Athmen, die Augen gebrochen, starr, die Hornhaut trübe, wie eingesunken, das Gesicht wie bei Leichen entstellt, alle Körpertheile gegen die stärksten Reize unempfindlich, kurz, ausser fühl- und sichtbarer Bewegung des Kindes war keine Spur von Leben mehr zu gewahren. Nachdem ich $^3/_4$ Stunden lang alle möglichen Mittel zum Wiederbeleben fruchtlos versucht hatte, auch der übrige Körper immer mehr seine natürliche Wärme verloren hatte, entschloss ich mich, zur Rettung des Kindes den Kaiserschnitt zu machen und entfernte mich, um die hierzu nöthigen Instrumente herbeizuholen. Als ich nach einer halben Stunde etwa den Rückweg zur vermeintlichen Leiche wieder antreten wollte, kam mir der Mann mit der Nachricht entgegen, dass seine Frau eben mit einem tiefen Seufzer aus ihrem todtenähnlichen Schlafe wieder erwacht sei. Bei meiner Ankunft fand ich denn zu meinem nicht geringen Erstaunen die vermeintliche Leiche wirklich wieder unter den Lebenden und das Athmen schon wieder so ziemlich im Gange. Sie erholte sich bald vollkommen, kam zur gehörigen Zeit mit einem gesunden Knaben nieder und befindet sich mit solchem seitdem ganz wohl."

„Fälle dieser Art", fährt d'Outrepont weiter fort, „wo der letzte Lebensfunken den Sinnen des Beobachters völlig entrückt, dem erlöschenden Lichte gleich einige Zeit nur im Innern ganz schwach noch flimmert, hat die Kasuistik unserer Kunst mehrere schon aufzuweisen und ereignen sich solche vorzugsweise beim weiblichen Geschlecht, besonders während der Schwangerschaft und Geburt."

Einen Fall von vorübergehender Bewusstlosigkeit während des Kreissens erzählt Schwörer*) aus seinem

*) Schwörer, Beiträge zur Lehre von dem Thatbestande des Kindesmordes überhaupt und den ungewissen Todesarten neugeborener Kinder insbesondere. Freiburg 1836, pag. 38.

eigenen Entbindungsinstitute zu Freiburg aus dem Jahre 1831. Er leitete die Geburt selber, und zwar an einer 32jährigen, kleinen, übrigens gut gebauten, hysterischen Person. Die Geburt dauerte im Ganzen 27 Stunden, davon die erste und zweite Geburtsperiode 15 Stunden. „Gleich nach dem Abgange des Fruchtwassers, welcher vor Beendigung der zweiten Geburtsperiode resp. vor gehöriger Eröffnung des Muttermundes stattfand, stellten sich starke Kontraktionen ein. Die Kreissende klagte über Unwohlsein, Gefühl von Schwere im Kopfe, und mit dem Fortschreiten der dritten Geburtszeit stellte sich ein theilweise bewusstloser Zustand ein. Man bemerkte namentlich automatische Bewegungen der Hände nach den Schultern; die Leidende klagte über Funkeln vor den Augen, Krämpfe in den Füssen, und bei dem Eintreten der Treibwehen endlich zeigte sich schnelles unwillkürliches Auf- und Zumachen der Finger, Knirschen mit den Zähnen und ein etwa drei Minuten anhaltender bewusstloser Zustand, während dessen die Kreissende keine der an sie gestellten Fragen beantwortete. Das Bewusstsein kehrte wieder, verlor sich aber nach sehr kräftigen Wehen, die nun eintraten, jedesmal wieder." Der Kopf des Kindes rückte dann langsam weiter vor, und schon sollte Kunsthülfe angewandt werden, als das Kind von selbst geboren wurde. Sch. fing es mit eigenen Händen auf, es athmete nicht, zeigte aber deutliche Spuren des Lebens (Herzschlag, Pulsiren der Nabelschnur, Urinlassen im Bogen). Trotz vorgenommener Wiederbelebungsversuche blieb es todt und zeigte bei der Sektion eine Fissur im rechten Scheitelbein, also spontan während der Geburt entstanden!

In diesem Falle waren neben der vorübergehenden Bewusstlosigkeit unwillkürliche Bewegungen vorhanden, auch der gesammte Zustand betraf eine hysterische Person, derselbe ist daher als hysterische Krampfform aufzufassen.

Drei ähnliche Fälle beschreibt Montgomery*) aus eigenen Beobachtungen und erwähnt einen von Paterson 1831 beobachteten gleichen Fall. Nach ihren Beobachtungen tritt die Bewusstlosigkeit bei übrigens normalem Verlaufe der Geburt plötzlich ein, geht bald vorüber, lässt Momente vollkommen klaren Bewusst-

*) l. c.

seins zwischendurch hervortreten, und die Gebärenden wissen sich später zu erinnern, dass sie bewusstlos gewesen sind.

Auch Hohl*) bestätigt diese Beobachtungen, ohne besondere Beispiele anzuführen. Er sagt nur: „Wir haben nämlich wiederholt bestätigt gefunden, was Montgomery, Young, Paterson schon früher (1834) beobachtet haben, ein kurzes, vorübergehendes Schwinden des Bewusstseins, was man ihnen (den Gebärenden) an dem momentan veränderten Blick ansieht, ohne dass sie selbst eine Aeusserung darüber laut werden lassen. Wir bemerkten es gegen das Ende der Erweiterung des Muttermundes, dann beim Durchgang des Kopfes durch die Schamspalte, aber am häufigsten und etwas länger anhaltend gleich nach der Ausstossung des ganzen Kindes, besonders bei vorausgegangener Unterdrückung der heftigen Schmerzen.“

An diese Fälle dürfen sich noch weitere Beobachtungen reihen, die von Geburt „in einer Art Torpor und Betäubung, welche die Erinnerung an die Entbindung gänzlich aufhebt,“ berichten. So erwähnt King mehrere Fälle dieser Art, in denen er die Kreissenden gänzlich ohne Gefühl und Bewusstsein ihres Zustandes fand. Der eine dieser Fälle war folgender: **) K. wurde zu einer 36jährigen Frau, Mutter von 9 Kindern, zu ihrer 10. Entbindung gerufen. Er fand die Schwangere ruhig und ihres Zustandes gänzlich unbewusst im Bette liegend; als er nachsah, lag das Kind mit der Nachgeburt bereits zwischen ihren Schenkeln. Sie kam erst 10 Stunden danach wieder zu sich und erklärte, durchaus nichts von der Entbindung und allem, was damit zusammenhing, gemerkt zu haben.

Aehnliche Fälle sind noch in den Annales d'Hyg. 1845. I. 216 und Med. Gaz. XXXVI. 40 erzählt.

Wir werden nicht umhin können, solche Fälle ihrer Natur nach dennoch nicht den Ohnmachtszuständen zuzurechnen, trotzdem von Gehirnerscheinungen, die eine andere Deutung ihrer Natur zuliessen, nichts erwähnt wird.

---

*) l. c. pag. 529.

**) King in Med. Times 1847, 243, erzählt in Wald, Gerichtliche Medicin. II. Band. Leipzig 1858 § 410.

Eine gleiche Deutung werden wir dem von Wharric*) berichteten Fall geben müssen, in welchem eine 21jährige Erstgebärende nach 6stündiger Geburtsarbeit, ohne Schmerzen und Bewusstsein derselben, ein gesundes, aber sehr kleines Kind von nur 4 Pfd. Schwere geboren hatte; denn wenn auch in diesem Falle nichts von störenden Nebenerscheinungen erwähnt ist, so fehlt ihm immerhin der eigentliche Charakter einer Ohnmacht. Wald glaubt ihn als „Geburt im Schlaf“ gelten lassen zu müssen, wozu man gewiss nicht berechtigt sein dürfte.

Ehe ich die Kasuistik abschliesse, möchte ich noch derjenigen Fälle Erwähnung thun, auf die man sich, wenn von Geburten im bewusstlosen Zustande die Rede ist, ebenfalls gern stützt, die aber gerade bei ungestörtem Bewusstsein vor sich gehen. Es sind dies Fälle, in denen der Geburtsvorgang verkannt, für Stuhldrang gehalten wird und daher auf dem Nachtstuhl vor sich geht, ohne dass die Gebärende merkt, dass sie geboren hat. Einen solchen Fall beschreibt Dr. Leonhard zu Mülheim**), einen ähnlichen Fall erzählt der Hofmedikus Klein***), und solche Fälle sind gerade sehr oft beobachtet worden. Sie bekunden eben nur, dass der Geburtsvorgang selbst von Mehrgebärenden verkannt worden und ohne Wissen der Betreffenden vor sich gehen könne.

Schliesslich sei noch der Beobachtung gedacht, dass die Geburt zwar mit Wissen, aber ohne jede Schmerzempfindung vor sich gehen zu können scheint, wofür einen Beleg der von Rawson†) mitgetheilte Fall zu bieten scheint. R. erzählt, er sei zu einer jung verheiratheten Frau gerufen worden, die zum ersten Mal schwanger gewesen sei. Das Fruchtwasser war schon abgegangen, als er geholt wurde. Er fand die Gebärende nach 3 Stunden, die er zur Reise gebraucht, ohne Schmerzen und mit der Versicherung, dass sie bei dem Abgange des Wassers nicht den geringsten Schmerz empfunden habe. Bei der Untersuchung

*) Wharric in Cormack's Journal, 1846. Januar 12.

**) Leonhard, l. c.

***) Henke, Abhandlungen aus dem Gebiete der gerichtl. Medic. I. Bd. 1815, pag. 78.

†) Geburt eines Kindes ohne Bewusstsein der Mutter, mitgetheilt vom Wundarzte J. E. Rawson. Schmidt's Jahrb. Bd. 39, pag. 60. Lancet. Vol. I. 1842. No. 9.

fand er den Muttermund erweitert und das Kind in der Kopflage. Dasselbe wurde langsam, aber ohne Absätze, doch kräftig ausgestossen. Die Gebärende zeigte nicht die geringste Ahnung von Schmerz und wunderte sich, als sie das Kind sah. Die Mutter war 22 Jahre alt, plethorisch und gesund. Sie war ehrbar und volle 10 Monate verheirathet und es herrschte nichts vor, was dem Verdacht auf Verstellung Raum hätte geben dürfen.

Somit bleiben aus dieser gesammten Kasuistik, die wohl als eine ausgiebige anzusehen ist, nur die drei vorhin erwähnten Beobachtungen von Mende, Schmitt und Wildberg als die einzigen bestehen, die uns Beispiele einer in Ohnmachtsbewusstlosigkeit vor sich gegangenen Geburt darstellen, und wenn auch der Schmitt'sche Fall seiner Natur nach als Ohnmachtsfall etwas zweifelhaft ist, so bilden die beiden anderen immerhin so unantastbare Beispiele für diesen Vorgang, dass an der Möglichkeit des letzteren nicht mehr zu zweifeln ist.

V.

Meinungsäusserungeu verschiedener Schriftsteller über die Geburt während einer Ohnmachtsbewusstlosigkeit.

Wie stellen sich nun die Meinungen der verschiedenen Schriftsteller zu dem Resultate der vorstehend aufgeführten Kasuistik?

In Ansehung der nicht fortzuleugnenden Thatsache, die aus jenen Beobachtungen spricht, dass nämlich die Möglichkeit eines solchen Geburtsvorganges feststeht, verhalten sich, wie zu erwarten, die allermeisten Schriftsteller zustimmend, d. h. sie nehmen, sei es auf Grund der beobachteten Fälle, sei es auf ihre eigenen Erfahrungen und theoretischen Erwägungen gestützt, die Möglichkeit eines in Ohnmachtsbewusstlosigkeit vor sich gehenden Gebäraktes im Allgemeinen an.

Die Meinung einiger bekannterer Schriftsteller haben wir in Vorstehendem bereits erfahren; es wird jedoch von Interesse sein, zu hören, was die übrigen Autoren hierüber sagen.

Es ist selbstverständlich, dass ich hier nicht alle Schriftsteller aufführen kann, die über diesen Gegenstand jemals etwas geschrieben oder erwähnt haben; es ist dies auch gar nicht nothwendig. Vielmehr genügt es, wenn ich die bekannteren Geburtshelfer und gerichtlich medicinischen Autoren mit ihren bezüglichen Aussprüchen kurz aufführe.

Von den Geburtshelfern aus der ersten Hälfte dieses Jahrhunderts will ich zunächst mit einem Ausspruch Hüter's*) beginnen, der nach Schilderung des stürmischen Geburtsverlaufes sagt: „Die Heftigkeit des Schmerzes, sc. Geburtsschmerzes, er-

---

*) Hüter, die dynamischen Geburtsstörungen. Berlin 1830, pag. 246.

regt nicht selten allgemeines Zittern des Körpers, wirkliche Ohnmachten und Konvulsionen."

Jörg, den ich oben schon einmal citirt, sagt: „Wie manche Frauen gegen das Ende der 4. Geburtsperiode von Konvulsionen oder Starrkrampf heimgesucht und dadurch des Vermögens, richtig zu denken und vernünftig zu handeln, beraubt werden, so sinken andere in Ohnmacht, wenn stürmische und sehr schmerzhafte Schüttelwehen ihr Nervensystem in einem zu hohen Grade erschüttern. Bisweilen treten die Ohnmachten erst ein, wenn das Kind den Scheidenkanal verlässt. Die hier besprochenen Konvulsionen heben die Zurechnungsfähigkeit eben so bestimmt auf, als Starrkrämpfe und Ohnmachten."

v. Siebold*), der Göttinger Geburtshelfer, der zugleich ein bedeutender Gerichtsarzt war, lässt sich folgendermassen aus:

„Grosse Ermattung und Schwäche, Betäubung und Schwinden der Sinne, Schlafsucht und tiefe Ohnmacht auf der einen Seite, Verwirrung der Sinne, Konvulsionen, Wahnsinn und Raserei auf der anderen Seite, können während oder gleich nach der Geburt eintreten und die heimlich Gebärenden theils zur Unterlassung irgend einer zur Erhaltung ihres Kindes nothwendigen Hülfeleistung, theils zur Gewaltthätigkeit gegen dasselbe verleiten."

Naegele**) sagt: „Wo die Ohnmachten schon während der Geburt des Kindes Kreissende befallen und ihnen Blutverlust oder Verletzungen der Geschlechtstheile nicht zu Grunde liegen, werden sie veranlasst durch grosse Angst, Schreck und andere Gemüthsbewegungen, durch zu warmes Verhalten, Aufenthalt in engen, mit verdorbener Luft geschwängerten Räumen, starkes Geräusch in der nächsten Umgebung, widrige Sinneseindrücke überhaupt, Ueberfüllung des Darmkanals, hauptsächlich aber durch den Geburtsschmerz, daher sie besonders auch in Verbindung mit übermässiger Schmerzhaftigkeit der Wehen vorkommen."

Hohl***), der in seinem Lehrbuch der Geburtshülfe auch gleichzeitig die gerichtliche Geburtshülfe berücksichtigt hat, haben

---

*) v. Siebold, Lehrbuch der gerichtl. Medic. Berlin 1847, pag. 130.

**) Naegele's Lehrbuch der Geburtshülfe. Ausgegeben von Grenser. 1854, pag. 619.

***) Hohl, l. c. pag. 529.

wir schon oben gehört. Ich will hier nur noch kurz anführen, was er mit Bezug auf die heimliche Geburt dort sagt: „Wenn nun ein Zustand der höchsten Aufregung im letzten Moment des Gebärens und gleich nachher eine momentane Bewusstlosigkeit, eine gewisse Verzweiflung, ein in der That unzurechnungsfähiger Zustand bei Gebärenden, welche bei der Geburt von allen Seiten bedient werden, bei welchen jede Unbequemlichkeit möglichst aus dem Wege geräumt, ihnen freundlichst zugeredet wird, nicht geleugnet werden kann, so unterliegt es keinem Zweifel, dass auch heimlich Gebärende von demselben Zustande befallen werden können, wenn gleiche Verhältnisse während der Geburt stattfinden, die, wie wir oben angeführt haben, bis zur Unzurechnungsfähigkeit führen können."

In der zweiten Auflage seines Werkes*) fasst er sich kürzer und sagt:

„Es können während der Geburt Zustände eintreten, welche Bewusstlosigkeit herbeiführen, wie auch während jener Zustände, also bei Bewusstlosigkeit, die Geburt beginnen und ihr Ende erreichen kann, wie z. B. Eclampsie." Er spricht sich allerdings nicht ganz deutlich darüber aus, ob er neben jenen vorübergehenden Bewusstlosigkeiten und der Eclampsie auch Ohnmachtszustände annimmt.

Endlich wollen wir noch von den neueren Autoren Spiegelberg**) und Schröder***) hören. Ersterer sagt (§ 412): „Auch kann die rasche Entleerung des Uterus zu plötzlicher Ueberfüllung der Bauchgefässe und dadurch zu Hirn- und Herzanämie, zu tiefer Ohnmacht führen. Auffälliger Weise aber sind alle diese Folgen äusserst selten; ich habe die einen oder die anderen nur 3—4mal nach übereilter Geburt gesehen."

Letzterer äussert sich in dem Kapitel über „Wehenschmerz" folgendermassen: „Am bedeutendsten ist der Schmerz, wenn der Kindskopf durch die vom cerebrospinalen Nervensystem versorgte und stets sehr empfindliche Vulva bricht." Die Grösse des Schmerzes sei sehr individuell: starke Aufregung, Schweiss-

*) Hohl, Lehrbuch der Geburtshülfe. II. Aufl. 1862, pag. 403.

**) Spiegelberg, l. c.

***) Schröder, Lehrbuch der Geburtshülfe. 8. Auflage 1884, p. 148 und 9. Auflage 1886, p. 149.

ausbruch, Erbrechen, „ja, im Moment des Durchschneidens kann vollständige Bewusstlosigkeit sich einstellen.“

Wir sehen somit, dass alle geburtshülflichen Autoritäten neben der Aufregung vorwiegend dem Geburts**schmerz** den grössten Antheil an dem Zustandekommen der Ohnmacht vindiciren, und zwar in dem Moment, in welchem er am grössten ist, das ist gerade beim Durchschneiden des Kopfes. Jedenfalls sind aber auch die anderen Momente, die z. B. Nägele noch anführt, schlechte Luft, widrige Sinneseindrücke u. dgl., nicht zu unterschätzen und tragen gewiss oft zur Ohnmacht bei. Alle Schriftsteller aber sehen wir darin übereinstimmen, dass sie ein Statthaben der Geburt während der Ohnmacht und ohne Unterbrechung der Bewusstlosigkeit als möglich annehmen und durch die Besonderheiten des Geburtsvorganges erklärt wissen wollen.

Unter den gerichtlich-medicinischen Schriftstellern haben wir einige Vertheidiger dieser selben Annahme schon genannt. Einer der ältesten unter ihnen ist Platner*), der Leipziger Professor, der im Anschluss an einen von ihm begutachteten Fall unter anderem sagt, dass „nach dem Zeugniss der medicinischen als der gemeinen Erfahrung die Geburtsbewegungen von einem höheren oder niederen Grade der Bewusstlosigkeit meist immer gefolgt, zuweilen auch begleitet zu sein pflegen.“ Aus der Geschichte des betreffenden Falles geht hervor, dass die Angeschuldigte während des Gebäraktes sich auf dem Abtritt und zwar bis zu ihrem Erwachen dort befand, dann zwar den Rückweg nach ihrer Kammer finden und vollbringen konnte, dort aber an der Thüre „semianimis suaeque sibi prorsus non conscia“ von Zeugen gefunden wurde. Wenn hieraus auch nicht mit Sicherheit hervorgeht, ob das Erwachen auf dem Abtritt bezeichnen soll, dass die Angeschuldigte schon während des Gebäraktes ohnmächtig gewesen sei, so geht aus Platner's Gutachten doch hervor, dass er dies in der That annimmt, indem er unter anderem sagt, dass der Starrkrampf, in welchem die

*) Platner, l. c., Quaestiones medicinae forensis. Edit. Chaulant. 1824. 15. De lipothymia parturientium, quantum ad excusationem infanticidii. 1801. p. 121.

Inquisitin später aufgefunden wurde, „auf eine vorhergegangene beträchtliche Ohnmacht" hinweise. Ebenso bezeichnet er den in Rede stehenden fraglichen Zustand der Inquisitin zum Schluss als eine „lipothymische Bewusstlosigkeit" (also Ohnmachtsbewusstlosigkeit).

Mende*), der Beobachter des einen der oben citirten Ohnmachtsfälle, sagt: „Bei und gleich nach der Geburt kann er (der Ohnmachtszustand) als Folge zu grosser Anstrengung und heftiger Schmerzen, nach sehr starken Einwirkungen auf das Sensorium, besonders durch niederdrückende Affekte, im Geleite von Blutflüssen und nach jeder Störung der Verrichtungen wichtiger Eingeweide, als des Hirns, der Lungen, des Herzens u. s. w. eintreten. Bisweilen reicht schon die Entleerung der Gebärmutter, besonders wenn sie bei einer rasch verlaufenden und übereilten Geburt schnell geschieht, hin, eine Ohnmacht hervorzurufen." Und weiter heisst es: „Schwache und empfindliche Personen, besonders wenn sie früher schon zu Ohnmachten geneigt waren, sind ihnen auch bei und gleich nach der Geburt mehr ausgesetzt, als rüstige und abgehärtete."

Wildberg**), der andere Beobachter eines der einschlägigen Fälle, sagt, indem er sich allerdings zum Ueberfluss noch auf Behrens und Platner beruft, in seinem Handbuch der gerichtlichen Arzneiwissenschaften p. 316: „2. Wenn die Mutter entweder in einem gänzlich bewusstlosen Zustande geboren hat, (Behrens etc.) oder durch Ohnmacht und Schwäche (E. Platner)," und in seinem Lehrbuch p. 326: „5. Wenn die Mutter in einem völlig bewusstlosen Zustande gebiert, oder doch gleich nach der Geburt in einen solchen Zustand verfällt, 6. wenn sie durch „Ohnmacht und Schwäche," und in der Anmerkung hierzu: „Dieses ist besonders der Fall, wenn die Geburt schwer war, ein starker Blutfluss folgte oder Nervenzufälle vorhergingen."

---

*) Mende, Ausführliches Handbuch etc., l. c. Theil IV, pag. 615.

**) Wildberg, Handbuch der gerichtl. Arzneiwissenschaft zur Grundlage bei akademischen Vorlesungen und zum Gebrauch für ausübende gerichtliche Aerzte. Berlin 1812.

Derselbe: Lehrbuch der gerichtl. Arzneiwissenschaften zum Gebrauch akademischer Vorlesungen. Erfurt 1824.

Henke*), ein Hauptwortführer für die Möglichkeit der Geburt in bewusstlosem Zustande, sagt in seinem Lehrbuch der gerichtl. Medicin mit Bezug auf den Tod des Kindes pag. 321: „weil der Zustand von Schwäche, Ohnmacht und Hülflosigkeit, welcher die Mutter befallen konnte, die Unterbindung unmöglich machte.“ In seinen „Abhandlungen aus dem Gebiete der gerichtlichen Medicin“**), in denen er sich mit der Frage der Geburtsohnmacht eingehender beschäftigt, sagt er Folgendes: „Die Möglichkeit der Geburt im gänzlich bewusstlosen Zustande der Mutter mag von Vielen bezweifelt worden sein. Sie ist aber durch ältere und neuere Erfahrungen erwiesen“, wobei er sich auf Roose's Gutachten und die dort angeführten Fälle, ferner auf die von Storch und Anderen angeführten Beispiele von Geburten in eclamptischer Bewusstlosigkeit, auf Platner, Schmitt, Wildberg und Klose bezieht. Er dehnt dann weiter diese Möglichkeit auch auf die heimliche Geburt aus, indem er (pag. 43) sagt: „Die Möglichkeit jenes Zustandes bei einer heimlich Gebärenden ist nach dem Obigen nicht abzuleugnen.“ Ferner sagt er, das eben geborene Kind könne zwischen den Schenkeln der Mutter ersticken, „wenn die Geburt im bewusstlosen Zustande der Mutter vor sich ging oder gleich nach der Geburt Ohnmacht und grosse Schwäche eintrat“ (pag. 82). Im 4. Bande derselben Abhandlungen***) behandelt er die Beziehungen der Geburt zum Verdacht des Kindesmordes und sagt hierüber: Betäubung und Schwinden der Sinne in verschiedenen Abstufungen, bald kürzer, bald länger, „gehören ebenfalls zu den alltäglichen Vorfällen bei Gebärenden und eben Entbundenen.“ „Dieser Erfahrungssatz muss bei der Würdigung der von den Angeklagten gemachten Aussagen, von allem, was bei und nach der Geburt vorgegangen sei, nichts mehr zu wissen, billig in Anschlag gebracht werden.“ „Erreichen diese Zustände einen höheren Grad, so tritt häufiger Ohnmacht, selten Schlaf-

*) Henke, Lehrbuch der gerichtl. Medicin 1812.

**) Henke, Abhandlungen aus dem Gebiete der gerichtlichen Medicin. I. Bd. 1815. pag. 41. I. Ueber die gerichtlich-medicin. Beurtheilung der zweifelhaften Todesarten todtgefundener neugeborener Kinder.

***) Henke ibid. Bd. IV. 1820. Abth. III. Ueber die zweifelhaften psychischen Zustände bei Gebärenden in Bezug auf die gerichtsärztliche Untersuchung bei Verdacht des Kindesmordes, pag. 206.

sucht ein." Und weiter: „Dass der ganze Geburtsakt während dieser krankhaften Zustände vor sich gehen und in der Art beendigt werden könne, dass die Mutter von der geschehenen Geburt gar nichts weiss, würde gewiss von Vielen bezweifelt werden, wenn nicht wiederholte Erfahrungen es erwiesen hätten."

Endlich meint er (pag. 225): „Aehnliche Fälle von wechselnden Ohnmachten mit Zuckungen, sowie von bewusstlosen Zuständen bei Gebärenden überhaupt, kommen gewiss bei Gebärenden häufiger vor, als man glaubt. Sie werden aber nicht immer zur öffentlichen Kenntniss gebracht."

Aus allen diesen Aeusserungen geht deutlich hervor, dass Henke nicht allein die verschiedenen anderen Bewusstlosigkeitszustände, sondern auch die Ohnmachtsbewusstlosigkeit im Auge hat. Denn schon aus seiner Berufung auf die Beobachtungen von Schmitt und Wildberg erhellt seine volle Ueberzeugung, dass ein Gebären in der Ohnmacht durchaus möglich sei und bei der heimlichen Geburt, wie er meint, sogar öfter vorkomme, als man glaubt.

Klose's Meinung haben wir oben*) schon gehört.

Friedreich**) sagt: „Es kann die Möglichkeit, dass eine Person ohne ihr Wissen gebären und dass eine Geburt im bewusstlosen Zustande der Mutter vor sich gehen kann, nicht abgeleugnet werden."

Schürmayer***) behauptet dasselbe: „In Folge dieser Schwäche und Ermattung kann auch Bewusstlosigkeit eintreten; ja die Möglichkeit ist nicht zu leugnen, dass ein solcher Zustand den ganzen Geburtsakt oder einen Theil desselben so begleitet, dass die Mutter von dem Vorgange der Geburt nichts weiss."

Brach†) sagt: „So kann die Mutter während der Geburt in einen bewusstlosen Zustand gerathen und dadurch verhindert worden sein, dem Kinde die nöthige Hülfe zu leisten."

Wald††): „Es ist unleugbar, dass ein Frauenzimmer, welches in Coma oder in einer Ohnmacht oder durch Narcotica betäubt

*) pag. 53.

**) Friedreich, Handbuch der gerichtsärztlichen Praxis. I. Bd. 1843.

***) Schürmayer, Theoret.-praktisches Lehrbuch der gerichtl. Medicin, § 461. Erlangen 1850.

†) Brach, Lehrbuch der gerichtl. Medic. II. Ausgabe. 1850, pag. 733.

††) Wald, gerichtl. Medicin. II. Band. Leipzig 1858. § 410, pag. 163.

oder berauscht liegt, im bewusstlosen Zustande entbunden werden kann."

Nach Buchner*) kommt bei Beurtheilung der Schuld der Mutter unter Anderem „die möglicherweise stattgehabte Bewusstlosigkeit während der Geburt" in Betracht.

Schauenstein**) sagt: „Wirkliche Ohnmacht und Bewusstlosigkeit, welche nach oder während der Geburt eintreten, benehmen der Mutter die Kraft und die Zurechnungsfähigkeit" ... und weiter: „Vom ärztlichen Standpunkte lässt sich eine durch die Aufregung des Geburtsaktes bedingte Ohnmacht, Bewusstlosigkeit oder eine solche Schwäche, dass thätige Hülfeleistung bei einem Zustande unklaren Bewusstseins nicht möglich erscheint, im Allgemeinen nicht leugnen." Ferner: „Dass endlich die Geburt selbst im bewusstlosen Zustande Kreissender erfolgen kann, sei es, dass diese Bewusstlosigkeit erst während des Geburtsaktes oder schon vor Entwickelung des Kindes aus den Geburtstheilen eintritt."

Casper***), unser bekanntester Gerichtsarzt aus neuerer Zeit, sagt gelegentlich der Begutachtung eines Falles, in welchem die Angeschuldigte ebenfalls in einen „ohnmachtähnlichen Zustand" verfallen zu sein behauptete, Folgendes: „In dieser Aussage liegt wenigstens nichts, das der ärztlichen Erfahrung widerspräche, die vielmehr, zumal bei unehelich, aber auch bei ehelich Gebärenden, in ganz zweifellosen Fällen die Möglichkeit einer Geburt in bewusstlosem Zustande der Mutter sehr häufig nachgewiesen hat."

Hören wir endlich noch die Meinungen unserer neuesten gerichtsärztlichen Autoren über diesen Punkt:

Bei Liman†), dem Herausgeber der VI. Auflage des Casper'schen Handbuches, heisst es kurz: „Nicht weniger anerkannt und jedem älteren Arzte, so gut als uns, in einzelnen Fällen vorgekommen, ist die Geburt im bewusstlosen Zustande, mit allem, was für Leben und Tod des Kindes daraus folgen kann."

---

*) Buchner, Lehrbuch der gerichtl. Medicin für Aerzte und Juristen. II. Aufl. München 1872, pag. 434.

**) Schauenstein, Lehrb. der ger. Med. II. Aufl. Wien 1875, pag. 342 u. 354.

***) Casper, Klinische Novellen zur gerichtl. Medicin. Berlin 1863.

†) Liman, Casper's Praktisches Handbuch der gerichtl. Medicin. VI. Aufl. Theil II. 1876, pag. 978.

Nach Skrzeczka*) kann die Behauptung, „dass sie (die eben Entbundene) in eine Ohnmacht verfallen sei, nicht ohne Weiteres als unwahr bezeichnet werden. Solche Zustände liegen erfahrungsgemäss durchaus im Bereiche der Möglichkeit. Allerdings wird in der Privatpraxis oder in Gebäranstalten von den Geburtshelfern überaus selten eine Ohnmacht gleich nach der Geburt beobachtet." Sk. spricht, wie wir sehen, allerdings nur von der Ohnmacht eben Entbundener, also von der Ohnmacht gleich nach der Geburt, betont aber neben der Möglichkeit auch die Wahrscheinlichkeit ihres häufigeren Vorkommens bei heimlich Gebärenden, indem er zum Schluss sagt: „Gerade die seltneren Fälle, in denen ein offenes Geständniss der vorerwähnten Art abgelegt wird, lassen darauf schliessen, dass die Sache sich oft genug ebenso verhalten mag, wo die Befunde dieselben sind, ein Geständniss aber nicht abgelegt wird."

In noch präciserer Weise äussert sich E. Hofmann**), indem er sagt: „Da Bewusstlosigkeit im Momente des Durchschneidens des Kopfes auch in klinischen Fällen beobachtet wird (Schröder l. c. pag. 100), so muss auch bei verheimlichten Geburten die Möglichkeit ihres Eintrittes zugegeben werden, besonders bei schnell verlaufenden Geburten, bei welchen die empfindliche Vagina, sowie die äusseren Geschlechtstheile eine mehr weniger plötzliche und daher besonders schmerzhafte Ausdehnung erfahren. Weil aber gerade verheimlichte Geburten in der Regel schnell verlaufen, und auch die psychische Aufregung als förderndes Moment in Anschlag gebracht werden muss, so kann man die verhältnissmässig häufigen Angaben der heimlich Gebärenden, dass sie im Momente der Geburt das Bewusstsein verloren hätten, nicht ohne Weiteres als Lüge oder Uebertreibung bezeichnen."

Auch die Specialschriften über Kindesmord und heimliche Geburt stimmen der Möglichkeit des Statthabens einer Geburt im Ohnmachtszustande, soweit sie diesen Punkt berühren, im Allgemeinen bei, ohne selbstverständlich bestimmte Reserven dabei ausser Acht zu lassen. So sagt Meyer***) hierüber Folgendes:

*) Skrzeczka, Kindesmord. Handbuch der gerichtl. Medic., herausgegeben von Maschka, Bd. I. 1881, pag. 986.

**) Hofmann, Lehrbuch der gerichtl. Medicin. II. Aufl. 1881, pag. 702.

***) Meyer, Ueber die Ursache des Erstickungstodes der Kinder in und gleich nach der Geburt. 1823, pag. 13.

„Die schneller oder langsamer vor sich gehende Geburt, welche die Gebärende einsam überrascht, kann diese in einem Zustande der Bewusstlosigkeit finden oder versetzen, der es ihr unmöglich macht, sich und ihrem neugeborenen Kinde selber Hülfe zu leisten oder diese herbeizurufen. Dieser Zustand der Bewusstlosigkeit kann bestehen:

1. in einer gewöhnlichen Ohnmacht. Wie leicht die Schmerzen der Geburt kurz vor, während oder nach der Entwickelung des Kindes ans Licht, heftig auf das reizbare Nervensystem einer Mutter wirken und sie in den Zustand des Stillstandes aller Lebensäusserungen nach den verschiedenen Graden — Eclipsis, Lipothymia, Syncope, Asphyxia — versetzen können, darüber liefert uns so manche Geburt die mannigfaltigsten, oft schnell vorübergehenden Beweise."

Güntner*) nimmt ebenfalls die Möglichkeit an, indem nach seiner Meinung schon der blosse Vorgang bei der Geburt (Furcht, Angst, Schrecken, der ganze Sturm von Affekten) bei der einsam Gebärenden Ohnmacht und Sinnesverwirrung herbeiführen kann, zumal bei schwächlicher Konstitution, und ebenso bei schweren, als bei ungewöhnlich leichten und schnellen Entbindungen.

Cohen van Baren**) hält es „bei der feststehenden Erfahrung über die Bewusstlosigkeit und das Ohnmächtigwerden im **Momente der Geburt**" und nach dem Ergebniss seiner Tabelle (unter 50 Fällen ist nur in 9 der Einwand der Bewusstlosigkeit während der Geburt erhoben) für nöthig, dass jedem einzelnen Falle auch in dieser Hinsicht Aufmerksamkeit geschenkt werde.

Schütz***) spricht sich hierüber nicht ganz bestimmt aus. So natürlich ihm „eine bis zur Bewusstlosigkeit gehende Erschöpfung für eine Person ist, welche ohne alle Hülfe unter den schwierigsten äusseren Umständen und in der grössten Angst niederkommt," so scheint ihn die ungewöhnliche Körper- und Seelenstärke, die diese Personen oft an den Tag legen, bedenklich zu machen. Im übrigen spricht er vorwiegend davon, dass auch Eclampsie bei der heimlichen Geburt möglich sei.

---

*) Güntner, Kindesmord und Fruchtabtreibung. Prag 1845.

**) Cohen van Baren, Zur gerichtl. Lehre etc. l. c. Zweiter Anhang, p. 439.

***) Schütz, l. c.

v. Fabrice*) endlich sagt: „Dass während einer solchen Bewusstlosigkeit der ganze Geburtsakt vollendet werden kann, ist unzweifelhaft. Von der reichen Kasuistik, die uns dafür geboten ist, wähle ich nur Mende's Beobachtung aus."

In der Siebenhaar'schen Encyclopädie**) ist in dem Artikel „Bewusstsein" die vorliegende Frage behandelt. Zur Reihe der Aufhebungen oder Hemmungen des Bewusstseins wird dort gerechnet: „2. ein mehr oder weniger vollkommenes, bald kürzer, bald länger anhaltendes Schwinden der Sinne, das sich wohl bis zur Betäubung und Ohnmacht und selbst zur Schlafsucht und zum Scheintode steigert." Zur Erörterung dieses Satzes wird hinzugefügt: „Man findet mehrere Fälle aufgezeichnet, in welchen nicht bloss der Geburtsakt in völlig bewusstlosem Zustande der Gebärenden von statten ging, sondern die Entbundenen auch erst mehrere Stunden und selbst Tage drauf wieder zur Besinnung kamen und sich alsdann des ganzen Vorfalles nicht im Entferntesten zu erinnern wussten." Und weiter heisst es: „Steht es nun unleugbar fest, dass mannigfache Hemmungen und Alienationen des Bewusstseins in und kurz nach der Geburt vor Zeugen vorgekommen sind, so ist auch kein Grund vorhanden, aus dem man die Möglichkeit der Existenz derselben Zufälle bei unehelich Schwangeren, die heimlich und einsam gebären, wegleugnen wollte. Im Gegentheil vereinigen sich bei Letzteren gewöhnlich mehrere Umstände, die offenbar leicht fördernd hierauf einwirken; denn zu den mit dem Gebären verbundenen körperlichen Anstrengungen und Schmerzen kommen oft noch die heftigsten Gemüthsbewegungen." . . . „Es kann daher den Psychologen nicht befremden, dass eine so mannigfach psychisch bestürmte, von allem menschlichen Beistand entblösste Person wenigstens auf kurze Momente körperlich und geistig unterliegend, das Bewusstsein verliert, oder in einen Zustand von temporärer Verwirrung und wirklich krankhafter Störung der Sinne verfällt."

*) v. Fabrice, die Lehre von der Kindesabtreibung und vom Kindesmord. Erlangen 1868, pag. 404.

**) Siebenhaar, Encyclopädisches Handbuch der gerichtlichen Arzneikunde für Aerzte und Rechtsgelehrte. 1838. Bd. I. Art. „Bewusstsein, aufgehobenes und gestörtes (alienirtes) der Kreissenden und Neuentbundenen." pag. 157.

Hier finden wir freilich wieder Ohnmachtsbewusstlosigkeit und andere Bewusstlosigkeitszustände, wie bei Henke, durcheinander gebraucht; doch bleibt hierdurch die Thatsache unberührt, dass auch hier die Möglichkeit einer Geburt in Ohnmachtsbewusstlosigkeit durchaus zugegeben wird.

Auch die ausserdeutschen Schriftsteller nehmen unter Beobachtung der nöthigen Reserven die Möglichkeit der Geburt in Ohnmacht an.

Tardieu*), der bedeutendste unter den französischen Gerichtsärzten, sagt, indem er die zufällige Erstickung des Kindes während der Geburt bespricht, die Angabe, im Momente der Geburt das Bewusstsein verloren zu haben, sei eines der gewöhnlichsten Vertheidigungsmittel vor Gericht. Allein „Tout cela est matériellement possible.“ Dann wirft er die Frage auf (pag. 235), ob eine Frauensperson ohne Bewusstsein entbunden werden könne, und nimmt an, dass ausser der Eclampsie die Blutung eine genügend lange Ohnmacht bedingen könne, während der die Entbindung ohne Bewusstsein vor sich gehen könne („une syncope assez prolongée pour que la femme évanouie accouche à son insu“). Doch sei es wahrscheinlich, dass eine solche Ohnmacht nicht leicht unentdeckt bleiben dürfte und neben dem Kinde die Mutter selbst leicht dabei todt bleiben könnte. Von den anderen, eine Ohnmacht bedingenden Momenten spricht er nicht, nur die Geburt im Schlaf erwähnt er und erkennt sie auf Grund der anderwärts gemachten Beobachtungen an.

Briand et Chaudé**) nehmen drei Fälle an, in denen die Mutter sich in der Unmöglichkeit befunden haben könne, für ihr Kind zu sorgen:

1. Sie erklärt, sich mehr oder weniger lange Zeit in einem Zustand von Ohnmacht (dans un état de syncope) befunden zu haben, während welcher das Kind umgekommen sei. Dies könne sich bei der Lösung der Placenta praevia und der dadurch bedingten Blutung ereignen.

2. Sie giebt an, mit dem Ende des Gebäraktes in Ohnmacht gefallen zu sein.

---

*) Tardieu, A. Étude médico-légale sur l'infanticide. 1880, pag. 122.

**) Briand et Chaudé, Manuel complet de Médicine légale. IX. Aufl. 1874. p. 258.

3. Die Geburt finde in aufrechter Stellung statt, und es entstehe dabei Verlust des Bewusstseins, während dessen sich das Kind aus der zerrissenen Nabelschnur verbluten könne.

Bei dem mit der Mutter anzustellenden Verhör solle darauf zu achten sein, ob sie das Bewusstsein vor, während oder nach der Geburt verloren haben wolle, und bei dieser Frage und Prüfung überhaupt scheinen diese Autoren vorwiegend der Beschaffenheit der Nabelschnur eine grössere Rolle zugedacht zu haben.

Legrand du Saulle*) bestätigt zunächst, dass speciell die Erstgebärende durch die bei der Geburt erlittene Verwirrung und Schwäche ausser Stande gesetzt werden könne, für ihr Kind zu sorgen. Bei schwereren Geburten nimmt er die Complication von Eclampsie und Haemorrhagie an, denen im Résumé noch Syncope hinzugefügt wird. Im Ganzen ist jedoch diese Frage wenig ausführlich behandelt.

Endlich finden wir bei Taylor**), einem englischen Schriftsteller, den oben erwähnten englischen Frauenarzt Hunter citirt, der von den unglücklichen Selbstentbundenen sagt, sie seien „distracted in her mind and exhausted in her body", wozu Taylor noch hinzufügt, dass eine Erstgebärende bei der Entbindung in der That ohnmächtig (may faint) oder ihrer Situation ganz unbewusst werden könne.

Gegenüber dieser fast erdrückenden Zahl von Stimmen für die Annahme der Möglichkeit einer Geburt in bewusstlosem Zustande fehlt es trotzdem nicht an entgegenstehenden Meinungen, wiewohl solche in der Litteratur nur spärlich zu finden sind.

Wenn auch nicht ganz negirend, so doch stark anzweifelnd verhält sich Krahmer***) zu der Geburt in Ohnmacht. Indem er für das Zustandekommen einer Ohnmacht die grösste Bedeutung der Körperstellung beimisst und von einer Ohnmacht, die bei liegender Stellung des Menschen eintritt, sagt, sie sei „Anfang des Endes oder Täuschung", gesteht er zu, dass bei Entbindungen

*) Legrand du Saulle, Traité de Médicine légale, de jurisprudence médicale et de toxicologie. Paris 1886, p. 338—344.

**) Taylor, Alfred Swaine: The principles and practice of Médical Jurisprudence. London 1865, p. 952.

***) Krahmer, System der gerichtl. Medicin. 1879.

bedeutende Blutverluste die Kräfte schnell herabsetzen, Ohnmachten und Tod veranlassen können, und so lehre die allgemeine geburtshülfliche Erfahrung, dass ohne abnormen Blutverlust keine Ohnmacht! Die anderen eine Ohnmacht bedingenden und in dem Gebärakt liegenden Momente übergeht er ganz und gar.

Dagegen spricht sich Pincus*) gerade unter Berücksichtigung der letztgenannten Momente aus rein theoretischen Gründen sogar gegen die Möglichkeit des Statthabens der Ohnmacht im Momente der Geburt aus. In einem motivirten Gutachten, das er über einen Fall abzugeben hatte, in welchem der Einwand der Bewusstlosigkeit bei der Geburt — dort mit dem Ausdruck „Beschwiemen" bezeichnet — erhoben war, lässt er sich in folgender Weise aus: „Es ist ferner, wie gleichfalls von der Staatsanwaltschaft sachgemäss bemerkt worden ist, sehr wahrscheinlich, dass das sogenannte „Beschwiemen", wenn es überhaupt stattgefunden, erst nach Ausschliessung des Kindes aus den Geschlechtstheilen, also zu einer Zeit eingetreten, wo die Gebärende über den Vorgang, der sich bei ihr entwickelt und vollendet hatte, nicht mehr in Zweifel hätte sein dürfen. Denn gerade der stürmische, mit den heftigsten Schmerzen verknüpfte, zu bewussten und instinktiven Hülfsleistungen incitirende letzte Moment des Gebäraktes schliesst in den meisten Fällen ein Ohnmächtigwerden naturgemäss aus, das überhaupt mehr als ein Produkt der Erschöpfung, als der Aufregung aufzufassen und deshalb nach vollendetem Geburtsakte, wenn überhaupt unwahrscheinlich, doch noch immer eher zu erklären ist, als während desselben."

Wir finden hier also eine der allgemeinen Annahme ganz entgegengesetzte Anschauung über das Zustandekommen der Ohnmacht vertreten, woher auch die Abweichung im Punkte der Ohnmacht während der Geburt erklärlich ist. Es wird vom theoretischen Standpunkte aus gerade der heftige Schmerz, wie ihn der letzte Moment des Gebärens bedinge, zur Erzeugung der Ohnmacht nicht für geeignet gehalten; und doch geht aus den

*) Goltdammer, Archiv für Preussisches Strafrecht. 14. Bd. 1866. Die Lage der Gesetzgebung über Kindesmord und fahrlässige Kindestödtung im Hinblick auf die Ungewissheit des objectiven Thatbestandes, p. 73. ff.

gut beobachteten einschlägigen Fällen der Kasuistik hervor, dass es vorwiegend der Schmerz war, der die Ohnmacht verursachte. Denn in dem Mende'schen Fall befand sich die Gebärende, wie im Pincus'schen Falle, ebenfalls auf dem Leibstuhl, man hörte sie schreien, eilte herbei und fand sie ohnmächtig, sie war also gerade vor Schmerz, worauf ihr Schreien wohl hindeuten dürfte, ohnmächtig geworden, und in dem Schmitt'schen Falle heisst es noch ausdrücklicher, sie verfiel gleich beim Eintreten der Geburtswehen in den bewusst- und sprachlosen Zustand. Wo aber die Erfahrung so laut und deutlich spricht, werden theoretische Raisonnements verstummen und man wird wenigstens die Möglichkeit der unmittelbar durch den Geburtsschmerz bedingten Ohnmacht zugeben müssen.

Auf Grund der oben angeführten kasuistischen Beobachtungen einerseits und der langen Reihe von Meinungsäusserungen verschiedener Autoren andererseits kann somit der theoretisch-wissenschaftliche Standpunkt in unserer Frage nur der sein, dass die Möglichkeit einer Geburt in Ohnmachtsbewusstlosigkeit zugestanden werden muss.

Wir wollen nun sehen, wie sich dem gegenüber die Praxis verhält.

VI.

Gegenwärtiger Standpunkt der Gerichtsärzte und praktischen Juristen in dieser Frage.

Man sollte erwarten, dass die Gerichtsärzte da, wo ihre eigene Erfahrung etwa nicht zureicht, auf Beobachtung und wissenschaftlicher Erfahrung der Fachgenossen fussend, deren Urtheil im Allgemeinen auch für sich in Anspruch nehmen und dasselbe zu dem ihrigen machen würden. Im Allgemeinen ist dies, wie die Praxis lehrt, auch der Fall, und gerade in der gerichtlichen Medicin vielleicht mehr, als in irgend einem anderen Zweige der medicinischen Wissenschaft, wobei als selbstverständlich vorausgesetzt wird, dass man nicht blindlings jenen Urtheilen sich anschliesst, sondern dieselben vermittelst eigener wissenschaftlicher Ueberlegungen prüft und beurtheilt.

Was die eigene Erfahrung in der vorliegenden Frage, der Frage nach der angeblichen Ohnmachtsbewusstlosigkeit bei der heimlichen Geburt, anlangt, so ist a priori anzunehmen, dass bei der Eigenartigkeit des Gegenstandes es den allermeisten Gerichtsärzten an einer solchen eigenen Erfahrung mangelt; denn, wie oft auch der praktisch thätige Arzt — und das ist zugleich auch jeder Gerichtsarzt — Geburten zu beobachten Gelegenheit hat, so liegt es in der Natur der Sache, dass die heimliche Geburt, um die es sich hier handelt, seiner Beobachtung ebenso, wie der jeder anderen Person entzogen bleibt. Umsomehr sollte man glauben, dass der heutige Gerichtsarzt bei diesem natürlichen Mangel an eigenen Beobachtungen in unserer Frage sich dem Urtheil und den Beobachtungen Anderer anschliessen und wenigstens zu der Möglichkeit des in Rede stehenden Vorkommnisses sich vor Gericht ebenso zustimmend verhalten werde, wie die meisten der angeführten Autoren. Allein hier findet gerade das Gegentheil statt.

Ich habe in doppelter Beziehung Gelegenheit gehabt, sowohl den ärztlichen, als den juristischen Standpunkt in dieser Frage kennen zu lernen.

Um dem spärlich vorhandenen kasuistischen Material, wenn möglich, neue Beobachtungen hinzuzufügen, habe ich an einen grossen Theil der Gerichtsärzte Deutschlands sowie an sämmtliche geburtshülfliche Kliniker deutscher Universitäten und an die Vorsteher geburtshülflicher Institute und Hebammenlehranstalten Anfragen gerichtet und um die Mittheilung eigener Beobachtungen über Geburtsfälle gebeten, die derart verlaufen wären, dass dem Beobachter die Ueberzeugung geworden, der Gebärakt sei in vollständiger, durch **Ohnmacht** bedingter Bewusstlosigkeit vor sich gegangen, sodass also die Gebärende von dem Geburtsvorgange nichts empfunden habe. Durch Narcotica oder Eclampsie erzeugte Bewusstlosigkeit oder Eintritt der letzteren nach vollendetem Gebärakte sollte nicht in Betracht kommen. Gleichzeitig bat ich um die Mittheilung etwa schon publicirter Fälle oder sonst bekannt gewordener, von anderen Kollegen gemachter Beobachtungen.

Um ferner die Frage nach der Ohnmachtsbewusstlosigkeit bei der heimlichen Geburt gewissermassen an der Quelle zu studiren, suchte ich Einblick in die Akten der wegen Kindesmordes vor Gericht verhandelten Strafsachen zu gewinnen, zu welchem Zwecke ich mich mit den zuständigen Beamten bei den Landgerichten der gesammten Monarchie in Verbindung setzte.

In den Antworten nun, die mir von beiden Seiten auf meine Anfragen in dankenswerther Fülle zu Theil wurden, und die neben den sachlichen Mittheilungen vielfach auch die specielle persönliche Meinung des jeweiligen Korrespondenten über den beregten Gegenstand enthielten, ferner in den in den Akten enthaltenen gutachtlichen Aeusserungen der Gerichtsärzte sowie Anklageschriften der Staatsanwälte wurde mir die nicht zu unterschätzende Gelegenheit, neben dem mich interessirenden Hauptgegenstande auch die Meinung der Aerzte und Juristen über denselben kennen zu lernen, wobei ich zu meiner eigenen Ueberraschung den mannigfaltigsten, oft selbst einander diametral entgegengesetzten Anschauungen begegnet bin.

Es wird von Interesse sein, diese Anschauungen kennen zu lernen, weil sie eben den heutigen Standpunkt der Aerzte und praktischen Juristen in dieser Frage der Wirklichkeit entsprechend wiederspiegeln.

Zunächst fand ich seitens der Gerichtsärzte vielfach die Meinung vertreten, dass die Geburt im bewusstlosen Zustande nicht nur unmöglich, sondern geradezu Märchen, zum mindesten höchst zweifelhaft, und ein bezüglicher Einwand seitens der Angeschuldigten vor Gericht nur eine gewöhnliche landläufige Redensart, eine bekannte und bequeme Ausrede sei. „Die Ohnmachts- und Bewusstlosigkeits-Legende der Gebärenden," schreibt mir ein Kollege, „spukt meines Erachtens nur in den Köpfen" etc., und ein Anderer führt in seinem motivirten Gutachten aus: „Es ist ja für die Mutter die bequemste Vertheidigungsweise, zu deponiren, wie das Kind jäh aus den Geschlechtstheilen hervorgeschossen und so schleunigst ohne Zuthun der Mutter umgekommen sei: ohne objektiven Halt müssen die Gerichtsärzte sich solchen Angaben gegenüber durchaus negativ verhalten, ebenso wie den fast stets auch mit vorgebrachten Angaben von gänzlicher Bewusstlosigkeit der Gebärenden." Ja, die persönliche Abneigung gegen diese „landläufige Ausrede" geht bei einem Gutachter sogar soweit, dass er derselben selbst bei der Begutachtung eines solchen Falles, in welchem jener Einwand von Bewusstlosigkeit von der Angeklagten garnicht erhoben worden, lebhaften Ausdruck verleiht.

Während so ein grosser Theil der ärztlichen Gutachter sich vollständig ablehnend selbst gegen die Möglichkeit eines solchen Vorkommnisses verhält, scheint ein anderer Theil wenigstens diese letztere anzuerkennen. Denn während der eine forensische Kollege mir schreibt, er habe die Frage in foro stets verneint, schreibt mir ein anderer, er habe sie in einem gegebenen Falle bejaht, und während ein Dritter mir mittheilt, er lasse „die gewöhnliche Redensart" vor Gericht niemals gelten, berichtet mir ein Vierter, er erkenne die Möglichkeit eines solchen Vorkommnisses durchaus an. Ein Fünfter endlich hält dieses Vorkommniss zwar nicht für unmöglich, aber für sehr unwahrscheinlich, woher er ihm Glauben zu schenken nie Grund gehabt haben will.

In solchen Gegensätzen und krassen Abweichungen bewegen sich die Meinungen der heutigen Gerichtsärzte vielfach, und wollen wir den Grund dieses Anzweifelns und oft totalen Negirens wissen, so können wir denselben ebenfalls aus den mir zugegangenen brieflichen und gutachtlichen Kundgebungen erfahren.

Die älteren Gerichtsärzte nämlich stützen sich meistens auf ihre lange, oft 50jährige Praxis, in der sie nie Gelegenheit gehabt haben, einen dem gedachten Vorgange ähnlichen Fall selber zu beobachten, und folgern daraus, dass solche Fälle überhaupt nicht, mindestens nicht häufig sein können. Ein älterer Kollege schreibt ganz ausdrücklich: „Mir ist in meiner langen forensischen Praxis niemals ein derartiger Fall vorgekommen, derselbe kann auch nicht vorgekommen sein und wird nie vorkommen. — Täuschung oder Betrug! —“ Ohne die Eigenartigkeit des Vorganges, wie sie gerade durch die heimliche Geburt bedingt wird, zu berücksichtigen, nehmen sie ohne Weiteres an, dass der beregte Geburtsvorgang, wenn er bei der heimlichen Geburt so häufig vorkäme, auch unter den gewöhnlichen, ehelichen Verhältnissen häufiger vorkommen müsste, und ein Kollege schreibt daher mit Bezug hierauf folgendermassen: „Die Berechtigung zum Zweifel wächst aber mit der Andauer des Mangels ähnlicher Beobachtungen in der ehelichen Praxis,“ was er gleich damit begründet, dass er weiter sagt: „Und es wäre doch wunderbar, wenn nicht gerade diese Erscheinung, wäre sie etwas so häufig Vorkommendes, bei den sensiblen Frauen der besseren Stände häufig und viel häufiger auftreten sollte, als bei den durchschnittlich viel robusteren ausserehelich Gebärenden.“

Ferner wird vielfach die Zahl sowohl der normal verlaufenden, als auch der selbst bei Anwendung von Kunsthülfe ohne eine bezügliche Störung vor sich gehenden Geburten in den Vordergrund gestellt und gerade das Missverhältniss zwischen diesen einer- und dem fast vollständigen Mangel an einschlägigen Beobachtungen andererseits betont. Hierher gehören besonders die in Gebäranstalten gewonnenen Zahlen und die Reihe künstlicher Entbindungen, die ausserhalb solcher Anstalten vollzogen werden. So wird mir von Wien (Prof. Gust. Braun) berichtet, dass seit dem Jahre 1873 in der dortigen geburtshülflichen Universitäts-Klinik für Hebammen 35 172 Geburten vorgekommen, bei deren keiner eine während des Gebäraktes durch Ohnmacht bedingte vollständige Bewusstlosigkeit in den Jahresberichten notirt sei. Desgleichen ist unter mehr als 15 000 in der Münchener Klinik (Prof. Winckel) vorgekommenen Geburten keine während einer Ohnmacht beendet worden, eben so wenig unter 8000 der Tübinger klinischen Anstalt (Prof. v. Säxinger). Einzelne Aerzte berichten wieder von 4—500 künstlichen Entbindungen, in denen sie nichts Einschlägiges beobachtet haben; und wenn an diese Zahlen auch keine besondere Meinungsäusserung geknüpft ist, so sollen sie doch als solche sprechen; denn andere Aerzte berufen sich auf diese in den Kliniken gemachten Erfahrungen ausdrücklich und verneinen daher ein anderweitiges Vorkommen von Entbindungen in Ohnmachtsbewusstlosigkeit überhaupt.

Als Grund des Zweifelns an dem wirklichen Vorkommen der in Rede stehenden Geburtsfälle wird ferner angeführt, dass positive kasuistische Beobachtungen zu wenig bekannt seien. Mehrere Aerzte schreiben, sie hätten schon längst ihre Aufmerksamkeit dem beregten Gegenstande zugewandt, aber selbst auf bezügliche Anfragen bei einer Anzahl sehr erfahrener Geburtshelfer resp. Aerzte keine Beobachtung in Erfahrung bringen können. Ueberhaupt wird die ausserordentliche Mangelhaftigkeit der Litteratur in dieser Beziehung von sehr vielen beklagt, indem hervorgehoben wird, dass selbst die gangbaren Lehrbücher trotz ihrer meist zustimmenden Meinung weder eine bezügliche Statistik, noch eine Kasuistik beibringen. Nur ein Kollege weiss den Wildberg'schen Fall (siehe oben) aus der Kasuistik anzugeben, während den anderen Kollegen nur solche Litteratur bekannt zu sein scheint, die sich allein auf Begutachtung gerichtlicher Fälle bezieht.

Diejenigen Gerichtsärzte, die wenigstens aus theoretischen Gründen die Möglichkeit der Geburt unter den beregten Umständen zugeben, machen die Annahme des Eintretens der Ohnmacht bei der letzteren von bestimmten Voraussetzungen abhängig.

In erster Linie müsste stattgehabte Blutung angenommen werden bezw. nachgewiesen sein, und zwar, da es sich um Ohnmacht während der Geburt handeln solle, Blutung ante partum, also durch vorzeitige Lösung der Placenta, wie bei Placenta praevia. Andere halten das Eintreten der Ohnmacht während der Geburt für möglich, wenn der Kopf beim Durchschneiden den Damm verletzt; die Frauen sollen alsdann einen sehr heftigen Schmerz fühlen und in Folge desselben zur Ohnmacht neigen. Auch gebe es Fälle von lokaler Genitalerkrankung, die möglicherweise mit der Neigung zur Bewusstseinsstörung Beziehung haben könnten. Diejenigen, die Entbindungen bei eklamptischer Bewusstlosigkeit der Schwangeren zu vollziehen Gelegenheit hatten und sich dabei überzeugten, dass die Gebärenden von dem Geburtsvorgange nichts empfunden, wollen noch geneigt sein, gewissermassen vergleichsweise auch das Vorkommen einer durch Ohnmacht bedingten Bewusstlosigkeit bei einer Geburt gelten zu lassen.

Viel eher sei eine Ohnmacht nach Ausstossung des Kindes zu verstehen, nach schwerer, sehr schmerzhafter Entbindung, bei zarten, nervösen, schwächlichen Frauen, bei denen die heftigen, langdauernden Schmerzen die letzten Kräfte, die noch zur Ausstossung des Kindes nöthig gewesen, erschöpft hätten. Es trete dann eine Erschlaffung der Kräfte ein, die sich zur Ohnmacht steigern könne (cf. die oben angeführte Ansicht von Pincus), besonders dann, wenn nun noch eine heftige Blutung dazutrete.

Wird es somit den meisten Gerichtsärzten schon schwer, ohne eigene Beobachtung und ohne eine ihnen bekannte Kasuistik sich auf Grund rein theoretischer Erwägungen von der Möglichkeit des gedachten Geburtsvorganges zu überzeugen, so wird es ihnen, wie oben schon angedeutet, noch viel schwerer, die Wahrscheinlichkeit der bezüglichen Behauptung vor Gericht anzuerkennen. Gegen diese Wahrscheinlichkeit scheinen ihnen eine ganze Reihe sachlicher Momente zu sprechen: Die Thatsache, dass in foro in Fällen von Kindesmord von der Thäterin Bewusstlosigkeit behauptet, nachträglich aber das Unwahre dieser Behauptung eingestanden werde, ferner der Umstand, dass man sich meistens von der thatsächlichen Richtigkeit solcher Angaben in foro nicht überzeugen könne, da in den meisten Fällen die sonstigen Ermittelungen dagegen zu sprechen pflegten, zumal die, dass die Angeschuldigten trotz ihrer behaupteten Bewusstlosigkeit nach dem Akte stundenlang grosse Aktivität bewiesen hätten; endlich das psychologische Moment, dass heimlich Gebärende eo ipso die Unwahrheit sprächen, woher es schon aus psychologischen Gründen gerechtfertigt sei, ihren Angaben über den Geburtsverlauf keinen Glauben zu schenken. Alle diese Erfahrungen sollen den Gerichtsarzt dazu bestimmen, den behaupteten abnormen Zustand zunächst stets für Simulation zu halten.

Wenn wir solchen Anschauungen bei den ärztlichen Gutachtern begegnen, dann dürfen wir uns nicht wundern, in dieser Beziehung noch viel krassere Auffassungen bei den praktischen Juristen und vorzugsweise bei den die Anklage vertretenden juristischen Organen zu finden. Denn diese richten sich im Allgemeinen selbstverständlich nach dem, was ihnen von ärztlicher Seite als glaubwürdig und plausibel angegeben wird, und reproduciren in ihren Anklageschriften meistens nur die im ärztlichen Gutachten bereits ausgesprochene oder die ihnen sonst bekannte Anschauung des Gerichtsarztes. Dazu kommt, dass sie die Angeklagten mehr nach rein kriminellen Anschauungen zu beurtheilen gewohnt sind und physischen und psychischen Momenten, wie sie eben nur der Arzt beurtheilen kann, eine geringere Beachtung schenken. Es ist daher nicht zu verwundern, heute noch richterlichen Anschauungen zu begegnen, die darin gipfeln, dass die des Kindesmordes Angeklagten schlechtweg als Menschen anzusehen seien, welche „in langer Voraussicht des auszuführenden schweren Verbrechens dasselbe nach allen Richtungen hin planen", woher ihnen Glauben überhaupt nicht beigemessen werden könne. Sie seien Mörderinnen und von den sehr lebenserfahrenen Altvorderen auch nicht anders behandelt worden; nur die „Aufklärungszeit" habe die Auffassungen von Jahrtausenden umgestossen — ob mit Recht, solle nicht erörtert werden, aber zweifellos zu einer gewaltigen Schädigung der Sittlichkeit! Eine solche Anschauung, die mir thatsächlich bekundet worden, steht in ihrer Excentricität vielleicht vereinzelt da; jedenfalls existirt sie aber noch heute und sie rechtfertigt um so mehr die in Nachstehendem beabsichtigte Richtigstellung der ärztlichen und damit auch der richterlichen Anschauungen über den hier berührten Punkt.

Natürlicher und weniger überraschend ist die richterliche Auffassung, dass sich die Angeschuldigten, um der Bestrafung zu entgehen, vorzugsweise der „Ausrede“ zu bedienen pflegten, sie seien während des Gebäraktes ohnmächtig und ohne Besinnung gewesen und könnten über den Geburtsvorgang keine Auskunft geben. Andere Juristen stellen zugleich, wie wir gesehen haben, mit einzelnen Gerichtsärzten, als Erfahrungssatz auf, dass die Angaben der des Kindesmordes angeklagten Weibspersonen gerade deswegen der Zuverlässigkeit entbehrten, weil sie meistens durch die sonst ermittelten Umstände widerlegt würden. Offene Geständnisse wollen sie bei solchen Angeklagten nur ganz vereinzelt beobachtet haben.

Was nun diese allgemeine Erfahrung anlangt, die zur Stütze der in dieser Frage üblichen Anschauungen benutzt wird, so begegnen wir auch hier, ganz so wie bei den Aerzten, vollständig entgegenstehenden Anschauungen und dies speciell in dem Punkte der Häufigkeit des gedachten Einwandes vor Gericht. Während mir aus dem einen Bezirk von dem Vertreter der Kgl. Staatsanwaltschaft wörtlich berichtet wird: „Uebrigens ist es meines Wissens hierselbst niemals vorgekommen, dass eine Kindesmörderin sich durch Bewusstlosigkeit entschuldigt hat, welche beim Geburtsakte durch Ohnmacht herbeigeführt worden wäre,“ schreibt mir ein anderer, zwar aus einem anderen Bezirke, aber aus derselben Provinz, dass „fast in jeder Sache“ seitens der Angeklagten der Einwand erhoben worden sei, dass während oder doch unmittelbar nach dem Gebärakte ein die freie Willensbestimmung ausschliessender Zustand von Bewusstlosigkeit eingetreten sei, und im Gegensatze hierzu wieder ein Dritter, ihm sei aus seiner staatsanwaltschaftlichen Praxis seit 1868 nicht ein einziger Fall erinnerlich, in welchem der Eintritt der Bewusstlosigkeit schon im Gebärakte von einer Beschuldigten behauptet worden wäre.

Aus diesen Proben von Meinungsäusserungen der Aerzte sowohl als auch der Juristen ersehen wir auf den ersten Blick, dass wir es in dieser Frage mit den extremsten und verschiedenartigsten Meinungen zu thun haben. Wir begegnen ebensowohl einem absoluten Negiren der Möglichkeit des in Frage stehenden Geburtsvorganges und der daraus gezogenen konsequenten Folgerung, dass bezügliche Behauptungen seitens solcher Angeschuldigten nur leere Ausreden und stereotype Redensarten seien, als dem blossen Anzweifeln des Vorkommnisses mit dem Geltenlassen desselben unter bestimmten Bedingungen, als endlich auch der vollen Anerkennung der Möglichkeit und ihrer nothwendigen Berücksichtigung im gegebenen Falle. Wir begegnen ferner, besonders in juristischen Kreisen, ganz entgegengesetzten Erfahrungen über die Häufigkeit des Vorkommens des in Frage stehenden Einwandes bei Gericht, und wir begegnen endlich, was beide Kategorieen von Beurtheilern betrifft, einem vollständigen Mangel an Kenntniss dessen, was bereits als Beobachtung feststeht, einer ganz irrigen Voraussetzung in der Auffassung der gesammten Frage und einer auffallenden Verschiedenartigkeit bei den auf Grund allgemein wissenschaftlicher Kenntnisse gemachten Erwägungen.

Die Unhaltbarkeit eines solchen Zustandes ergiebt sich für die Praxis von selbst.

Zunächst ist es ein sehr wesentlicher Unterschied, ob der ärztliche Sachverständige vom Standpunkte des Negirens der Möglichkeit, oder von dem der Anerkennung derselben im gegebenen Falle an die Beurtheilung der Frage herangeht. In dem einen Falle setzt er der Sache unwillkürlich sein persönliches Vorurtheil entgegen und wird er von diesem aus in den Einzelheiten des gemachten Einwandes nur Unmöglichkeiten und erdichtete Vorgänge erblicken, in dem anderen Falle wird er an der Hand der vorausgesetzten Möglichkeit des Vorganges die Einzelheiten desselben mehr objektiv prüfen und manche derselben gelten lassen, die Jemand vom entgegengesetzten Standpunkt zurückweisen würde. Wie verschieden diese divergirenden Beurtheilungen auf die Richter und den Gang der Verhandlung einwirken müssen, liegt klar auf der Hand. Wenn der Sachverständige strikte erklärt, ein Geburtsvorgang, wie der von der Angeschuldigten behauptete, komme überhaupt nicht vor, — auch solche Erklärungen habe ich in den Protokollen der Verhandlungen gefunden, — oder wenn er auch nur achselzuckend meint, es sei auffallend, dass gerade die heimlich Gebärenden von solchen Unfällen, die man sonst nie zu sehen bekomme, betroffen werden sollten, wird das richterliche Urtheil leicht anders ausfallen, als wenn der Sachverständige, vielleicht unter Anführung beobachteter Beispiele, zunächst das Vorkommen solcher Geburtsvorgänge bestätigt und dann an der Hand der Bedingungen, unter denen solche Vorgänge sich abspielen, objektiv die Einzelheiten des gegebenen Falles erläutert. Der Richter muss sich ja in solchen Fällen im Wesentlichen auf das sachverständige Gutachten verlassen und nach der Ueberzeugung urtheilen, die der Sachverständige selber von der Sache hat und ihm beibringt. Auch geht der Richter erfahrungsgemäss gerade in Dingen, die dem alleinigen fachmännischen Urtheil des Arztes unterliegen, leicht und entgegenkommend auf die Ueberzeugungen des Gerichtsarztes ein, und ist es da in Anbetracht der Wichtigkeit der Sache nicht geradezu horrend, wenn man bedenkt, wie leicht das Urteil des Richters durch die Verschiedenartigkeit der ärztlichen Auffassungen in dieser Frage irregeführt werden kann? Oft dreht sich ja um die Wahrscheinlichkeit oder Nichtwahrscheinlichkeit, um das „Sein oder Nichtsein“ des gemachten Einwandes die ganze Sache, mit ihr steht und fällt dieselbe vielleicht und von ihr hängen leicht Schuld oder Nichtschuld der Angeklagten ab! Eine der wichtigsten Einwendungen, die in letzterer Beziehung seitens der Angeschuldigten gemacht werden, wird, wie wir sehen, heute noch, wie ehemals, in der Regel kurz abgethan, wenig beachtet, jedenfalls nicht entsprechend gewürdigt, vornehmlich aus dem Grunde, weil — es sei offen gesagt — der Sachverständige selbst mit der einschlägigen Materie nicht genügend vertraut ist, und weil er, wie ich weiter zeigen werde, sofern er sich, sei es negirend, sei es erwägend, an die Beurtheilung der Frage heranmacht, von unrichtigen Voraussetzungen ausgeht. Die Schuld der Unhaltbarkeit des ganzen Zustandes trifft also nicht den Richter, auch nicht die Rechtspflege und das Gesetz, sondern den die beregte Frage unterschätzenden Gerichtsarzt.

Es ist daher eine Klarstellung des beregten Gegenstandes dringend nothwendig. Es muss ein für allemal festgestellt werden, ob die Möglichkeit des fraglichen Geburtsvorganges durch unzweifelhafte Beobachtungen gestützt wird, und ob eine Wahrscheinlichkeit für sein Vorkommen auch in gerichtlichen Fällen anzunehmen ist.

Diese Klarstellung der Frage soll auf Grund des vorstehend entwickelten litterarischen Ergebnisses, sowie an der Hand der eigenen, durch Rundfragen bei den Aerzten und durch ein umfassendes Aktenstudium bewerkstelligten Ermittelungen wenigstens versucht werden.

VII.

Neue durch Rundfragen gewonnene Kasuistik.

Das Ergebniss der an die Aerzte Deutschlands und an die Geburtshelfer der deutschen Universitäten gerichteten Rundfragen war Folgendes:

Auf 517 abgesandte, die oben formulirte Frage enthaltende Rundschreiben, die sich fast gleichmässig auf Preussen und auf das ausserpreussische Deutschland vertheilten, sind 290 Antworten eingegangen.

Die meisten derselben enthielten, wie zu erwarten war, die kurze Bemerkung, dass den unterzeichneten Absendern keine eigenen Beobachtungen zu Gebote stünden.

Abgesehen von den Bemerkungen, die, wie ich erwähnt, Viele mit Bezug auf ihre persönliche Ansicht über die Frage an ihre kurze Mittheilung knüpften, wurden mir auf die Frage bezüglich, doch mehr oder weniger zutreffend, folgende Beobachtungen mitgetheilt.

Zunächst wurde mir über eine Menge von Beobachtungen berichtet, nach denen die Entbindung in eclamptischer Bewusstlosigkeit vor sich ging, in welcher die Entbundene, sei es, dass die Entbindung spontan, oder vermittelst Kunsthülfe stattfand, von dem Geburtsvorgange weder Empfindung noch später Erinnerung zurückbehalten hatte. Zu diesen Fällen dürfte auch der (von Dr. Terfloth-Lüdenscheid als eigene Beobachtung mir mitgetheilte) zu rechnen sein, in welchem eine Frau an Paralysis der ganzen unteren Körperhälfte litt und in „soporösem" Zustande ohne Kunsthülfe gebar. Dieser Zustand wird, da er eigentliche Erscheinungen der Ohnmacht nicht darbot, wohl ein eclamptischer gewesen sein und bleibt daher, wie alle übrigen Beobachtungen von Entbindung in Eclampsie, für unsere Frage ausser Betracht.

Ferner werden Entbindungen in melancholischer Geistesstörung, in sinnverwirrtem Zustande, im Zustande der Tobsucht, sowie anderer geistigen Alienationen als beobachtet mitgetheilt. Zu diesen Fällen ist auch die Beobachtung von Dr. Lüning-Steinkirchen (mir von Dr. Bohde-Stade mitgetheilt) zu rechnen, die derselbe im Jahre 1866 bei der 4. Entbindung der Frau des Glasmachers S. in G. machte. „Dieselbe war 32 Jahre alt, hysterisch, übrigens gesund, delirirte aber beim Eintreten heftiger Wehen und während einer leichten, rasch verlaufenen Zangenentbindung. Nach Beendigung der Geburt hatte die Frau keine Erinnerung an das Vorgefallene. Nach Mittheilungen der Hebamme sind Zustände der Bewusstlosigkeit bei jeder der drei früheren Entbindungen vorgekommen. Krämpfe sind nicht beobachtet. Die Frau ist später an Phtisis gestorben.“ Der Fall gehört sicher zu den Entbindungen in hysterischer Bewusstlosigkeit, wie wir sie oben bereits kennen gelernt, und gehört jedenfalls nicht zu den Bewusstseinsstörungen der Ohnmacht.

Noch weniger können hier Geburtsvorgänge in Betracht kommen, von denen berichtet wird, dass sie im bereits bestehenden Todeskampf oder gar nach schon eingetretenem Tode vor sich gegangen. Wenn in diesem Zustande ein Bewusstsein von dem Vorgange der Geburt bei der Gebärenden auch nicht mehr vorauszusetzen ist, so ist diese Art von Bewusstlosigkeit mit der durch Ohnmacht bedingten doch keineswegs zu vergleichen.

Hierher gehören auch ferner nicht Entbindungen, die etwa in der Weise ohne Bewusstsein vor sich gegangen sind, dass die Gebärenden, weil sie die Schmerzen der Entbindung nicht empfanden, von dem Geburtsvorgange nichts merkten. Zwei solche Beobachtungen theilt Fritsch-Breslau mit: „Ich habe z. B.“, schreibt er, „bei totaler Paralyse und Anästhesie der unteren Extremitäten zweimal mit Forceps entbunden, ohne dass die Betreffenden Schmerzen fühlten. Dabei waren die Wehen ganz normal.“ Dieser Zustand hat eben nichts mit dem von mir zur Erörterung gebrachten Ohnmachtszustande gemein, weil eine Bewusstlosigkeit bei dem ersteren gar nicht statt hatte.

Etwas näher schon kommen dem wirklichen Ohnmachtszustande „Fälle von fast schmerzloser Ausschliessung der Frucht bei grosser allgemeiner Schwäche und Schlaffheit der Faser“, wie sie nach der Mittheilung des Dr. Stolle-Segeberg von diesem und gewiss auch von vielen Anderen beobachtet sind. Es sind dies, wenn auch nicht Ohnmachtszustände, doch wenigstens Zustände der Apathie mit mehr oder weniger starker Hemmung des Bewusstseins.

Fälle von wirklicher Ohnmacht, in deren Bewusstlosigkeitszustand der Gebärakt noch vor sich gegangen, sind mir nur drei mitgetheilt worden, und zwar einer, bei dem die Ohnmacht durch den übermässigen Schmerz erzeugt worden war, und zwei andere, in denen dieselbe in Folge der stattgehabten Blutung zu Stande kam.

Den ersteren Fall theilt mir Kreis-Physikus Dr. Kremling-Walsrode als seine Beobachtung mit. Die Mittheilung lautet: „Nur einmal ist es in meiner 42jährigen Praxis von mir beobachtet, dass eine I para von zarter Konstitution, hysterisch veranlagt, verheirathet, von Beginn der ersten Wehen an die lautesten Schmerzensrufe ausstiess, sich in höchster Unruhe und Aufregung geberdete, den Austritt des Kindes aber ohne jegliche Reaction erlitt; sie lag in Ohnmacht mit vollständigem Aufgehobensein des Bewusstseins, das erst nach Verlauf von etwa 5 ängstlichen Minuten wieder zurückkehrte. Von dem Durchtritt des Kindes hatte die Frau nicht die geringste Erinnerung. Die späteren Geburten verliefen ohne solche Störung. Chloroform kannte man damals noch nicht.“

Ich will hier gleich bemerken, dass die Person, wie angegeben wird, zwar hysterisch veranlagt gewesen ist, dass aber der Gebärakt Symptome der Hysterie, wie etwa in dem Lüning'schen Fall, in welchem die Gebärende delirirte, nicht hervortreten liess. Es dürfte daher dem nichts im Wege stehen, in diesem Falle den Gebärakt als in Ohnmachtsbewusstlosigkeit vor sich gegangen anzusehen.

Die zweite Beobachtung ist von Ober-Amts-Arzt Dr. Pflüger-Mergentheim, der mir nur kurz schreibt: „In einem Falle von Placenta praevia war bei durch hochgradigste Blutung bedingter Ohnmacht von der bei einer Mehrgebärenden gemachten nicht schweren Wendung von dem Akt derselben allerdings nur die geringste Wahrnehmung empfunden worden."

Den dritten Fall hat Sanitätsrath Dr. Kreusler zu Brandenburg a/H. beobachtet. Auf seine erste kurze Mittheilung, dass ihm ein vereinzelter Fall erinnerlich sei, in welchem während einer durch starken Blutverlust bei Placenta praevia verursachten Ohnmacht die Wöchnerin künstlich entbunden wurde, ohne eine Empfindung vom Gebärakt zu haben, bat ich um genauere Mittheilung des Falles, worauf ich folgenden dankenswerth ausführlichen Bericht erhielt:

„Ueber den von mir erwähnten Fall einer im bewusstlosen Zustande der Kreissenden vollzogenen Entbindung habe ich leider schriftliche Notizen zu machen unterlassen; was ich Ihnen mittheilen kann, beruht ganz allein auf der Treue meines Gedächtnisses, und gerade über hauptsächliche Punkte, deren Erörterung und exakte Feststellung von wesentlichem Interesse sein würde, vermag ich zuverlässigen Aufschluss nicht mehr zu geben.

Der Fall datirt aus einer etwa 15jährigen Vergangenheit; ich wurde in einer Winternacht nach einer kleinen, im Gebirge gelegenen Stadt zur Entbindung einer Arbeiterfrau berufen, über deren Gesundheitsverhältnisse, Konstitution, Lebensalter und ob dieselbe etwa schon vorher geboren, ich nichts anzugeben weiss. Ich erinnere mich nur, dass ich von der Hebamme mit den Worten empfangen wurde: Ach Gott, Sie kommen zu spät, die Frau liegt im Sterben, sie hat sich ganz abgeblutet.

Die Kreissende lag in der That ganz blass und bewusstlos auf ihrem Lager, doch aber war ein ganz leises Athmen und eine kaum fühlbare Herzaktion wahrzunehmen. Ich schritt zur sofortigen Untersuchung und Entbindung. Im völlig eröffneten Muttermunde lag die Placenta vor, so dass dieselbe durch den dahinter liegenden Kindskopf kugelförmig in die Scheide herabgedrückt war. Die Adhäsion der Placenta war nur auf eine Hälfte des inneren Muttermundes beschränkt; ich weiss aber nicht zu sagen, ob dieselbe von Haus aus eine laterale gewesen ist, oder ob die partielle Lösung des ursprünglich centralen Sitzes des Mutterkuchens durch die Wehenthätigkeit veranlasst worden war. Der mit Leichtigkeit eingehenden Hand gelang es sofort, die im Fundus liegenden Füsse zu erreichen, die intakte Blase zu sprengen, das Kind zu wenden und ohne weitere Schwierigkeit auf der Stelle zu extrahiren.

Noch während die Hebamme das nicht vollkommen ausgetragene Kind abnabelte, ging ich abermals ein, um die Nachgeburt zu lösen; die nur lockeren Adhäsionen liessen sich mit Leichtigkeit trennen, und ich bemerkte dabei ganz deutlich, dass der Uterus sich zu kontrahiren begann, was dann durch äussere Reibung noch unterstützt wurde.

Während dieser ganzen Zeit lag die Wöchnerin blass, mit geschlossenen Augen, ohne einen Muskel zu rühren oder einen Ton zu äussern, auf dem Lager. Nach etwa 10 Minuten seufzte dieselbe vernehmlich, schlug die Augen auf und frug mit ganz schwacher Stimme, ob der Doktor nicht bald komme. Sie hatte von meiner Anwesenheit und dem Vollzuge der Entbindung nichts wahrgenommen, und ich sah die Freude in ihren Augen, als ihr gesagt wurde, dass alles vorüber sei.

Das Kind lebte etwa noch eine halbe Stunde. Die Wöchnerin wurde von den Füssen aufwärts in Binden eingewickelt; bei meinem Weggange war der Uterus vollständig contrahirt und kugelförmig über der Schamfuge zu fühlen, der Puls schwach und beschleunigt, aber das Bewusstsein klar. Die Frau hat sich nachher in nicht allzulanger Zeit vollständig wieder erholt.

Das ist alles, sehr geehrter Herr Kollege, was mir über den Fall noch erinnerlich ist, und ich bedaure lebhaft, Näheres Ihnen nicht angeben zu können."

Ich habe ferner auf eine Aufforderung, die ich mit der Bitte um Mittheilung eigener einschlägiger Beobachtungen durch zwei weitverbreitete und vielgelesene medicinische Wochenblätter, die Berliner klinische und die deutsche medicinische Wochenschrift*) an die Praxis ausübenden Aerzte gerichtet hatte, folgenden werthvollen Geburtsfall mitgetheilt erhalten, der nach den Umständen, unter denen er beobachtet worden, der heimlichen Geburt fast gleichkommt und dadurch für unseren Zweck von noch grösserer Bedeutung ist. Herr Dr. Kamnitzer aus Allenstein (Ostpreussen) theilt mir als seine Beobachtung Folgendes mit:

*) No. 16 des Jahrganges 1886.

„In der Nacht vom 15./16. September c. (1886) wurde ich von meinem Dienstmädchen um 2 Uhr geweckt, da sie Hilfeschreie aus der gegenüberliegenden Küche unseres Hauswirthes gehört. Ich nahm mir kaum Zeit, den Schlafrock umzunehmen und eilte hin. In dem Raume vor der Küche des Wirthes sah ich nun die Köchin, von der das ganze Haus wusste, dass sie schwanger war, auf Knieen liegen, mitten in einer grossen Blutlache, ein neugeborenes Kind lag auf der Erde, der Kopf durch die linke Hand der Kreissenden etwas von der Erde erhoben. Ich hatte gerade nur Zeit, dieses Bild aufzunehmen, als die Person bewusstlos nach vorn über das Kind hinwegfiel. Ich hatte Mühe, die Kreissende aufzurichten und zu halten und bin überzeugt, dass das Kind erdrückt worden wäre, wenn keine Hülfe dagewesen wäre. Ich schickte mein Dienstmädchen, das mit mir den Raum betreten, in mein Zimmer, um Scheere und Faden zu holen, liess die Kreissende halten, nabelte das Kind ab, entfernte die Nachgeburt, die bereits in der Scheide lag, liess ein Bett vorrichten, wozu eine Gummiunterlage wiederum aus meinem Zimmer geholt wurde, brachte die Kreissende ins Bett und hier erst wurde sie durch Besprengen mit kaltem Wasser, Reiben etc. ins Bewusstsein zurückgerufen. Von meinem Erscheinen bis zur Wiederkehr des Bewusstseins muss mindestens eine Zeit von 15 Minuten verflossen sein. Im Laufe des nächsten Tages traten noch zweimal Ohnmachtsanfälle von kurzer Zeit ein, das Wochenbett verlief normal, das Kind, ein kräftiger Knabe, ist gesund.

Diese Person, I para, Barbara K, 23 Jahre alt, war bis jetzt stets gesund, ihr Vater ist in hohem Alter an Lungenentzündung gestorben, ihre Mutter ist gesund, sie selbst hat nie an Ohnmachten, Krämpfen etc. gelitten. Ueber den Geburtsverlauf giebt sie nachträglich Folgendes an:

Um 11 Uhr Nachts hätte sie heftige Schmerzen bekommen, sie stand auf und ging in der Küche umher, worauf das zweite Mädchen aufwachte und Licht anzünden wollte, das sie sich energisch verbat; sie hätte eben nicht geglaubt, dass es zur Geburt komme, da sie noch einige Wochen später gerechnet hätte. Das andere Mädchen schlief darauf ein, während sie weiter umherging; um 12 Uhr wären die Wasser gekommen, sie wäre aber weiter umhergewandert, hätte sich dann auf die Kniee geworfen, um zu beten, und in dieser Stellung wäre plötzlich das Kind vorgeschossen; ob sie geschrieen, wüsste sie nicht, meinen Eintritt will sie noch bemerkt haben, mehr wisse sie nicht, bis sie im Bette aufwachte. — Mein Mädchen hatte sie schreien gehört, die mich weckte, während das zweite Mädchen in derselben Küche ruhig geschlafen hatte."

„Das Mädchen," fährt der Berichterstatter fort, „hatte in aufrechter Stellung geboren, hatte viel Blut verloren und war ohnmächtig geworden; sie hätte das Kind erdrückt, wenn ich nicht hinzugekommen wäre. Das Kind hatte gelebt; es sei erstickt, hätten die Sachverständigen vor Gericht erklärt, die Person wäre verurtheilt worden, niemand hätte ihr die Ohnmacht geglaubt, da solche Fälle bisher zu wenig bekannt gegeben worden sind."

Hier haben wir also in den ersten drei Beobachtungen solche, die mit Bezug auf die Frage des thatsächlichen Vorkommens von Geburten während einer durch Ohnmacht erzeugten Bewusstlosigkeit nichts zu wünschen übrig lassen, und in der vierten Beobachtung einen Fall, in welchem das Eintreten der Ohnmacht in dem Augenblicke beobachtet worden ist, als das Kind soeben aus dem Mutterleibe hervorgestürzt war.

Endlich habe ich noch aus einer anderen Auskunftsquelle, die man im Allgemeinen zwar zu wissenschaftlichen Zwecken nicht zu benutzen pflegt, die aber in dem vorliegenden Falle keinen Grund zu irgend einem Zweifel an der Wahrheit ihrer Beobachtung abgiebt, einen Geburtsfall in Erfahrung gebracht, der ebenfalls einen exquisiten Fall von Geburt während einer Ohnmacht darstellt und als solcher den vorigen ebenbürtig anzureihen ist. Ich habe nämlich von der einen der hiesigen Stadthebammen auf gelegentliches Befragen die mich überraschende Auskunft erhalten, dass sie sich eines solchen Falles aus ihrer Praxis sehr wohl zu erinnern wisse, worauf sie mir Folgendes mittheilte: Vor etwa 14 Jahren habe sie eine Erstgebärende, die Frau eines Gerichts-Botenmeisters, entbunden, die sie nach einer länger als 24 Stunden andauernden Geburtsarbeit schliesslich zur Förderung der Geburt auf einen Stuhl gesetzt habe. Als eben der Kopf unter heftigen Schmerzen durch die Schamspalte schnitt, erzählt sie weiter, wurde die Frau plötzlich ohnmächtig und sank blass und anscheinend leblos aus ihrer halb aufrechten Stellung dem daneben sitzenden Ehemann in die Arme. In dieser Situation wurde das Kind dann geboren, abgenabelt, die Nachgeburt, die ebenfalls alsbald spontan folgte, entfernt. Dann erst wurde die Ohnmächtige zu Bett gebracht, wo sie erst nach einiger Zeit erwachte und fragte, was mit ihr vorgegangen sei. Die Entbundene habe von dem ganzen Entbindungsvorgange auch nicht die geringste Bewusstseinsempfindung gehabt, weder von dem Durchtritt des Kindes, noch von dem der Nachgeburt und den Manipulationen, die sonst mit ihrem Körper vorgenommen worden waren.

Wir haben es auch in diesem Falle, wie in den vorigen, sicherlich mit einem reinen Ohnmachtszustande zu thun. Wir sehen den letzteren bald durch den übermässigen Wehenschmerz, bald durch die Blutung erzeugt, also durch Bedingungen, wie sie zum Zustandekommen einer Ohnmacht ganz gewöhnliche sind. In dreien dieser Fälle ging der Gebärakt spontan vor sich, in den beiden übrigen wurde er durch Kunsthülfe beendet, ohne dass die Bewusstlosigkeit etwa durch die sonst recht schmerzhaften Manipulationen der künstlichen Wendung und Extraktion des Kindes oder durch die nach der einen Wahrnehmung thatsächlich noch stattgehabten Wehen (Beobachtung im Dr. Kreusler'schen Falle) unterbrochen worden wäre. Ferner kehrte in dem einen Falle schon 5 Minuten nach beendeter Geburt, in den anderen erst 10—15 Minuten nach derselben das Bewusstsein wieder; durch diese k ü r z e r e Zeitdauer des Ohnmachtszustandes entsprechen diese Fälle im Vergleich zu den früheren aus der Litteratur bekannt gewordenen noch mehr den natürlichen Verhältnissen und sie sind daher, wie wir weiter sehen werden, auf angebliche ähnliche Vorkommnisse bei heimlicher Geburt um so unbedenklicher anzuwenden.

Was also in früheren Zeiten beobachtet worden ist, wird, wie wir sehen, auch heute noch beobachtet; und wenn, abgesehen von der schon durch die Namen der früheren Beobachter gewährleisteten Unantastbarkeit und Glaubwürdigkeit jener älteren Beobachtungen, vielleicht noch irgend ein Zweifel an der Richtigkeit der Auffassung jener Fälle, an der Beurtheilung des Zustandes als wirklichen Ohnmachtszustandes vorhanden sein könnte, so müsste diesen neuen Beobachtungen gegenüber selbst jeder Schein von Zweifel verschwinden, und es kann durch dieselben die noch heute, vielleicht nicht gar so vereinzelte Annahme, als ob solche Geburtsfälle überhaupt nicht vorkämen, gar nicht schlagender widerlegt werden. Das Vorkommen solcher Geburtsvorgänge ist daher weder Märchen, noch Legende, sondern Thatsache, unwiderlegliche Thatsache, die keine noch so geistreiche und noch so wissenschaftlich gehaltene Reflexion aus der Welt schaffen kann. Diese Thatsache hervorzuheben erscheint mir um so nothwendiger, als diese neuen Beobachtungen gleichzeitig geeignet sind, jene älteren Beobachtungen, die, wie wir gesehen haben, von Vielen gar nicht gekannt werden, bei anderen in Vergessenheit gerathen zu sein scheinen, wenigstens wieder aufzufrischen.

Was nun die Häufigkeit ihres Vorkommens unter gewöhnlichen Verhältnissen anlangt, so lehrt das Ergebniss meiner Rundfragen, dass ähnliche Vorkommnisse in der That höchst selten zur Beobachtung gelangt sind, daher vermuthlich auch nur selten eintreten mögen. Dürfte ich annehmen, dass diejenigen, die auf meine direkte Anfrage gar nicht geantwortet, auch keine eigene Beobachtung zur Verfügung gehabt haben, so würden auf 517 Beobachter nur drei Beobachtungen und auf die öffentliche Aufforderung durch zwei gelesene Fachzeitschriften sogar nur eine einzige Mittheilung eines einzigen Falles kommen. Und welche Summe von Beobachtungsjahren, welche Zahl von Beobachtungen bei Entbindungen repräsentiren allein schon jene 517 Beobachter! Ich hatte mich vorwiegend an die Kreisphysiker und Vorsteher klinischer Gebäranstalten gewandt, also mehr an die älteren Aerzte, die bereits lange Jahre in der praktischen Thätigkeit sich befanden — es bemerkten einzelne, dass sie über 50 Jahre Praxis übten — durch deren Hände also Geburten oft zu Hunderten und Tausenden gegangen waren, und doch nur drei Beobachtungen! Und wenn auch angenommen werden kann, dass trotzdem noch hie und da eine bezügliche Beobachtung gemacht sein mag, dass es aber nicht jedermanns Sache sei, dergleichen zu publiciren, so lässt sich nach dem oben Gesagten immerhin vermuthen, dass solche Beobachtungen thatsächlich nur selten gemacht sind.

Treten wir der Sache näher, so finden wir diese Thatsache in der Natur der Sache wohl begründet.

Eine Ohnmacht während des Kreissens kommt, wie uns schon unsere obigen theoretischen Erörterungen lehren, unter gewöhnlichen Verhältnissen nicht leicht vor; es fehlen ihr die Bedingungen zu ihrem Zustandekommen, das Zusammenwirken aller derjenigen Momente, die wir eben nur bei einer Entbindung unter ganz abnormen Verhältnissen, wie bei der heimlichen oder einsamen Entbindung anzutreffen pflegen. Daher ihr Vorkommen unter normalen Verhältnissen nur als Ausnahme, als Seltenheit anzusehen! Demnach kann es auch nicht weiter auffallen, wenn jemand in 50jähriger Praxis, unter Tausenden in klinischen Entbindungsanstalten beobachteten Geburten, die ja alle als normale in unserem Sinne aufzufassen sind, auch nicht eine einzige, jenen ähnlich verlaufende Geburt zu sehen bekommt, während zufällig gerade ein jüngerer Arzt — Dr. Kamnitzer praktizirt erst seit 2 Jahren — eine einschlägige Beobachtung zu machen einmal Gelegenheit findet.

Diese wenigen Beobachtungen aber, die es mir als Beweis für eine Thatsache zusammenzubringen gelang, die noch bis zum heutigen Tage der Anzweifler viele hat und von vielen nicht einmal als im Bereiche der Möglichkeit liegend anerkannt wird, diese wenigen Beobachtungen, behaupte ich, erfüllen ihren Zweck im vollsten Maasse, und wäre es nur eine einzige Beobachtung gewesen, auch sie hätte genügt, den Beweis der Möglichkeit und Thatsächlichkeit ihres allerdings höchst seltenen Vorkommens zu liefern.

Dies gilt, wie gesagt, nur von ihrem Vorkommen unter den üblichen, normalen Verhältnissen.

Eine ganz andere Frage ist die, ob eine Geburt im Ohnmachtszustande unter abnormen Verhältnissen, wie sie die heimliche Geburt mit sich bringt, etwa häufiger vorkommt? Es ist vor allem die Frage, ob anzunehmen ist, dass eine Ohnmachtsgeburt so häufig oder auch nur annähernd so häufig vorkomme, als der Einwand ihres Vorkommens seitens der des Kindesmordes Angeschuldigten vor Gericht erhoben zu werden pflegt. In der Beantwortung dieser Frage würde zum Theil ein Maassstab für die grössere oder geringere Glaubwürdigkeit liegen, die dem gedachten Einwande im allgemeinen und dementsprechend auch im besonderen Falle beizumessen wäre, und dieser Maassstab ist wiederum nothwendig, damit man, was ich verlange, mit grösserer Objektivität, als es gegenwärtig geschieht, an die Beurtheilung des gegebenen Falles herangehe.

Die Thatsache, dass die Möglichkeit eines solchen Geburtsvorganges überhaupt existirt, überhebt uns eben der Prüfung dieser Frage keineswegs. Denn wenn wir auch annehmen können, dass die Bedingungen, unter denen eine solche Geburt bei gewöhnlichen Verhältnissen zu Stande gekommen ist, bei der heimlichen Geburt in noch erhöhtem Maasse vorhanden sein werden, dass ein solcher Geburtsvorgang also schon aus diesem Grunde bei der heimlichen Geburt leichter und öfter zu Stande kommen könnte, so folgt hieraus noch nicht, dass derselbe hier thatsächlich öfter vorkommt, vor allem nicht, dass er so oft oder auch nur annähernd so oft vorkommt, als der Einwand vor Gericht gemacht wird. Diese Verhältnisse müssen daher erst näher geprüft werden, und ihre Prüfung zu bewerkstelligen, soll in Folgendem unsere Aufgabe sein.

VIII.

Aktenmässige Angaben der heimlich Gebärenden über Art, Zeitdauer und Eintrittszeit der Bewusstlosigkeit im Zeitpunkte des Gebäraktes.

Um die fragliche Häufigkeit der Geburt im bewusstlosen Zustande bei der heimlichen Geburt einer prüfenden Erörterung unterziehen zu können, ist es nothwendig, zunächst festzustellen, wie oft seitens der des Kindesmordes Angeschuldigten überhaupt der Einwand erhoben wird, im bewusstlosen Zustande geboren zu haben.

Dieser Aufgabe näher zu treten, hatte seine ganz besonderen Schwierigkeiten. Denn ein fertiges Material, aus dem die erforderlichen statistischen Notizen hätten entnommen werden können, war als irgendwo vorhanden nicht vorauszusetzen, da es nicht bekannt geworden ist, dass sich Jemand mit obiger Frage nach dieser Richtung hin beschäftigt hat, vielmehr war ziemlich sicher anzunehmen, dass ein solches Material überhaupt nicht existirt.

Um mir dasselbe zu beschaffen, blieb mir daher nur der einzige Weg offen, mich an die Quelle selbst zu begeben, die in dem vorliegenden Falle in den über Kindesmord handelnden Akten zu suchen war.

Selbstverständlich konnte es sich hiebei nur um ein Aktenstudium beschränkteren Umfanges handeln, wenngleich es erwünscht sein musste, dem Gegenstande eine möglichst grosse Basis zu geben. Mein Bestreben war daher zunächst, mich nicht nur auf einen bestimmten Bezirk oder auf eine einzige Provinz zu beschränken, weil dies leicht zu einer einseitigen Beurtheilung der Sache führen konnte, sondern mit meiner Forschung verschiedene Provinzen, wenn möglich die ganze Monarchie zu umfassen. Von einer noch weiteren Ausdehnung war aus leicht ersichtlichen Gründen ganz und gar abzusehen. Als den Zeitpunkt, von welchem ab ich die Akten über den fraglichen Gegenstand erforschen wollte, wählte ich den Eintritt der jüngsten Reorganisation des Gerichtswesens, also den 1. October 1879, weil anzunehmen war, dass von diesem Zeitpunkte ab die bezüglichen Aktenstücke bei den einzelnen Landgerichten gesammelt worden, während sie vordem bei den Einzelgerichten zerstreut gelegen hatten. Ich richtete also mein Augenmerk auf diejenigen Anklagesachen, welche seit dem 1. October 1879 bis zum letzten December 1885, also in einem Zeitraum von über 6 Jahren, wegen Kindesmordes bezüglich fahrlässiger Tödtung des neugeborenen Kindes bei den einzelnen Landgerichten der Monarchie zur Verhandlung gekommen sind.

Ich will hier gleich betonen, dass hiermit nur ein räumlich und zeitlich begrenztes Material beschafft werden sollte, das einen Anspruch auf absolute Vollständigkeit selbstverständlich nicht erheben kann. Denn in diesen Grenzen liegt noch ein anderes, gleichwerthiges Material verborgen, das zu beschaffen mir als ein vergebliches Unternehmen erschien. Ich meine nämlich die ganze Reihe der wegen Kindesmordes geführten Untersuchungssachen, bei denen schon im Ermittelungsverfahren bezüglich in der Voruntersuchung das Vorhandengewesensein einer Ohnmacht im Zeitpunkte der Geburt geltend gemacht war, bei denen es aber gar nicht zur Eröffnung der Voruntersuchung oder des Hauptverfahrens gekommen ist. Denn in solchen Fällen pflegt, wie mir richterlicherseits bestätigt wird, sobald der Einwand der Angeschuldigten, in Ohnmacht geboren zu haben, nur einigermassen begründet erscheint, und selbst von einer auch nur auf fahrlässige Tödtung lautenden Anklage kein Erfolg zu erwarten ist, es zuweilen vorgezogen zu werden, das Verfahren ganz und gar einzustellen. Diese Akten aber zu beschaffen, wäre mit noch weit grösseren Schwierigkeiten verknüpft gewesen, als schon die Beschaffung der Akten derjenigen Strafsachen gewesen ist, in denen es zur gerichtlichen Verhandlung thatsächlich gekommen ist.

Allein ich glaube annehmen zu dürfen, dass die Zahl derjenigen Anklagesachen, in denen das Vorverfahren schon wegen des bezüglichen Einwandes allein eingestellt worden ist, nicht eine sehr erhebliche sein wird, weil in den meisten dieser Fälle sich wenigstens Anhaltepunkte für eine Anklage auf fahrlässige Tödtung zu finden pflegen. Zudem aber konnte es zu meinen Zwecken auch gar nicht darauf ankommen, über sämmtliche, zur gerichtlichen Untersuchung oder auch nur zur gerichtlichen Kenntniss gelangte Fälle von fraglichem Kindesmord oder von heimlicher Geburt überhaupt zu verfügen, vielmehr durfte es in Rücksicht auf die von mir beabsichtigten Feststellungen genügen, nur irgend eine bestimmte Anzahl von bezüglichen Anklagesachen in bestimmter räumlicher und zeitlicher Begrenzung kennen zu lernen. Es sollte nur zunächst das Zahlenverhältniss der erhobenen Einwände zu dem der gerichtlich verfolgten heimlichen Geburten kennen gelernt werden, damit daraus ein Schluss auf die Häufigkeit jener Einwände überhaupt gemacht werden konnte; es handelt sich hier also nicht um einen mathematisch zu führenden Zahlenbeweis, sondern nur um Zahlenverhältnisse, und dazu dürften die thatsächlich zur Verhandlung gelangten Anklagesachen ausreichen.

Im Allgemeinen sind dies Strafsachen, bei denen von Hause aus Anklage auf Kindesmord erhoben war, die also vor dem Schwurgerichte zur Verhandlung gelangt sind; es sind aber auch in der Regel diejenigen Strafsachen mit berücksichtigt, bei denen die Anklage auf fahrlässige Tödtung lautete, und die daher vor der Strafkammer zur Aburtheilung gekommen sind, und somit sind ziemlich alle hier interessirenden Strafsachen in das Bereich unserer Untersuchungen gezogen, die in oben gedachter Zeit in unserer Monarchie vor Gericht sich abgespielt haben.

Es ist klar, dass ich unmöglich in der Lage sein konnte, in alle diese Akten persönlich Einsicht zu nehmen, um die erwünschten Daten und protokollarischen Aufzeichnungen aus denselben zu entnehmen. Allein, Dank dem bereitvollen Entgegenkommen, das ich bei den Königlichen Staatsanwaltschaften, an die ich mich um Auskunft über bestimmte, für vorliegende Zwecke mir wichtig erscheinende Punkte gewandt, im Allgemeinen gefunden habe, gelang es mir, in das gesammte bezügliche Aktenmaterial unserer ostpreussischen Provinz und auch in einen, wenn auch geringeren Theil der Akten aus den übrigen Provinzen persönlich Einblick zu gewinnen, während ich die bezüglichen Notizen aus den übrigen Akten theils durch die Herren Staatsanwälte selbst, theils durch deren Sekretariate erlangt habe.

Mein persönliches Studium hat sich im Ganzen auf 195 Aktenstücke, die mir zur Einsicht vorgelegen haben, erstreckt und zwar auf 143 aus Ostpreussen und auf 52 aus anderen Provinzen.

Ich bin nun in der Weise zu Werke gegangen, dass ich zunächst alle diejenigen Strafsachen ausgesondert habe, bei denen der Einwand der Bewusstlosigkeit im Zeitpunkte des Gebäraktes seitens der Angeschuldigten in irgend einer Form geltend gemacht ist, und aus diesen Akten habe ich kurze, jene Einwände ganz besonders berücksichtigende Auszüge angefertigt, wie sie in den ersten beiden Anhängen*) zu der vorliegenden Arbeit enthalten sind. Während der Anhang I nur Strafsachen aus Ostpreussen enthält, sind im Anhang II in gleicher Weise auch Akten-Auszüge enthalten, die ich, ohne selber Einsicht in die Akten erlangt zu haben, von den einzelnen Staatsanwaltschaften der übrigen Provinzen in grösserer oder geringerer Ausführlichkeit zugestellt erhalten habe. Somit konnte ich insgesammt über 134 Fälle verfügen, in denen also seitens der Angeschuldigten Angaben über ihren Geisteszustand im Zeitpunkte der Geburt in irgend einer Form gemacht sind.

Ich habe diese Angaben meistens wörtlich den Protokollen entnommen, damit sie den Sinn, den sie ausdrücken sollen, völlig unverfälscht wiedergeben. Zur Ermöglichung einer Kontrolle durch die Akten selbst ist jedem einzelnen Falle das Aktenzeichen, bez. das Datum und der Ort der Hauptverhandlung vorgesetzt.

Ehe ich nun auf die Frage der Wahrscheinlichkeit des fraglichen Einwandes näher eingehe, halte ich es für nothwendig, an der Hand der angehängten Aktenauszüge einmal zu prüfen, was die Angeschuldigten mit Bezug auf ihren während des Gebäraktes vorhanden gewesenen Geisteszustand selber angeben. Es ist die Frage, ob sie denn alle, die über ihren Geisteszustand Angaben machen, wirklich ohnmächtig gewesen sind, oder ob sie nicht zuweilen ganz andere Zustände beschreiben, in denen

*) Siehe hinten Anhang I und II.

ihr Geist sich in jenem Momente befunden hat. Es ist demgemäss auch die Frage, ob die Zeitdauer, die sie für ihren angeblichen Ohnmachtszustand angeben, irgendwie der unter üblichen Verhältnissen beobachteten Ohnmachtsdauer entspricht, und endlich, wie sich der Zeitpunkt, den sie für den Eintritt ihres Ohnmachtszustandes angeben, zu dem Gebärakte selbst verhält.

Erst nach Prüfung dieser Vorfragen werden wir in der Lage sein, der uns gestellten Frage näher zu treten.

a) Angaben der Angeschuldigten über die **Art** ihres Geisteszustandes im Zeitpunkte des Gebäraktes.

Aus dem über das Wesen der Ohnmacht vorher Gesagten mögen wir uns hier vergegenwärtigen, dass wir als die am meisten hervorstehenden Eigenschaften der Ohnmacht plötzliche Einbüssung des Bewusstseins und des Gebrauches der Glieder kennen gelernt haben. Wir haben aber auch weiter erfahren, dass dieser Verlust der genannten Funktionen die verschiedensten Abstufungen zeigen kann, doch, wie es schon die physiologische Natur des Zustandes bedingt, in der Weise, dass selbst in den niedrigeren Graden die Störung des Bewusstseins, also die Umnachtung des Geistes, vorwaltet und meistens bereits vorhanden ist, ehe es noch zur Erschlaffung der Glieder gekommen ist.

Gehen wir mit Bezug hierauf die verschiedenen Angaben der einzelnen Angeschuldigten durch, so finden wir, dass allerdings die meisten ihren Zustand, von dem sie sprechen, direkt mit „Ohnmacht“ oder „ohnmächtig werden“ bezeichnen. Sie sagen kurz: Dort wurde ich ohnmächtig und fiel hin (Fall 1), oder: „als ich aus der Ohnmacht erwachte“ (F. 6), „während dessen wurde ich von einer Ohnmacht befallen“ (F. 7.). Andere fügen diesem Ausdruck noch die hervorstehende Eigenschaft der Bewusstlosigkeit hinzu, indem sie sagen: „weil ich damals ohnmächtig und bewusstlos war“ (F. 1). Neben dem Ausdruck „ohnmächtig“ finden wir auch die Bezeichnungen „halbohnmächtig“ (F. 119) und „einer Ohnmacht nahe“, letzteres mit der näheren Erklärung, dass sie (die Angeschuldigte) „ganz von der Welt ab“ gewesen sei (F. 127). Wenn dagegen, wie im Falle 26, zwar von einem „ohnmachtähnlichen Zustande“ die Rede ist, hernach aber die Angeklagte erklärt, „betäubt gewesen zu sein und nicht recht bewusst“ dessen, was sie that, so hat das natürlich mit einer Ohnmacht nichts zu thun.

Ferner wird die Bewusstlosigkeit allein geltend gemacht und ohne weiteres eine Ohnmacht darunter verstanden, wenn es heisst: „zu Boden gestürzt und das Bewusstsein verloren“ (F. 94), oder „durch die Grösse des Schmerzes fast bewusstlos geworden“ (F. 93), oder „in einem schmerzhaften und beinahe bewusstlosen Zustande“ (F. 45).

Wenn dagegen eine Angeschuldigte behauptet, in der Bewusstlosigkeit ihr Kind an die Brust gedrückt zu haben (F. 98), so ist darunter eine Ohnmacht weder zu verstehen, noch von der Angeschuldigten selbst gemeint, da sie vorher selbst sagt, in Folge von Angst und Schreck nur „von Sinnen“ gewesen zu sein. Sie hat dann eben nur etwas in Geistesabwesenheit gethan.

Für „ohnmächtig werden“ giebt es bei uns in Ostpreussen den landläufigen Ausdruck „beschwiemen“; denselben finde ich in dem Fall 20 gebraucht, wo die Angeschuldigte von ihrem „beschwiemten Zustande“ spricht.

Gleichbedeutend mit ohnmächtig und bewusstlos wird die Bezeichnung „besinnungslos“ und „die Besinnung verloren haben“ gebraucht. „Ich musste meine Besinnung verloren haben“, sagt im Fall 75 die Angeschuldigte, aus deren weiteren Aussagen besonders in der Hauptverhandlung hervorgeht, dass sie eine Ohnmacht darunter verstanden hat, und letztere wird, wie in dem Fall 109, ganz klar, wenn sogar die subjectiven Symptome einer Ohnmacht genau beschrieben werden, indem es heisst: „so dass mir vor den Augen wurde, als ob ich nicht sehen konnte, auch hatte ich ein heftiges Brausen vor den Ohren und verlor darauf die Besinnung.“ In anderen Fällen heisst es: „Da ich die Besinnung zu verlieren nahe war“ (F. 18) oder: „hatte keine klare Besinnung“ (F. 110). Trotz der Angabe: „ich befand mich in einem besinnungslosen Zustande“ und weiter: „ich wurde ohne Besinnung“ (F. 111) scheint die letztere ebenfalls nicht ganz geschwunden gewesen zu sein, weil die Angeschuldigte erklärend hinzufügt, sie habe sich des eben geborenen Kindes nur deswegen nicht annehmen können, weil ihre Kräfte sie vollständig verlassen gehabt hätten. Sie meint also mehr ihre physische Kraftlosigkeit. Aehnlich ist der Sinn in dem Fall 53, in welchem die Angeschuldigte ebenfalls angiebt: „und verlor in dem Augenblick die Besinnung", dann aber gleich fortfährt: „Ich war indessen nicht ganz besinnungslos, aber in einem Zustande, dass ich nicht Hand, nicht Fuss rühren konnte, „wie abgeschlachtet", bis sie nach einiger Zeit wieder „zur vollen Besinnung" kam. In dem Fall 100 und 129 würde man in den erstgebrauchten Ausdrucksweisen: „fassungslos", „keine klaren Gedanken gehabt", „verwirrt", einen Ohnmachtszustand nicht vermuthen, wenn die Angeschuldigten nicht in den weiteren Vernehmungen dabei verblieben wären, sie seien „ohnmächtig" resp. „bewusstlos" gewesen. In dem Fall 112 dagegen ist der Sinn der Worte: „ich war ganz ohne Besinnung" nur so aufzufassen, dass die Angeschuldigte nicht recht gewusst hat, was sie that, während in dem Fall 113 trotz ähnlicher Angabe in der Hauptverhandlung doch wenigstens eine Ohnmachtsanwandlung anzunehmen ist, da in der ersten Vernehmung die Vorläufer einer Ohnmacht ganz ausdrücklich in der Schilderung enthalten sind: „Was weiter passirt ist, weiss ich nicht; es wurde mir ganz schwarz vor den Augen und wurde ganz schwindlig."

Als Ohnmacht ferner hat die Angeschuldigte ihren Zustand aufgefasst, wenn sie sagt, dass ihr „die Sinne vergingen" (F. 27 und F. 49); oder: „kann es nicht beschreiben, wie mir jetzt zu Sinnen wurde" (F. 108); weniger sicher dagegen ist diese Auffassung, wenn es heisst, sie sei „ihrer Sinne nicht mächtig" gewesen und habe daher über ihr Thun keine Wissenschaft (F. 85). Am wenigsten aber ist an einen Ohnmachtszustand zu denken, wenn die Angeschuldigte angiebt, in Folge der Schmerzen und geistigen Erregung „völlig sinnlos" gewesen zu sein (F. 72), indem sie selber gleichzeitig zugiebt, gesehen und gehört zu haben, dass das Kind geathmet, und nach vollem Schuldbekenntniss hinzufügt, im Augenblick der Geburt nur nicht gewusst zu haben, was sie gethan.

Eine ganze Reihe von Angaben über den fraglichen Geisteszustand lässt ganz unzweideutig auf eine Ohnmacht oder wenigstens auf einen dieser ähnlichen Zustand schliessen. Derselbe dokumentirt sich theils objektiv durch die Haltung, die der Körper in Folge des plötzlich veränderten Geisteszustandes einzunehmen gezwungen wird, theils subjektiv durch die Beschreibung des letzteren selbst. So hören wir von der Angeschuldigten im Fall 17, dass sie schwindlig wurde und mit ihrem Oberkörper über das Kind fiel, und können aus dieser Angabe folgern, dass sie damit den Eintritt einer Ohnmacht gemeint hat. Dasselbe ist in Fall 33 anzunehmen, in welchem die Angeschuldigte nur angiebt, sie sei gegen den Kasten getaumelt. Aus den folgenden Worten: „wie ich wieder zur Besinnung kam", geht zweifellos hervor, dass jenes Taumeln in einer Ohnmachtsanwandlung seinen Grund gehabt haben soll. Dieselbe Bedeutung ist der Angabe in Fall 104 beizulegen, nach welcher die Angeschuldigte „betäubt zusammengesunken sein", und im Fall 107, in welchem sie nur „umgesunken" sein will. In dem letzteren Falle sagt sie in der Hauptverhandlung ausdrücklich, sie sei „ohnmächtig" geworden.

In der Schilderung der subjektiven Empfindung, ihr, der Angeschuldigten, sei „so wehe und unwohl" geworden (F. 35), würden wir die Annahme, dass sie damit eine Ohnmacht gemeint habe, nicht vermuthen, wenn sie nicht fortführe: „als ich wieder zur Besinnung kam." Auf einen gleichen Zustand ist in den Fällen 65 und 66 zu schliessen, wo es heisst: „von Schmerzen übermannt, dass ich nicht weiss" etc. und „von meinen Schmerzen zu sehr hingenommen." Dagegen wird es schwer, in den wiederholten blossen „Schwindelanfällen", von denen die Angeschuldigte im Fall 114 spricht und aus denen sie erst spät wieder „erwacht" sein will, einen Ohnmachtszustand zu erblicken, wiewohl sie einen solchen in diesem Falle ebensowohl zu verstehen scheint, wie die Angeschuldigte im Falle 71 wenigstens eine Ohnmachtsanwandlung meint, wenn sie sagt, sie sei „von Schwindel befallen" worden und habe sich zu Bett legen müssen, oder die Angeschuldigte im Fall 84 nur „die Anzeichen einer Ohnmacht" bemerkt haben will, so dass sie schleunigst ihre Schlafkammer habe aufsuchen müssen. Jedenfalls wird aber kein Ohnmachtszustand, sondern irgend eine andere geistige Veränderung wohl auch von der Angeschuldigten selbst gemeint, wenn sie, wie im Falle 98, nach der Geburt „wie verdreht", oder wie im Falle 116 „ganz unbesinnlich und verwirrt" gewesen sein will, als sie z. B. ihr lebendes Kind in die Erde scharrte.

Von vielen Angeschuldigten wird das physische Moment der Ohnmacht, die Kraftlosigkeit, noch mehr, als es in den beiden oben angeführten Fällen 111 und 53 geschehen, in den Vordergrund gestellt, wiewohl dabei das psychische Moment, die Bewusstlosigkeit, meistens mit erwähnt wird. Im Falle 12 heisst es: „Ich blieb vor Ermattung liegen,“ dann aber, als sie „aus dieser Ohnmacht erwacht war,“ konnte sie sich „vor lauter Schwäche nicht aufrichten“. Ferner im Falle 43, nachdem die Angeschuldigte in den ersten Vernehmungen nur von Ohnmacht gesprochen, sagt sie in der Hauptverhandlung: „Ich blieb in den Schmerzen mehr todt als lebendig.“ In den folgenden Fällen scheint das Bewusstsein nur getrübt, nicht vollständig aufgehoben gewesen zu sein. Im Falle 70 ist die Angeschuldigte „so schwach gewesen, dass sie ausser Stande gewesen sei, ihre Lage zu verändern,“ im Falle 73 hat sie sich nach ihrer Angabe „in einem solchen Zustande von Erregung und Schwäche befunden, dass sie nicht gewusst, was sie gethan, und sei auf dem Eimer sitzen geblieben,“ im Falle 86 hat sie eine halbe Stunde lang „still im Bett“ liegen müssen, im Falle 87 ist sie angeblich „von heftigem Froste und Krampf“ befallen gewesen, so dass sie dem Kinde keine Hülfe hat leisten können, im Falle 103 will sie vor Schmerzen nicht gewusst haben, „wie ihr war“; sie habe wohl gewusst, dass sie das Kind geboren, auch dass sie grosse Schmerzen hatte, sie sei aber so schwach gewesen, dass sie nicht ins Bett habe gehen können. Endlich heisst es im Falle 101 nur kurz, dass sie „schwach und ohnmächtig“ wurde.

Ob schliesslich diejenigen Angeschuldigten, welche angeben, im Schlafe geboren zu haben, unter diesem Schlafe auch Ohnmacht verstanden wissen wollen, ist nicht in allen Fällen klar. Im Falle 24 sagt die Angeschuldigte bei ihrer ersten Vernehmung: „Ich schlief sodann ein,“ und will beim Erwachen ihr neugeborenes Kind bemerkt haben, spricht aber in allen folgenden Vernehmungen von stattgehabter Ohnmacht; im Falle 23 dagegen zweifelt wohl die Angeschuldigte selbst schon an der Wahrheit dessen, was sie sagt, indem sie erst in der Hauptverhandlung geltend macht, unmittelbar nach dem Gebärakt „entweder in Ohnmacht, oder in festen Schlaf gefallen zu sein,“ während endlich in den Fällen 68, 69 und 96 die Angeschuldigten nur vom Schlaf allein sprechen, indem sie während der Geburt schlafend gelegen haben (F. 96), oder gleich nach der Geburt eingeschlafen sein wollen (F. 68 und 69).

Wo schliesslich gar keine speciellen Angaben über den momentanen Geisteszustand gemacht werden, kann es sich, wie in dem Falle 55, ebensowohl um Ohnmacht handeln, wenn die Angeschuldigte z. B nicht wissen will, wie das Kind von ihr losgekommen, wie es sich in dem Falle 118 und 32 offenbar nicht um eine Ohnmacht gehandelt hat, da im ersteren die Angeschuldigte über ihren Geisteszustand überhaupt nichts wissen will, sich dessen nicht zu erinnern wisse und nur zu glauben erklärt, dass sie dies oder jenes gethan habe, im letzteren aber deswegen nichts wissen will, weil sie vorher Rum und Hoffmannstropfen genossen.

Somit glaube ich, alle diejenigen Angaben, die von den Angeschuldigten über die Art ihres Geisteszustandes im Zeitpunkte des Gebäraktes gemacht worden sind, erschöpfend wiedergegeben zu haben. Wir haben dabei gefunden, dass die meisten Angeschuldigten mit ihren verschiedenartigen Ausdrucksweisen thatsächlich einen Ohnmachtszustand verstanden wissen wollen, während einzelne allerdings eine andere Art von Geisteszustand, eine der Geisteskrankheit nahe kommende Veränderung ihres Geistes oder direkt eine Geisteskrankheit bekunden wollen, in der sie eine bestimmte Handlung noch begangen haben. Diese letzteren werden von unseren Betrachtungen selbstverständlich ebensowohl auszuschliessen sein, wie diejenigen, welche nur einen Schläfzustand geltend machen. Diejenigen jedoch, welche von einem Ohnmachtszustande sprechen oder einen solchen wenigstens bezeichnen wollen, sehen wir meistens die Haupteigenschaften der Ohnmacht, die Bewusstseins- und Bewegungsstörung hervorkehren und die verschiedenen Abstufungen dieser Eigenschaften in ihren Ausdrucksweisen kennzeichnen.

b) Angaben der Angeschuldigten über die **Zeitdauer** ihres veränderten Geisteszustandes im Zeitpunkte des Gebäraktes.

Nach allgemeinen Beobachtungen dauert eine Ohnmacht, wie wir oben erfahren haben, in der Regel von einigen Sekunden oder Minuten bis zu einer halben oder ganzen Stunde. Sie kann aber in Ausnahmefällen auch länger andauern und hat, wie wir aus einem der oben angeführten Beispiele ersehen, sogar auch $1^1/_2$ Stunden angedauert. Ohnmachten von mehreren Stunden pflegt man schon als krankhafte Zustände anzusehen und zur Schlafsucht, Lethargie zu rechnen.

In den im Anhange aufgeführten Fällen finden wir über die Zeitdauer des von den einzelnen Angeschuldigten geltend gemachten Ohnmachtszustandes die verschiedensten Angaben.

Die meisten geben eine bestimmte Zeitdauer nicht an, sondern sagen kurz, sie wüssten es nicht, sie könnten nicht angeben, wie lange sie sich in dem fraglichen Zustande befunden, wie z. B. in den Fällen 13, 30, 37, 40, 47, 51, 61 u. a., oder sie wählen als nächstliegendes Merkmal zur Bezeichnung dieser unbestimmten Zeitdauer den Zustand, in welchem sie das neugeborene Kind bei ihrem Erwachen angetroffen haben, indem sie z. B. sagen: Als ich erwachte, fand ich das Kind todt, oder todt und kalt (eine häufig wiederkehrende Bezeichnung: Fall 1, 3, 21, 24, 35, 44, 52, 54, 74, 109, 114) kalt und steif (F. 115), noch warm (F. 59, 76), noch lebend (F. 20, 89, 99). Nur eine Angeschuldigte gebraucht ihren eigenen Körperzustand zur Bezeichnung dieser unbestimmten Zeitdauer, indem sie angiebt, dass sie erst zur Besinnung gekommen sei, als sie Frost verspürt habe (F. 74). Viele geben wenigstens bestimmte Tages- und Nachtzeiten an, in denen der Ohnmachtszustand eingetreten sei, bezüglich aufgehört habe, so dass man aus diesen Zeiträumen die jeweilige Zeitdauer oft leicht berechnen kann. So soll im Falle 7 die Ohnmacht gegen Mitternacht eingetreten sein, während die Angeschuldigte erst etwa $1^1/_2$ Stunden vor Tagesanbruch (des 6. April) erwacht sein will, was eine Zeitdauer von 3—4 Stunden abgeben würde. Aehnlich will die Angeschuldigte im Falle 76 bald nach Mitternacht in Ohnmacht gefallen und erst erwacht sein, „als es schon etwas Morgendämmerung (es war am 26. Mai) war,“ was ungefähr eine gleiche Zeitdauer, wie in dem vorigen Falle, abgeben würde. In gleicher Weise will die Angeschuldigte im Falle 109 „in der Nacht,“ wie sie sich ganz unbestimmt ausdrückt, ohnmächtig geworden sein und müsse sie in diesem Zustande, wie sie selber sagt, „recht lange gelegen haben“, denn als sie aufwachte und die Augen aufschlug, sei es „schon ganz hell“ gewesen. Es war dies allerdings, beiläufig gesagt, eine August-Nacht, bei der man daher nur wenige Stunden in Anschlag zu bringen hat. Für solche unbestimmte Zeitangaben liessen sich noch mehrere Beispiele anführen, indem sich die Ohnmacht bald zwischen Dämmerung und eingetretener Dunkelheit (Fall 123), bald zwischen Nacht und Morgen (Fall 122), bald zwischen Morgen und hellem Tage (Fall 50) abgespielt haben soll.

Etwas bestimmter lauten diejenigen Angaben, die wenigstens den einen Zeitpunkt nach der Uhr bestimmen, wie z. B. in den Fällen 12 und 114, wo als Eintritt des Ohnmachtszustandes die 9. resp. 10. Abendstunde und für das Erwachen allerdings das Morgengrauen angegeben werden.

Noch bestimmter werden die Angaben, wenn sowohl für den Eintritt, als auch für das Aufhören der Ohnmacht die Zeit nach der Uhr angegeben wird. So finden wir in dem Falle 2 die Zeit von 12 Uhr Nachts bis 3 Uhr Morgens, also 3 Stunden, in dem Falle 24 die Zeit von 2—5 Uhr, also ebenfalls 3 Stunden, und im Falle 25 die Zeit zwischen $3^1/_2$ und kurz vor 4 Uhr, also weniger als eine halbe Stunde angegeben.

Diejenigen Angeschuldigten, welche die Zeitdauer für ihren Ohnmachtszustand selber abschätzen, drücken sich entweder unbestimmt aus, indem sie die Ausdrücke „längere Zeit" (F. 5, 82), oder „nach einiger Zeit" (F. 38, 126), oder „nach einer Weile" (F. 1) gebrauchen, oder sie bedienen sich der üblichen Zeitmaasse und geben die Dauer der Ohnmacht auf „mehrere Minuten" (F. 57), „eine Viertelstunde" (F. 53), „eine halbe Stunde" (F. 4, 58, 86, 100, 107), „länger als eine halbe Stunde" (F. 59), „eine Stunde" (F. 94), „wohl eine Stunde" (F. 111), „zwei Stunden" (F. 106) und „vielleicht einige Stunden" (F. 54) an.

Aus einzelnen Beschreibungen endlich, die die Angeschuldigten von den Umständen geben, unter denen der ganze Ohnmachtszustand verlaufen sei, können wir auf eine relativ kurze, vielleicht nur einige Minuten währende Zeitdauer desselben schliessen. Dies dürfte besonders in den Fällen zutreffen, in denen es sich um wiederholte, kurz auf einander folgende Ohnmachten gehandelt haben soll, wie in dem Falle 9, wo die Angeschuldigte „aus einer Ohnmacht in die andere" gefallen sein will, sowie in den Fällen 3, 12, 30 und 38. Vornehmlich aber dürfte dies der Fall sein, wo es sich der Beschreibung nach nur um Ohnmachtsanwandlungen, um ein „Taumeln", ein „Schwindligwerden" und dergleichen ähnliche Erscheinungen gehandelt hat, wie in dem Falle 33, in welchem die Angeschuldigte vom Nachtstuhl, in welchen hinein sie eben geboren hatte, sich emporrichtete und gegen den Kasten, an welchem das Nachtgeschirr stand, taumelte, dann, zur Besinnung gekommen, merkte, dass sie aufgestanden war. Eine solche Ohnmacht kann in der That nur Sekunden gedauert haben.

So finden wir auch bei diesen Angaben die verschiedensten Abstufungen mit Bezug auf die Zeitdauer des fraglichen Ohnmachtszustandes geltend gemacht. Wir finden entsprechend der allgemeinen Erfahrung eine Ohnmachtsdauer von wenigen Sekunden bis zu einer halben und ganzen Stunde; wir finden aber auch, entgegen den üblichen Erfahrungen, mehrfach eine Ohnmachtsdauer von mehreren Stunden angeführt oder Zeiträume bezeichnet, deren Dauer der letzteren gleichkommt.

Dass jedoch dieser letztere Umstand der allgemeinen Erfahrung nur scheinbar widerspricht, soll weiter unten erörtert werden.

c) Angaben der Angeschuldigten über die **Eintrittszeit** ihres Ohnmachtszustandes mit Bezug auf den stattgehabten Gebärakt.

Die Zeit des Eintrittes der Ohnmacht wird meistens an Vorgänge geknüpft, die den begonnenen Gebärakt bereits erkennen lassen und wohl auch von den Angeschuldigten als zum Geburtsvorgang gehörig gedeutet werden. In der Regel sind es die Schmerzen, die als letztes Merk- oder Erinnerungszeichen angeführt werden, unter welchen die Ohnmacht eingetreten sei, und die Angeschuldigten sprechen in solchem Falle schlechtweg von Schmerzen, oder sie bezeichnen sie direkt als „Geburtsschmerzen“ oder „Wehen.“ „Sodann bekam ich Wehen und wurde ohnmächtig, so dass ich von nichts wusste“, heisst es im Falle 2. Da die Angeklagte aber weiter hinzufügt, dass sie sich noch erinnere, das Kind schreien gehört zu haben, so dürfen wir folgern, dass die Ohnmacht unmittelbar nach Ausstossung des Kindes eingetreten sei oder vielleicht noch während der Ausstossung des Kindes begonnen habe, so dass der Angeschuldigten von dem ganzen Gebärakt nur noch der Schrei des Kindes in Erinnerung geblieben ist. In gleicher Weise giebt die Angeschuldigte in Fall 3 an, in Folge starker Schmerzen sich nur noch bis ins

Roggenfeld geschleppt zu haben und dort bewusstlos geworden zu sein. Von der ganzen Entbindung will sie nichts gemerkt und, als sie aus der Ohnmacht erwacht sei, das Kind bereits todt und kalt gefunden haben. Ebenso sagt die Angeschuldigte im Fall 13, sie habe heftige Kreuzschmerzen bekommen und sei bald darauf ohnmächtig geworden; bei ihrem Erwachen, sie wisse nicht, nach wie langer Zeit, habe sie das neugeborene Kind bereits zwischen ihren Schenkeln gefunden. Die Angeschuldigte im Fall 31 stand wegen der grossen Schmerzen aus dem Bette auf, stellte sich an den Ofen und fiel plötzlich besinnungslos nieder; als sie erwachte, fand sie das Kind todt neben sich in einer Blutlache liegen. Aus ihrer Angabe in der Hauptverhandlung, sie sei von der Geburt überrascht worden und in Ohnmacht gefallen, ist ebenfalls zu folgern, dass die Ohnmacht wohl gleichzeitig mit der Geburt des Kindes eingetreten ist. So finden wir noch vielfach die Schmerzen, in den Fällen 12 und 60 mit einem „Platzen oder Knallen im Leibe", im Falle 94 mit einem „heftigen Krampfanfall" verglichen, als Ausgangspunkt der Ohnmacht angeführt, und können in allen diesen Fällen mit Sicherheit annehmen, dass es sich bereits um die Geburtsschmerzen und zwar in den meisten Fällen wohl um die **letzten** Geburtsschmerzen, mit denen der eigentliche Gebärakt gleichzeitig beendigt worden, gehandelt hat.

Ein anderes Merkmal, welches vielfach benutzt wird, um den Zeitpunkt des Eintrittes der Ohnmacht zu kennzeichnen, bildet der Drang zum Verrichten der Nothdurft. „Ich setzte mich auf die Erde, um zu uriniren, währenddessen wurde ich von einer Ohnmacht befallen." und als sie dann aus dieser Ohnmacht erwachte, will sie bemerkt haben, dass die Geburt vor sich gegangen war (F. 7). Oder, durch ein Gefühl zum Verrichten der Nothdurft getrieben, sei sie auf die Retirade gegangen. „Ich setzte mich auf die Brille und wurde ohnmächtig," oder wie es in der zweiten Vernehmung vollständiger heisst: „Als ich eine Weile auf demselben sass, fiel ich zur Seite und wurde ohnmächtig. Als ich wieder zum Bewusstsein kam, fühlte ich, dass ich geboren hatte" (F. 16). Sie hörte das Kind schreien, und aus diesem und dem Umstande, dass das Kind noch lebend aus der Retirade herausgeholt wurde, ist leicht zu folgern, dass die

Geburt soeben erst vor sich gegangen, die Ohnmacht also gleichzeitig mit der Ausstossung des Kindes bei dem vermeintlichen Stuhldrang eingetreten war. Aehnlich giebt in dem Falle 40 die Angeschuldigte an, zur Befriedigung ihres Bedürfnisses sich über einen Eimer gestellt zu haben. „Ich hatte mein Bedürfniss noch nicht befriedigt, als ich plötzlich ohnmächtig wurde und über den Eimer fiel.“ Als sie sich von ihrer Ohnmacht erholt hatte, fand sie das Kind im Eimer. — Aus allen diesen Fällen geht klar hervor, dass bei dem vermeintlichen Verrichten der Nothdurft nicht diese verrichtet, sondern das Kind herausgestossen wurde, dass also der Eintritt des Ohnmachtszustandes mit dem des Gebäraktes zusammengefallen ist.

In einzelnen Fällen sind indessen die Angaben der Angeschuldigten über die Eintrittszeit der Ohnmacht so allgemein gehalten, dass man kaum erkennen kann, in welchem Stadium der Gebärakt zu jener Zeit sich befunden. Von den Angaben, in welchen ein Schlafzustand bei dem Vorgange des Gebäraktes geltend gemacht wird, wie in den Fällen 24 und 96, in denen es heisst: „Ich schlief sodann ein“ und „beim Erwachen fand ich, dass ich ein Kind geboren,“ oder, die Geburt sei erfolgt, während die Angeklagte schlafend auf einem Kasten gelegen, darf ich wohl als nicht in das Gebiet unserer Betrachtungen gehörig absehen. In den anderen Fällen dagegen, in welchen der Gebärakt während eines wirklichen Ohnmachtszustandes stattgefunden haben soll, in welchem es aber ebenso allgemein heisst (F. 39): „In der Nacht, als meine Niederkunft erfolgte, war ich bewusstlos,“ oder (F. 80): „Dass ich entbunden worden, merkte ich erst nach der Entbindung,“ „während welcher Zeit“ sie ohnmächtig gewesen sein will: in allen diesen Fällen ist meistens aus den begleitenden Umständen zu entnehmen, dass der Gebärakt längst begonnen hatte und gleichzeitig mit dem Eintritt der Ohnmacht vollendet worden ist.

In weit bestimmterer Weise werden dagegen die meisten Angaben über die Eintrittszeit der Ohnmacht direkt auf ein bestimmtes Stadium des Geburtsvorganges bezogen, indem die Angeschuldigten ausdrücklich angeben, kurz vor, während, nach, gleich oder unmittelbar nach der Entbindung ohnmächtig geworden zu sein. „Während der Entbindung,“ sagt die Angeschuldigte im Fall 4, „wurde ich ohnmächtig und weiss nicht, was mit mir vorgegangen ist. Als ich nach etwa einer halben Stunde erwachte, war das Kind bereits geboren“. Da sie noch gemerkt haben will, dass das Kind „während der Geburt lebte“, so ist anzunehmen, dass die Ohnmacht zugleich (wenn sie unter „lebte“ vielleicht nur die Kindesbewegungen im Mutterleibe verstanden haben sollte), oder erst unmittelbar nach der Entbindung (wenn sie Lebenszeichen an dem bereits geborenen Kinde bemerkt haben wollte) eingetreten ist. Die Angeschuldigte im Fall 51 sagt, sie sei hinten übergefallen, „es kam auch gleich das Kind, und verlor ich dabei die Besinnung“, also ebenfalls im Momente des Gebärens. In den Fällen 77 und 78 wollen die Angeschuldigten „vor und bei Eintritt der Entbindung“ resp. „bei Beginn derselben“ die Besinnung verloren haben, in den Fällen 82 und 83 „im Momente des Gebäraktes“, in den Fällen 87 und 90 „während“ resp. „mit Beginn“ desselben. Die Angeschuldigte im Falle 107 bezeichnet uns das Stadium des Gebäraktes ganz genau, indem sie gerade in dem Momente umgesunken sein will, „als der Kopf des Kindes herausgekommen“, die Angeschuldigte im Falle 123 sogar, „als die Hälfte des Kopfes herausgetreten gewesen“ und sie denselben angefasst habe, um das Heraustreten zu erleichtern. In gleicher Weise wollen die Angeschuldigten in den Fällen 29, 76, 97 und 123 bei dem Versuch, sich selbst zu entbinden, ohnmächtig geworden sein.

Diese Fälle, in denen die Angeschuldigten zwar noch die positiven Merkmale der begonnenen Ausstossung des Kindes aus dem Mutterleibe percipirten, dann aber ohnmächtig wurden und von dem weiteren Geburtsvorgange nichts mehr empfanden, können uns nur in der vorher gemachten Annahme bestärken, dass es sich in denjenigen Fällen, in denen sie auch diese Merkmale nicht mehr wahrnahmen, um ein gleichzeitiges Eintreten von Ohnmachtszustand und Ausstossung des Kindes handelte.

Weit häufiger noch ist die Angabe, dass die Ohnmacht unmittelbar nach der Entbindung eingetreten sei. In den Fällen 20, 26, 53, 134 fühlten die Angeschuldigten noch, wie das Kind den Mutterleib verliess, während sie in demselben Augenblicke ohnmächtig wurden. Andere geben kurz an oder lassen aus ihren Aussagen erkennen, dass sie nach der Geburt, gleich oder sofort oder unmittelbar nach derselben, in Ohnmacht gefallen seien, indem sie noch Einzelheiten über das Ende des Geburtsvorganges selber anzugeben wissen, oder wenigstens behaupten, das eben geborene Kind noch kurz vor Eintritt der Ohnmacht bemerkt oder selbst schreien gehört zu haben (F. 27).

Endlich geben einzelne Angeschuldigte an, erst bei irgend einer Körperbewegung nach stattgehabter Geburt, oder beim Vollführen irgend einer Manipulation mit dem bereits geborenen Kinde, ohnmächtig geworden zu sein. In dem Falle 33 war die Angeschuldigte von dem Nachtgeschirr, in das hinein sie geboren hatte, eben aufgestanden, als sie ohnmächtig gegen den Kasten taumelte. Im Falle 66 lief die Angeschuldigte, nachdem sie auf dem Abtritt geboren hatte, noch einige Schritte bis zur Thüre des Klosets und stürzte dann ohnmächtig zusammen. Im Falle 99 will die Angeschuldigte beim Abgang der Nachgeburt sich aufgerichtet haben, um einen Faden zur Unterbindung der Nabelschnur, die sie selber mit einem Messer durchtrennt hatte, zu holen, als sie plötzlich ohnmächtig ins Bett zurückgefallen sei. Die Angeschuldigte im Falle 5 will erst das schreiende Kind in einen Kittel gewickelt haben und hierauf mit dem Kinde zur Erde gefallen sein. Im Falle 17 musste die Angeschuldigte, um das Kind ins Bett zu legen, auf einen $1^1/_2$ Fuss hohen Tritt steigen. Kaum habe sie dies gethan gehabt, als sie schwindlig geworden und mit ihrem Oberkörper über das Kind gefallen sei. Desgleichen will die Angeschuldigte in Fall 130 erst beim Fortlegen des Kindes, die Angeschuldigten in den Fällen 97 und 131 sogar bei Vollführung der Mordthat, indem sie das eben geborene Kind durch Messerschnitt zu tödten, resp. zu erwürgen suchten, ohnmächtig geworden sein. Im Fall 94 endlich soll die Ohnmacht erst nach vollbrachter Mordthat eingetreten sein.

Bei Betrachtung der Angaben über die Eintrittszeit der Ohnmacht finden wir somit, dass es kaum ein Stadium des Gebäraktes zu geben scheint, in welchem Ohnmacht nicht eintreten könnte; vielmehr wird von den Angeschuldigten in gleicher Weise behauptet, dass die Ohnmacht vor oder kurz vor, wie auch während oder nach dem Gebärakte eingetreten sei.

Diese letztere Thatsache dürfte bei unseren weiteren Betrachtungen ganz besonders zu berücksichtigen sein. - Denn da wir der uns gestellten Aufgabe gemäss nur die Frage zu erörtern haben, ob der Gebärakt thatsächlich der Art vor sich gehen könne, dass in Folge eingetretener Ohnmacht die Gebärende von dem Geburtsvorgange nichts empfunden habe, so dürften, wenn wir uns streng an unser Thema halten wollen, auch nur diejenigen Behauptungen der Angeschuldigten in Betracht gezogen werden, nach welchen die Gebärenden von dem ganzen Gebärakte kein Bewusstsein gehabt haben wollen. Es wären dies also nur die Fälle, in welchen dieselben behaupten, vor und während des Gebäraktes bewusstlos geworden zu sein, während diejenigen Fälle, in denen die Ohnmacht angeblich erst im Moment der Geburt oder unmittelbar nach derselben eingetreten ist, nur insofern in Betracht kommen dürften, als die Gebärenden ebenfalls angeben, davon, dass das Kind bereits geboren, kein Bewusstsein resp. keine spätere Erinnerung mehr gehabt zu haben.

Allein die übrigen Angaben, nach welchen die Ohnmacht oft erst nach vollständig vollendetem Gebärakte eingetreten sein soll, können, wie wir weiter unten sehen werden, nicht ganz unberücksichtigt bleiben; einmal sind sie für die forensische Praxis insofern von grösster Wichtigkeit, als sie vor Gericht fast noch häufiger geltend gemacht werden, als die ersteren, und im Allgemeinen allerdings auch ebensowenig Anerkennung finden, wie diese; zweitens werden sie bei Erörterung der ersteren Angaben nicht gut umgangen werden können, da sie mit diesen eng zusammenhängen.

Wir werden daher in weiterem auch diese Angaben über Ohnmacht nach vollendeter Geburt so weit, als es für unsere Zwecke nothwendig erscheinen wird, mit berücksichtigen.

IX.

Die Wahrscheinlichkeit der vor Gericht behaupteten Gebäraktsohnmacht.

Nachdem ich an der Hand der Aktenauszüge dargethan, was die Angeschuldigten mit Bezug auf ihren Geisteszustand während des Gebäraktes vor Gericht behaupten, und gefunden, dass sie beim Geltendmachen ihres veränderten Geisteszustandes in den meisten Fällen einen Ohnmachtszustand verstanden wissen wollen, auch die Zeitdauer dieses Zustandes meistens annähernd conform anderweitigen Beobachtungen über Ohnmachtszustände angeben und mit Bezug auf die Eintrittszeit derselben vielfach behaupten, thatsächlich während des ganzen Gebäraktes ohnmächtig gewesen zu sein, will ich der weiteren Frage näher zu treten versuchen, ob und wieweit diesen letzteren Behauptungen eine grössere oder geringere Wahrscheinlichkeit beizumessen sei.

Es kann selbstverständlich nicht in meiner Absicht liegen, diese Erörterungen etwa in der Weise führen zu wollen, dass ich die einzelnen Fälle auf ihre Wahrscheinlichkeit prüfe: das ist selbst bei der mündlichen Verhandlung oft nicht möglich, geschweige auf Grund eines nur fragmentarischen Aktenmaterials. Es würde dies auch gar nicht viel nützen; denn gesetzt, ich fände wirklich einige Fälle, die eine gewisse grössere Wahrscheinlichkeit der bezüglichen Angaben für sich hätten, so würde man aus ihnen noch nicht auf eine grössere allgemeine Wahrscheinlichkeit ihres Vorkommens schliessen dürfen. Vielmehr soll hier eine Summe von Fällen, die unter gleichen Verhältnissen sich zugetragen haben, auf ihren Gehalt an den oben bekannt gegebenen, zur Entstehung einer Gebäraktsohnmacht nothwendigen Bedingungen geprüft werden, um aus den sich ergebenden Zahlenverhältnissen auf die fragliche Wahrscheinlichkeit schliessen zu können.

a) Frequenz der Behauptungen vor Gericht, dass die Geburt in einer Ohnmachtsbewusstlosigkeit vor sich gegangen sei.

Zunächst liegt mir daran, festzustellen, wie oft seitens der Angeschuldigten vor Gericht die Behauptung aufgestellt wird, in einer Ohnmacht geboren zu haben, so dass ihnen ein Bewusstsein von dem stattgehabten Gebärakt nicht geblieben sei.

Uebersicht I.

No.	Landgericht	Zahl der verhandelten Strafsachen v. 1/10.1879 bis Ende 1885	Einwand der Ohnmacht, resp. Bewusstlosigkeit		Zahl der Einwände überhaupt		
			während der Geburt	nach der Geburt			
1	Allenstein	28	7	4	11		
2	Bartenstein	21	3	5	8		
3	Braunsberg	10	1	4	5		
4	Insterburg	30	1	6	7		
5	Königsberg	29	7	3	10		
6	Lyck	17	3	2	5		
7	Memel	11	5	2	7		
8	Tilsit	19	7	2	9		
		165	34	28	62		

Ich habe zu diesem Zwecke vorstehende Uebersicht zusammengestellt, welche sämmtliche in Ostpreussen in dem genannten Zeitraume zur Verhandlung gekommene Strafsachen wegen Kindesmordes bezw. wegen fahrlässiger Tödtung des neugeborenen Kindes umfasst, und wir ersehen aus derselben, dass in der gedachten Zeit über 165 Angeklagte verhandelt worden ist. Von diesen 165 Angeklagten haben 62 bei ihren Vernehmungen überhaupt Angaben über ihren Geisteszustand im Zeitpunkte der Geburt gemacht, und zwar haben, wie sowohl aus dieser Uebersicht, als gleichzeitig auch aus den Aktenauszügen im Anhange I hervorgeht, 34 Angeklagte behauptet, während des Gebäraktes und 28 erst nach demselben ohnmächtig resp. bewusstlos gewesen zu sein.

Schon diese Zahlen widerlegen die vorher erwähnte, unter Aerzten und Richtern noch vielfach bestehende Ansicht, dass der Einwand einer während des Gebäraktes eingetretenen Bewusstlosigkeit von den meisten Beschuldigten erhoben werde, aufs unzweideutigste; denn diese 34 Angeklagten bilden nur etwa den fünften Theil aller derjenigen, die zur Aburtheilung gelangt sind und etwa die Hälfte aller derjenigen, die Angaben über ihren Geisteszustand im Zeitpunkte des Gebäraktes überhaupt gemacht haben. Allein auch diese Zahlen entsprechen der Wirklichkeit noch keineswegs.

Wir haben gesehen, dass viele Angeklagte mit ihren Angaben gar nicht einen Ohnmachtszustand, sondern eine andere Veränderung ihres Geisteszustandes, wie Schlaf, Aufregung, Verwirrtheit und ähnliche Zustände, bezeichnet wissen wollen, und sehen wir uns selbst die einzelnen Fälle, in denen ein wirklicher Ohnmachtszustand während des Gebäraktes geltend gemacht worden, etwas näher an, so werden wir aus den weiteren Angaben der Angeklagten vielfach klar erkennen, dass sie gar nicht während des Gebäraktes, sondern erst bei der Ausstossung des Kindes oder unmittelbar nach derselben das Bewusstsein verloren haben. In einzelnen Fällen gestehen sie dieses bei ihren weiteren Vernehmungen sogar ausdrücklich ein. Wollen wir daher feststellen, wie viele Angeklagte faktisch eine während des Gebäraktes stattgehabte Ohnmacht behauptet haben, so müssen wir jene Fälle aus den genannten 34 Fällen noch aussondern; dann erst werden wir ein der Wirklichkeit entsprechendes Zahlenverhältniss erhalten.

Mit Rücksicht auf die Wichtigkeit dieser Thatsache will ich das eben Gesagte an den bezüglichen Fällen erläutern.

Die 34 über Ohnmacht während des Gebäraktes gemachten Angaben sind in den durch ihre besondere Rubricirung markirten Fällen des Anhangs I enthalten. Es ist demnach vorweg der Fall 32 auszusondern, in welchem die Angeschuldigte nur in Folge

Schnapsgenusses von den Einzelheiten des Gebäraktes nichts zu wissen vorgiebt, also überhaupt gar nicht ohnmächtig gewesen ist.

Im Falle 2 erinnert sich die Angeschuldigte noch, das Kind schreien gehört zu haben, widerspricht damit also selber ihrer eben gemachten Angabe, von nichts gewusst zu haben.

Im Falle 4 hat die Angeschuldigte noch gemerkt, dass das Kind während der Geburt lebte, widerspricht also ebenfalls ihrer früheren Angabe, nicht gewusst zu haben, was mit ihr vorgegangen sei.

Im Falle 7 gesteht die Angeschuldigte in den weiteren Vernehmungen ein, erst nach der Geburt ohnmächtig geworden zu sein.

Im Falle 12 hatte die Angeschuldigte gleich zu Anfang angegeben, nach der Geburt des Kindes nur vor Ermattung liegen geblieben zu sein. Erst später giebt sie an, unter einem Gefühl von Platzen und Knallen im Leibe, also wohl während der Ausstossung des Kindes, ohnmächtig geworden zu sein.

Im Falle 24 will die Angeschuldigte eingeschlafen sein und glaubt sie nur annehmen zu sollen, dass sie ohnmächtig gewesen sei.

Im Falle 42 wird anfangs nichts von Ohnmacht erwähnt, dann nicht gewusst, wie lange das Kind gelebt hat, dann Ohnmacht behauptet, dann die vorsätzliche Erstickung des Kindes eingeräumt, dann alles widerrufen. Aus solchem Gewirr widersprechender Angaben ist die Eintrittszeit der Ohnmacht, wenn diese überhaupt vorhanden gewesen, gar nicht zu bestimmen.

Im Fall 43 sagt die Angeschuldigte: „Im Augenblick, als das Kind kam, wurde ich ohnmächtig,“ bekundet also damit, die Ausstossung des Kindes noch empfunden zu haben.

Im Falle 44 behauptet die Angeschuldigte anfangs, während der Geburt, dann, erst beim Durchtrennen der Nabelschnur ohnmächtig, dann wieder, während der Geburt und schliesslich, gar nicht ohnmächtig gewesen zu sein.

Im Falle 49 will die Angeschuldigte nach der Geburt nur zu schwach gewesen sein, um aufzustehen.

Im Fall 51 sagt sie: „Es kam auch gleich das Kind und verlor ich dabei die Besinnung,“ auch will sie verspürt haben, wie sich aus den Geschlechtstheilen etwas hinausschob.

Im Falle 56 will die Angeschuldigte „ganz besinnungslos" geworden sein, ihre Schmerzen aber und das Schreien willkürlich unterdrückt haben, damit die Anwesenden von der Geburt nichts merkten. Sie nennt ihren bezüglichen Geisteszustand auch nur einen „Taumel".

Im Falle 60 endlich gesteht die Angeschuldigte ein, die Besinnung nicht verloren gehabt zu haben, ihr sei nur „sehr dumm" gewesen.

Diese 13 Fälle sind also von den vorher erwähnten 34 Fällen noch in Abzug zu bringen, so dass thatsächlich nur 21 Fälle bleiben, in denen der Einwand, während des Gebäraktes ohnmächtig gewesen zu sein, von den Angeschuldigten nicht nur gemacht, sondern auch aufrecht erhalten worden ist, und diese 21 Angeschuldigten bilden somit nur etwa den achten Theil aller zur Aburtheilung gelangten Angeklagten, und sogar nur den dritten Theil aller derjenigen, die einen Einwand von Bewusstlosigkeit im Zeitpunkte des Gebäraktes vor Gericht überhaupt geltend gemacht haben.

Aehnlich ist das Resultat, das ich aus dem Aktenmaterial der übrigen Provinzen gewonnen habe.

Hier muss ich vorausschicken, dass die Zahlen, die ich hierbei gewonnen, auf eine gleiche Vollständigkeit, wie die vorigen, nicht Anspruch machen können.

Ich habe schon erwähnt, dass ich nur in einen Theil der Akten aus den übrigen Provinzen persönlich Einblick zu gewinnen in der Lage war; ich war daher auf die Notizen angewiesen, wie sie mir durch die Herren Staatsanwälte und deren Sekretariate zugewendet worden sind, und habe zudem nicht von allen Landgerichten der einzelnen Provinzen die erwünschte Auskunft zu erhalten vermocht. Da in den meisten Notizen jedoch, die mir zugestellt worden sind, möglichst auseinander gehalten worden ist, ob die Bewusstlosigkeit angeblich schon mit dem Beginn des Gebäraktes, oder erst nach demselben eingetreten sei, so bin ich in der Lage gewesen, diesem Umstande auch in der umstehenden Uebersicht Rechnung zu tragen.

Uebersicht II.

No.	Provinz	mit Ausnahme der Landgerichte	Zahl der verhandelten Strafsachen	Einwand der Ohnmacht, resp. Bewusstlosigkeit während	nach der Geburt	Unbestimmt	Zahl der Einwände überhaupt
1	Berlin Stadt		9	—	4	—	4
2	Brandenburg		62	6	13	—	19
3	Hannover	Hannover	63	8	9	—	17
4	Hess.-Nassau	Wiesbaden	29	—	3	—	3
5	Pommern		50	10	6	—	16
6	Posen		113	21	14	1	36
7	Rheinprovinz		82	7	15	10	32
8	Sachsen	Halle	50	10	6	—	16
9	Schlesien	Liegnitz und Schweidnitz	139	8	23	3	34
10	Schleswig-Holstein	Kiel	24	4	4	—	8
11	Westphalen	Bielefeld[1]) u. Münster	26	4	8	—	12
12	Westpreussen	Graudenz, Elbing, Konitz, Thorn[2])	15	2	4	—	6
			662	80	109	14	203

[1]) In Bielefeld sind zwölf Strafsachen verhandelt worden, es fehlt aber die Zahl der erhobenen Einwände.

[2]) Dasselbe gilt von Thorn, wo 20 Strafsachen verhandelt worden sind.

Aus dieser Uebersicht geht hervor, dass in den übrigen Provinzen der Monarchie einschliesslich der Stadt Berlin, jedoch mit Ausnahme der in der Rubrik 3 verzeichneten Landgerichte, von denen ich Notizen nicht erhalten habe, in dem gedachten Zeitraume 662 Strafsachen wegen Kindesmordes bezüglich wegen fahrlässiger Tödtung des neugeborenen Kindes zur Verhandlung gekommen sind. Von diesen 662 Angeklagten haben 203 überhaupt Angaben über ihren Geisteszustand im Zeitpunkte des Gebäraktes gemacht, und zwar haben 80 behauptet, während des Gebäraktes, 109, nach demselben ohnmächtig gewesen zu sein, und bei

14 Angeklagten sind in dieser Beziehung bestimmte Angaben aus den Akten nicht zu entnehmen gewesen.

So sehen wir auch hier die 80 Angeklagten, welche während des Gebäraktes ohnmächtig gewesen zu sein behauptet haben, ebenfalls nur den achten Theil aller derjenigen bilden, deren Sache zur gerichtlichen Verhandlung gelangt ist, und weniger als die Hälfte aller derjenigen, die Angaben über ihren Geisteszustand im Zeitpunkte des Gebärens überhaupt gemacht haben.

Eine Richtigstellung dieser Zahlen in ähnlicher Weise, wie es bei den für die Provinz Ostpreussen gefundenen geschehen ist, kann wegen der erwähnten Unvollständigkeit des Materials nicht geschehen.

Allein von 28 in nachstehender Uebersicht verzeichneten Landgerichten sind mir zum Theil ausführlichere Auszüge aus den bezüglichen Akten zugegangen, zum Theil haben mir die Akten selbst zur persönlichen Einsicht vorgelegen. Die Resultate dieser Aktenauszüge sind in den 72 Fällen des Anhanges II niedergelegt, und diese setzen mich in die Lage, eine ähnliche Richtigstellung wenigstens zu versuchen.

Siehe Uebersicht III auf der folgenden Seite.

Vor diesen 28 Landgerichten sind, wie aus der bezeichneten Uebersicht zu ersehen ist, in dem gedachten Zeitraume 276 bezügliche Strafsachen verhandelt worden, in denen also 72mal der Ohnmacht überhaupt Erwähnung gethan ist, und zwar 30mal in der Weise, dass behauptet worden ist, sie sei schon während des Gebäraktes eingetreten oder eingetreten gewesen, und 42mal, sie habe erst nach demselben stattgefunden.

Sehen wir uns nun die Angaben in den gedachten 30 Fällen in gleicher Weise wie vorhin genauer an, so finden wir auch hier wieder 16 Fälle (und zwar die Fälle 75, 77, 80, 87, 91, 94, 96, 106, 110, 111, 115, 118, 119, 122, 124 und 130), in denen es sich entweder gar nicht um Ohnmacht gehandelt hat, oder in denen eingestanden wird, dass die Ohnmacht erst später eingetreten sei, die also in gleicher Weise, wie die vorher erwähnten 13 Fälle in Abzug zu bringen sind. Es bleiben alsdann nur 14 Fälle übrig, in denen die Behauptung der Ohnmacht während des Gebäraktes bestehen bleibt, was auf 276 überhaupt zur Verhand-

Uebersicht III.

No.	Landgerichte	Zahl der verhandelten Strafsachen	Einwand der Ohnmacht resp. Bewusstlosigkeit während dem Gebärakte	Einwand der Ohnmacht resp. Bewusstlosigkeit nach dem Gebärakte	Zahl der Einwände überhaupt	Zahl der nicht im Anhang II enthaltenen Fälle	Provinz
1	Berlin I	9	—	4	4	—	Brandenburg
2	Berlin II	17	1	4	5	—	"
3	Cottbus	5	—	1	1	—	"
4	Frankfurt a/O.	5	—	3	3	—	"
5	Guben	10	1	1	2	—	"
6	Landsberg a/W.	2	1	—	1	—	"
7	Prenzlau	12	1	—	1	—	"
8	Neu-Ruppin	3	1	—	1	—	"
9	Meseritz	17	1	—	1	1	Posen
10	Schneidemühl	21	—	1	1	6	"
11	Cöslin	19	4	4	8	—	Pommern
12	Stettin	9	2	—	2	1	"
13	Breslau	17	—	2	2	—	Schlesien
14	Glatz	11	1	1	2	—	"
15	Gleiwitz	8	1	2	3	—	"
16	Lissa	20	1	6	7	—	"
17	Ratibor	9	—	1	1	—	"
18	Erfurt	6	1	—	1	1	Sachsen
19	Hildesheim	13	3	3	6	—	Hannover
20	Osnabrück	8	1	—	1	—	"
21	Verden	13	2	1	3	—	"
22	Dortmund	8	2	—	2	—	Westphalen
23	Hagen	7	2	1	3	—	"
24	Cöln	5	1	1	2	—	Rhein-Provinz
25	Düsseldorf	12	1	3	4	—	"
26	Elberfeld	3	1	1	2	—	"
27	Essen	2	1	—	1	—	"
28	Saarbrücken	5		2	2	—	"
		276	30	42	72	9	

Uebersicht IV.

No.	Landgerichte	Zahl der verhandelten Strafsachen	Einwand der Ohnmacht resp. Bewusstlosigkeit während	nach dem Gebärakte	Unbestimmt	Zahl der Einwände überhaupt	Davon erst b. späteren Vernehmung geltend gemacht	Provinz
29	Potsdam	8	1	4	—	5	—	Brandenburg
30	Bromberg	16	2	2	1	5	—	Posen
31	Ostrowo	19	4	2	—	6	1	"
32	Posen	18	4	1	—	5	1	"
33	Gnesen	22	7	4	—	11	2	"
34	Greifswald	7	—	—	—	—	—	Pommern
35	Stargardt	4	—	1	—	1	—	"
36	Stolp	11	4	—	—	4	—	"
37	Altona	10	1	—	—	1	—	Schleswig-Holst.
38	Flensburg	14	3	—	—	3	—	"
39	Kiel	vacat						"
40	Beuthen	14	—	1	3	4	2	Schlesien
41	Brieg	8	—	—	—	—	—	"
42	Glogau	9	—	—	—	—	—	"
43	Görlitz	7	—	2	—	2	—	"
44	Hirschberg	4	—	—	—	—	—	"
45	Liegnitz	vacat						"
46	Neisse	6	2	1	—	3	—	"
47	Oels	8	—	—	—	—	—	"
48	Oppeln	18	3	7	—	10	1	"
49	Schweidnitz	vacat						"
50	Halberstadt	11	2	3	—	5	2	Sachsen
51	Halle a/S.	vacat						"
52	Magdeburg	4	—	—	—	—	—	"
53	Naumburg	8	1	—	—	1	—	"
54	Nordhausen	8	2	1	—	3	—	"
55	Stendal	6	2	1	—	3	—	"
56	Torgau	7	2	—	—	2	1	"

No.	Landgerichte	Zahl der verhandelten Strafsachen	Einwand der Ohnmacht resp. Bewusstlosigkeit während	nach dem Gebärakte	Unbestimmt	Zahl der Einwände überhaupt	Davon erst b. späteren Vernehmung geltend gemacht	Provinz
57	Aurich	8	—	—	—	—	—	Hannover
58	Hannover	vacat						„
59	Göttingen	2	—	—	—	—	—	„
60	Lüneburg	9	1	3	—	4	—	„
61	Stade	10	1	2	—	3	—	„
62	Arnsberg	—	—	—	—	—	—	Westphalen
63	Bielefeld	12	nicht angegeben			—	—	„
64	Münster	vacat						„
65	Paderborn	11	—	7	—	7	—	„
66	Cassel	10	—	nicht angegeben			—	Hessen-Nassau
67	Frankfurt a/M.	6	—	—	—	—	—	„
68	Hanau	—	—	—	—	—	—	„
69	Limburg	7	—	1	—	1	—	„
70	Wiesbaden	vacat						„
71	Marburg	6	—	2	—	2	—	„
72	Aachen	12	—	4	—	4	1	Rhein-Provinz
73	Bonn	16	—	—	7	7	1	„
74	Cleve	1	—	—	—	—	—	„
75	Duisburg	5	—	—	—	—	—	„
76	Coblenz	11	3	3	—	6	—	„
77	Neuwied	6	—	—	3	3	—	„
78	Trier	4	—	1	—	1	—	„
79	Danzig	15	2	—	4	6	2	Westpreussen
80	Elbing	vacat						„
81	Graudenz	vacat						„
82	Konitz	vacat						„
83	Thorn	20	nicht angegeben					„
		—	—	—	—	118	14	

lung gekommene Fälle nur den 19. Theil und auf alle 72 erwähnten Ohnmachtsbehauptungen sogar nur den vierten bis dritten Theil ausmacht.

Auf diese verhältnissmässig recht niedrigen Zahlen beziffern sich also die Angaben der Angeklagten über Ohnmacht während des Gebäraktes, sobald man die Fälle nur etwas sichtet und abwägt!

Es dürfte von Interesse sein zu sehen, wie sich auch bei den übrigen einzelnen Landgerichten diese Zahlenverhältnisse gestalten. Ich habe dieselben daher in Uebersicht IV (Seite 125 u. 126) zusammengestellt.

Ueberall sehen wir auch hier, dass es immer nur wenige unter den überhaupt zur Verhandlung gekommenen Fällen sind, in denen von Ohnmacht gesprochen ist, und dass unter diesen letzteren Fällen vielfach gar keine Angeklagten, meistens aber nur ein verhältnissmässig geringer Bruchtheil derselben, eine Ohnmacht während des Gebäraktes geltend gemacht haben. Ausführlichere Notizen über deren Angaben sind mir in dem Maasse, dass ich sie in einer besonderen Uebersicht hätte verzeichnen können, nicht zu Theil geworden; doch kann ich aus den wenigen Notizen, von denen die mitgetheilten Zahlen hie und da begleitet waren, nur dasselbe entnehmen, was wir aus den ausführlicheren Mittheilungen erfahren haben, dass nämlich einige Angeklagte nur behauptet haben, während des Gebäraktes kein klares Bewusstsein, keine „rechte Besinnung", „gar kein Denken" gehabt zu haben, während 2 Angeklagte bei der Geburt von epileptischen Krämpfen befallen gewesen sein wollen, und endlich eine Angeklagte zur Begründung ihrer Ohnmacht, die sie im Moment des Gebärens betroffen habe, behauptete, sie habe, als sie das Nahen des Gebäraktes merkte, für 10 Pfennig Schnaps getrunken und sei vielleicht schon dadurch besinnungslos geworden. Es ist demnach wohl anzunehmen, dass sich auch die hier gewonnenen Zahlen mit Bezug auf die Behauptung, dass die Ohnmacht schon während des Gebäraktes vorhanden gewesen sei, bei genauerer Prüfung um ein Bedeutendes reduciren würden.

Müssen wir somit anerkennen, dass durch diesen Zahlenbeweis die ebenso in medicinischen, wie vornehmlich in juristischen Kreisen verbreitete Annahme, dass der in Rede stehende Einwand der während des Gebäraktes eingetretenen Bewusstlosigkeit von den meisten Angeschuldigten erhoben werde, aufs vollkommenste widerlegt ist, so fragen wir unwillkürlich, wie es möglich war, dass eine solche Anschauung in den betheiligten Kreisen sich derartig befestigen konnte. Eine Erklärung für diese Erscheinung ist nur in der Annahme zu finden, dass man alle Angaben über Veränderung des Geisteszustandes im Zeitpunkte des Gebäraktes, gleichgültig, welcher Natur sie sein mochten und in welche Periode des Geburtsvorganges sie verlegt waren, unter den gemeinsamen Begriff der Ohnmacht während des Gebäraktes zusammenzufassen sich gewöhnt hat. Bei diesem summarischen Verfahren lag es nahe, die Glaubwürdigkeit solcher Angaben im einzelnen Falle zum mindesten bedeutend herabzusetzen und schliesslich die Angaben selbst in das Bereich der „landläufigen Redensarten“ und „gewöhnlichen Ausreden“ zu verweisen.

Erfahren wir nun aber aus vorstehenden statistischen Nachweisungen, dass die Behauptung, die Ohnmacht habe während des ganzen Gebäraktes bestanden, nur einen sehr kleinen Bruchtheil unter den ähnlichen Behauptungen bildet, so dürfte diese Thatsache uns doch zu denken geben, und wenn ich aus derselben zunächst noch keine bestimmteren Schlüsse auf die Wahrscheinlichkeit der Behauptungen ziehe, so muss sie uns wenigstens zu dem Versuch anspornen, der Sache näher auf den Grund zu kommen.

b) Vergleichung der über Ohnmacht vor Gericht gemachten Angaben mit den gleichzeitig gemachten Angaben über die Vorgänge beim Gebärakt.

Aus den oben geführten theoretischen Erörterungen über das Verhalten des Gebäraktes zu den Erscheinungen der Ohnmacht haben wir erfahren, dass verschiedene abnorme Vorgänge beim Gebärakt das Eintreten einer Ohnmacht begünstigen können. Es waren dies besonders die aufrechte Körperstellung, ein ganz abnormer Schmerz, verzweifelte Gemüthsstimmung, plötzliche Entleerung der Frucht und heftige Blutung.

Es liegt nun für uns die Frage nahe, ob wir diese Bedingungen, die auf das Zustandekommen einer Ohnmacht begünstigend einwirken, auch in den Fällen, in denen Ohnmacht während des

Gebäraktes geltend gemacht wird, wiederfinden und vielleicht in einem Maasse wiederfinden, dass wir Schlüsse auf die grössere oder geringere Glaubwürdigkeit jener Angaben zu ziehen berechtigt wären.

Was zunächst die aufrechte Körperstellung anlangt, so sind, wie wir erfahren haben, schon mehrere Forscher auf Grund ihrer Untersuchungen zu dem Resultat gekommen, dass die aufrechte Stellung bei den heimlich Gebärenden vorwiegend und zum mindesten häufiger vorkommt, als unter gewöhnlichen Verhältnissen. van Baren*) fand, dass in fünfzig Fällen von 100, Schütz**) sogar, dass in 32 von 45 Fällen in ungewöhnlicher Körperstellung geboren werde.

Zu ähnlichen Resultaten bin auch ich gelangt.

Uebersicht V.

No.	Körperstellung beim Gebärakt	Allenstein	Bartenstein	Braunsberg	Insterburg	Königsberg	Lyck	Memel	Tilsit	Glatz	Hildesheim	Cöln a/Rh.	Düsseldorf	Verschiedene Landgerichte	Sa.	
1	Stehend	5	10	3	5	4	5	1	4	3	2	2	2	—	46	
2	Auf- und abgehend. .	1	—	—	—	—	—	—	—	—	—	—	—	—	1	
3	Aus dem Bett steigend	—	1	—	—	—	—	—	—	—	—	—	1	—	2	
4	Auf dem Abtritt oder Eimer sitzend . . .	—	3	1	—	5	—	—	2	—	2	1	1	—	15	89
5	Anderweitig sitzend .	—	—	1	1	3	3	—	—	—	1	—	—	—	9	
6	Aus liegender Stellung sich erhebend . . .	1	—	1	—	—	—	—	—	—	—	—	—	—	2	
7	Knieend oder hockend	3	—	1	—	1	3	1	1	2	—	—	—	2	14	
8	Unbestimmt	3	1	—	—	3	1	1	1	1	—	—	2	5	18	
9	Liegend	15	6	3	1	13	6	8	11	5	8	2	6	4	88	
		28	21	10	7	29	18	11	19	11	13	5	12	11	195	

Aus vorstehender Uebersicht, die ich aus den 195 Aktenstücken, die mir zur Einsicht vorgelegen, zusammengestellt habe, ersehen wir, dass 89 Angeschuldigte angegeben haben, in aufrechter, und 88, in liegender Stellung geboren zu haben, also

*) l. c.
**) l. c.

eine ganz gleiche Anzahl für beide Arten von Körperstellung. Unter den Formen der aufrechten Stellung sehen wir die „stehende“ bei weitem prävaliren und ungefähr halb so zahlreich vertreten (46 von 89), als alle zusammengenommen.

Es fragt sich nun, wie zu diesem Resultate sich diejenigen Fälle verhalten, in welchen neben gleichzeitigen Angaben über die Körperstellung das Stattgehabthaben einer Ohnmacht im Zeitpunkte des Gebäraktes behauptet worden ist.

Bei Prüfung dieser Frage werden wir aus den in Anhang I und II aufgeführten Fällen zunächst diejenigen auszuscheiden haben, in welchen theils nach Inhalt der dort gemachten Angaben, theils nach nachträglichem Geständniss es sich gar nicht um einen Ohnmachtszustand gehandelt hat, ferner diejenigen Fälle, in denen die Angaben zu widersprechend sind, als dass sie ein bestimmtes Urtheil über Art und Eintrittszeit des fraglichen Ohnmachtszustandes gestatteten, endlich selbstverständlich diejenigen Fälle, in denen Angaben über die Körperstellung beim Gebärakt resp. beim Eintritt der Ohnmacht überhaupt fehlen.

Da es sich nun in Gemässheit der uns gestellten Frage vornehmlich um diejenigen Angaben handelt, nach welchen der Gebärakt während des Ohnmachtszustandes vor sich gegangen sein soll, so werden ausser den genannten Fällen theils noch diejenigen auszuschliessen sein, aus deren Inhalt zu folgern ist, dass während des Geburtsvorganges noch Bewusstsein vorhanden gewesen, die Ohnmacht thatsächlich also erst nach, wenn auch unmittelbar nach geschehener Ausstossung des Kindes eingetreten ist, theils diejenigen Fälle, in denen die Angeschuldigten selber zugestanden haben, erst nach geschehener Geburt ohnmächtig geworden zu sein. Es sollen somit nur diejenigen Fälle zur Berücksichtigung bleiben, in denen die Behauptung, während des Gebäraktes ohnmächtig gewesen zu sein, von den Angeschuldigten durchweg aufrecht erhalten worden ist. Es sind dies, wie im Vorhergehenden erörtert, die von den 34 Fällen des Anhanges I übrig gebliebenen 21 und die von den 30 Fällen des Anhanges II übrig gebliebenen 14 Fälle, von welchen letzteren noch 5 Fälle, in denen Angaben über die Körperstellung fehlen, abgehen, so dass insgesammt 30 Fälle bleiben, wie sie nach ihren Nummern in Rubrik 3 der nachstehenden Uebersicht VI aufgeführt sind.

Uebersicht VI.

No.	Körperstellung	beim Eintreten der Ohnmacht, während welcher der Gebärakt angeblich stattfand, und zwar in den Fällen:	zusammen	während des Gebäraktes, nach welchem die Ohnmacht angeblich stattfand, und zwar in den Fällen:	zusammen	Zusammen
1	Stehend	9, 11, 31, 40, 61, 78, 82	7	7, 10, 15, 17, 25, 30, 51, 94, 97, 100, 104, 105, 107, 130	14	21
2	Auf- und abgehend	132	1	102	1	2
3	Aus dem Bette steigend		—	14, 127	2	2
4	Zur Nothdurft auf dem Abtritt oder Geschirr sitzend	16, 41, 79, 121, 126	5	19, 22, 29, 33, 34, 38, 57, 66, 70, 73, 91, 93, 113, 125, 134	15	20
5	Anderweitig sitzend	90, 108	2	28, 95, 103, 111, 115, 131	6	8
6	Knieend	3, 36, 59	3	20, 48	2	5
		Sa.	18	Sa.	40	58
7	Liegend	1, 13, 35, 37, 39, 47, 50, 52, 54, 58, 62, 109	12	2, 4, 6, 21, 27, 43, 49, 53, 55, 74, 76, 80, 99, 101, 106, 122, 123, 128, 129	19	31
		Sa.	30	Sa.	59	—
			89			

Aus diesen Rubriken erhellt, dass in den genannten 30 Fällen die Angeschuldigten beim Eintreten der Ohnmacht, während welcher der Gebärakt angeblich stattfand, sich 18 Mal in aufrechter und nur 12 Mal in liegender Körperstellung befunden haben.

Durch die vorangeschickten Erörterungen über die Angaben, die die Angeschuldigten betreffs der Eintrittszeit ihrer Ohnmacht gemacht haben, sind wir zu der Annahme gelangt, dass auch in denjenigen Fällen, in denen der Gebärakt während der Ohnmacht vor sich gegangen sein soll, Eintritt der Ohnmacht und Ausstossung des Kindes im Allgemeinen zusammenfallen. Es können daher die Angaben der Angeschuldigten, dass sie sich beim Eintreten der Ohnmacht, während welcher der Gebärakt stattfand, in aufrechter Körperstellung befunden haben, nur die Bedeutung haben, dass der Gebärakt thatsächlich noch in aufrechter Körperstellung vor sich ging, nur dass die Angeschuldigten in Folge gleichzeitig eingetretener Ohnmacht von den Einzelheiten des Aktes nichts mehr empfanden. Nur bei dieser Auffassung des Vorganges kann man es verstehen, dass das Ohnmacht bedingende Moment der aufrechten Körperstellung bei einem Gebärakte, der angeblich noch im Ohnmachtszustande vor sich gegangen, überhaupt eine Rolle spielen kann. Wir finden aber gleichzeitig, dass dieses Moment hier sogar eine hervorragende Rolle spielt, da es in drei Fünftel der gedachten Fälle zu konstatiren ist, also in Fällen geltend gemachter Ohnmachtsbewusstlosigkeit noch häufiger vorkommt, als sonst bei der heimlichen Geburt.

Es liegt nahe, zum Vergleich diejenigen Fälle heranzuziehen, in denen die Ohnmacht angeblich unmittelbar nach dem Gebärakt eingetreten ist. In diesen Fällen ist die Wirkung des genannten Ohnmachtsmomentes, der aufrechten Körperstellung, noch leichter zu verstehen, während andererseits der Geburtsvorgang in diesen Fällen dem der vorigen Fälle bis auf den Umstand, dass dort die Einzelheiten des Vorganges noch percipirt werden, hier nicht, im Allgemeinen vollständig gleichkommt. Der Unterschied ist hier nur ein zeitlicher, woher die nahe Berührung beider Vorgänge in der Praxis, d. h. die fast gleichmässige Behauptung beider Vorgänge vor Gericht.

Lassen wir von den Fällen des Anhanges I und II, in denen Ohnmachtseintritt nach vollzogenem Gebärakt behauptet ist, wiederum diejenigen fort, in denen es sich weder nach Inhalt der Angaben, noch nach Geständniss der Angeschuldigten um Ohnmacht gehandelt hat, sowie diejenigen, in denen Angaben über die Körperstellung fehlen, und nehmen wir dagegen die Fälle hinzu, in denen zwar Ohnmacht während des Gebäraktes behauptet war, aus den Angaben aber hervorgeht, dass die Ohnmacht erst nach dem Gebärakt eingetreten sei, so erhalten wir die in Rubrum 4 aufgeführten 59 Fälle, in denen der Gebärakt 40 Mal in aufrechter und 19 Mal in liegender Stellung stattfand.

Es prävalirt also auch hier die aufrechte oder ungewöhnliche Körperstellung, die nach dieser Zusammenstellung sogar in zwei

Drittel der Fälle von behaupteter Ohnmacht vorgekommen ist.

Hiernach kann es keinem Zweifel mehr unterliegen, muss vielmehr als feststehende Thatsache angesehen werden, dass in den Fällen behaupteter Ohnmacht, gleichgültig, in welchem Zeitpunkte des Gebäraktes, ob kurz vor oder unmittelbar nach, dieselbe eingetreten sei, die aufrechte Körperstellung dominirt und zwar in einem Maasse, dass jene Behauptungen an Glaubwürdigkeit ganz erheblich gewinnen müssen.

In Betreff der übergrossen Schmerzhaftigkeit, sofern dieselbe als Moment für den Eintritt einer Ohnmacht zu gelten hat, finde ich in den angefügten Aktenauszügen nicht durchweg Angaben enthalten. Doch sind diejenigen, die vorhanden sind, durchaus geeignet, hier berücksichtigt zu werden, da sie von den Angeschuldigten selber meistens als Ursache ihrer Ohnmacht angeführt werden.

Die Angeschuldigte im Fall 3 schleppt sich ihrer „starken Schmerzen" wegen noch bis zum Roggenfeld, wo sie dann „bewusstlos" geworden sein will.

Die Angeschuldigte im Fall 31 giebt an, als „der Schmerz gross wurde", sei sie aufgestanden, habe sich an den Ofen gestellt und sei dort plötzlich besinnungslos umgefallen.

Im Falle 35 heisst es: „Mich befielen die Schmerzen so sehr, dass ich mich hinlegen musste," dann sei ihr „so wehe und unwohl" geworden, womit sie ihre Ohnmacht bezeichnet wissen will.

Im Falle 37 sagt die Angeschuldigte ganz direkt: „Die Schmerzen wurden bald so gross, dass ich in Ohnmacht fiel."

Schon aus diesen Beispielen dürfte zur Genüge erhellen, wie einzelne Angeschuldigte bald direkt, bald indirekt den Schmerz als Ursache ihrer Ohnmacht angeben, und so will ich, ohne alle diese Schilderungen hier wörtlich aufzuführen, nur erwähnen, dass sich gleiche Angaben über den Schmerz als Ursache der eingetretenen Ohnmacht noch in den Fällen 13, 50, 52, 58, 109, 126 und 132, im Ganzen also in 11 von denjenigen 30 Fällen befinden, in denen Ohnmacht vor oder während der Geburt des Kindes eingetreten sein soll.

Desgleichen führen von den übrigen 59 Angeklagten, die erst nach oder mitten in dem Gebärakt ohnmächtig geworden sein wollen, 15 an, während des Gebäraktes heftige Schmerzen gehabt zu haben. Es geschieht dies in den Fällen 14, 17, 34, 38, 51, 66, 93, 94, 97, 103, 107, 113, 122, 125 und 129.

Erscheint die Anzahl derjenigen, die ihre Ohnmacht auf den Schmerz zurückführen, oder wenigstens den Schmerz als hervorragendes Merkmal bei der Schilderung des Ohnmachtsvorganges anführen, auch nicht gerade sehr gross, so ist hierbei zu berücksichtigen, einmal, dass Angaben hierüber oft als unwesentlich in die Protokolle nicht aufgenommen sein mögen, zweitens aber, dass dieses Moment für das Zustandekommen einer Ohnmacht für die von letzterer Betroffenen hier und da mehr zurücktreten mag, wo die anderen Momente mehr in den Vordergrund getreten sind. Gerade der Schmerz wird für den Geburtsvorgang als etwas so selbstverständliches angesehen, dass seiner oft gar nicht in entsprechender Weise Erwähnung geschieht. Es erscheint mit daher jedenfalls wichtig, zu konstatiren, dass der Schmerz in einer grösseren Anzahl von Fällen sogar von den Angeschuldigten selbst als die Ursache der eingetretenen Ohnmacht bezeichnet wird.

Noch weniger häufig allerdings finden wir Angaben über die übrigen Momente gemacht, die beim Zustandekommen einer Ohnmacht eine Rolle spielen.

Von der verzweifelten Gemüthsstimmung als Ursache der Ohnmacht hören wir die Angeschuldigten nur da sprechen, wo sie nach bereits stattgehabter Geburt sich über das Kind entsetzen oder gar die Gewaltthätigkeit an demselben geständigermaassen vollführt haben.

Hierher gehören die Fälle 97 und 131, in denen die Angeschuldigten während des Schneidens und Würgens an dem Kinde, und die Fälle 75, 94 und 130, in welchen dieselben nach der Tödtung desselben, die eine durch Erschlagen mit einem Dachstein, die andere durch Zuhalten von Mund und Nase, die dritte durch Einwickeln des Kindes in eine Unterjacke, ohnmächtig geworden sein wollen. In dem letzten dieser Fälle sagt die Angeschuldigte selbst, sie habe „so aufgeregt und so voll Furcht“, dass sie jemand überraschen könnte, das Kind sofort in eine Unterjacke gewickelt und dasselbe in den Wandschrank gelegt.

Kaum habe sie dies gethan gehabt, als sie ohnmächtig geworden und zum Theil in den Schrank hineingefallen sei.

Dieser Umstand aber, dass die Angeklagten nur in den oben genannten Fällen ihrer Gemüthsbewegung Erwähnung thun, in den anderen Fällen von Ohnmachtsangaben aber nicht davon sprechen, schliesst nicht aus, dass sie sich in den letzteren Fällen ebenfalls in abnormer Gemüthsstimmung thatsächlich befunden haben.

Die plötzliche Entleerung der Frucht wird direkt als Ursache der Ohnmacht selbstverständlich nur von solchen Angeschuldigten erwähnt, die überhaupt angeben, erst nach dem Gebärakte ohnmächtig geworden zu sein, die also des Vorganges beim Gebärakt sich noch bewusst gewesen sind. Sie schildern diesen Vorgang meistens mit den Ausdrücken: das Kind sei von ihnen „gestürzt“ oder „es schoss“ von ihnen. Dieser Kindessturz ereignet sich aber vorwiegend bei der aufrechten Körperstellung, vornehmlich beim Stehen oder beim Verrichten der Nothdurft, und so dürfen wir eine solche Plötzlichkeit der Fruchtentleerung gleichzeitig in allen Angaben sehen, die sich auf das Gebären in aufrechter Körperstellung beziehen. Dasselbe dürfen wir aber auch in denjenigen Fällen annehmen, in welchen die Angeschuldigten angeben, in aufrechter Körperstellung von der Ohnmacht betroffen worden zu sein. Denn in diesen Fällen trifft, wie auf Grund der speciellen Schilderungen des Vorganges vorher erörtert worden ist, der Eintritt der Ohnmacht mit der Ausstossung des Kindes zusammen, woraus mit Sicherheit ebenfalls auf eine plötzliche Entleerung der Frucht zu schliessen ist.

Aber auch von solchen, die in liegender Stellung geboren zu haben und nachher ohnmächtig geworden zu sein angeben, finden wir die gleichzeitige Angabe, dass das Kind plötzlich und auf einmal den Mutterleib verlassen habe. Die Angeschuldigte im Falle 21 sagt hierauf bezüglich: „Während ich so dalag, spürte ich, wie das Kind aus meinen Geschlechtstheilen hervorschoss.“ Im Falle 55 heisst es nur ganz allgemein, die Entbindung habe sich „sehr rasch“ vollzogen, ebenso im Falle 43, in welchem die Geburt „sehr schnell“ erfolgt sein soll, im Falle 128 dagegen: „Das Kind kam plötzlich zur Welt, und ich wurde ohnmächtig". Endlich dürfen wir auch in den Fällen 76 und 123, in welchen die Gebärenden durch Ziehen am theilweise hervorgetretenen Kopf des Kindes die Geburt befördert haben wollen, annehmen, dass, wenn ihnen solches gelang, der übrige Kindeskörper sicherlich auf einmal hervorgestürzt sein dürfte.

Somit übertrifft also das Zahlenverhältniss der über plötzliche Entleerung der Frucht indirekt gemachten Angaben, sofern dieselben mit denen über aufrechte Körperstellung beim Eintreten des Gebäraktes resp. der Ohnmacht zu identificiren sind, das letztere Zahlenverhältniss noch um die, wenn auch kleine Zahl derjenigen Angaben, welche sich auf plötzliche Entbindung und Eintreten der Ohnmacht in liegender Stellung beziehen.

Ueber heftige Blutung endlich finden wir vielleicht die spärlichsten Angaben. Hier jedoch dürfen wir mehr als anderswo annehmen, dass Angaben hierüber, wenn nicht direkt danach gefragt wird, auch gar nicht gemacht werden, da eine Blutung bei der Geburt wohl von jeder Angeschuldigten für selbstverständlich gehalten wird. Diese Annahme wird besonders durch die beiden Fälle 9 und 21 illustrirt, in welchen erst in der Hauptverhandlung bei näherer Erörterung des Falles die Angabe über den grösseren Blutverlust von der Angeschuldigten gemacht wird.

Im Falle 31 will die Angeschuldigte bei ihrem Erwachen aus der Ohnmacht, von der sie im Stehen überrascht worden, das Kind im Blute liegen gefunden haben; in den Fällen 130 und 131 wird ebenfalls grösserer Blutungen bei oder nach stattgehabter Geburt erwähnt, und nur in dem Fall 129 wird von der Angeschuldigten der Blutverlust direkt mit der Ohnmacht in Verbindung gebracht, indem es dort heisst: „Unmittelbar nach der Geburt war mir in Folge der Schmerzen und des Blutverlustes das Bewusstsein geschwunden."

Wir sehen also, dass neben der abnormen Gemüthsbewegung von den Angeschuldigten am seltensten gerade die Blutung als Ursache ihrer Ohnmacht angeführt und vielleicht selbst angenommen wird, da dieses Umstandes sonst vielleicht häufiger Erwähnung geschehen würde.

Als Resultat unserer Untersuchungen dürfen wir somit die Thatsache konstatiren, dass wir alle diejenigen Bedingungen, die das Zustandekommen einer Ohnmacht begünstigen können und zugleich in den Vorgängen des Gebäraktes enthalten sind, auch in den Angaben der Angeschuldigten in grösserem oder geringerem Umfange wiederfinden. In welchem Maasse dies der Fall ist, wird nachstehende Uebersicht leicht veranschaulichen.

Denken wir uns die 89 Fälle der Uebersicht VI schematisch auf einzelne Felder vertheilt und jedes Feld mit Bezug auf die in dem betreffenden Falle vorhandenen Ohnmachtsbedingungen in bestimmter Weise markirt, so finden wir beim Auszählen dieser Felder,

Uebersicht VII.

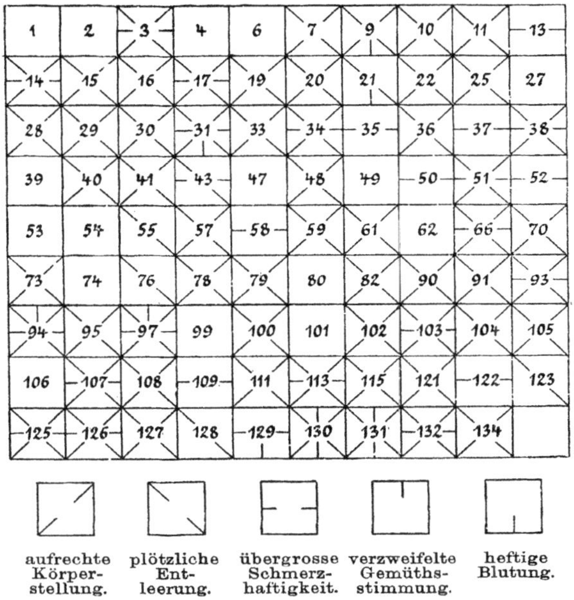

dass nur in 16 von diesen 89 sich keine der genannten Bedingungen für Ohnmachtseintritt erwähnt findet, in 73 dagegen ist mindestens eine, in 61 sind mindestens zwei, in 20 je drei und in 5 sogar je vier der erwähnten Ohnmachtsbedingungen zu finden. Das sind Zahlenverhältnisse, die für unsere Frage ganz bedeutend ins Gewicht fallen. Noch mehr aber fällt hierbei ins Gewicht, dass sich in einzelnen Fällen mehrere jener Bedingungen kombiniren, wodurch eben die Wahrscheinlichkeit der Behauptung um ein Bedeutendes noch erhöht wird.

Ich betone hier nochmals ausdrücklich, dass mit obiger Nachweisung nichts für den einzelnen hier zur Prüfung unserer Frage benutzten Fall bewiesen oder entschieden werden soll, mögen sich auch noch so viele Bedingungen für das Zustandekommen der Ohnmacht in demselben zusammenfinden. Hier soll vielmehr das gefundene Zahlenverhältniss nur anzeigen, dass die theoretischen Voraussetzungen sich durch die Praxis bestätigen, dass gewissermaassen die Probe auf das Exempel stimmt. Wir haben oben gezeigt, dass es gewisse Bedingungen giebt, die das Zustandekommen einer Ohnmacht begünstigen; wir haben ferner gezeigt, dass diese Bedingungen in einem abnorm verlaufenden Gebärakte vorhanden sein können, wir haben endlich vorausgesetzt, dass diese Bedingungen in dem Gebärakte bei der heimlichen Geburt in erhöhtem Maasse vorhanden sein sollten. Diesen Voraussetzungen entsprechend haben wir nun an praktischen Beispielen, die aus dem Leben genommen, die nicht ausgesucht, sondern so benutzt worden sind, wie sie ein bestimmtes Landgebiet in einem bestimmten Zeitraum darbietet, gefunden, dass jene Bedingungen in denselben thatsächlich in erhöhtem Maasse vorhanden sind. Das ist nach meiner Meinung ein Resultat, welches für die Frage der grösseren Glaubwürdigkeit jener Behauptungen im Allgemeinen von nicht zu unterschätzender Bedeutung ist.

Diese Bedeutung wird noch durch den Umstand erhöht, dass zur Prüfung unserer Frage, die sich doch nur um die heimliche Geburt dreht, nur Fälle von heimlicher Geburt, also gewissermaassen ein homogenes Material benutzt worden ist, und nicht Entbindungsfälle aus Entbindungsanstalten oder aus der gewöhnlichen Praxis.

Dieser Vorzug, der gerade in der Wahl des Materials liegt, kann selbst nicht durch den Umstand abgeschwächt werden, dass eben nur Angaben benutzt werden konnten, die von den Angeschuldigten selbst gemacht worden sind. Denn, mögen die Angeschuldigten sich noch so viel in Unwahrheiten ergehen, in ihren Angaben über den Geburtsvorgang schliessen sie sich im Allgemeinen den wirklichen Ereignissen an; sie übertreiben dieselben wohl vielfach, aber sie lassen aus ihren Schilderungen stets ein Bild von dem wirklichen Vorgange erkennen. Vor allem kann man, und das ist auch von Anderen*) bereits anerkannt, die eine ihrer Angaben wohl in der Regel als thatsächliche nehmen, das ist ihre Angabe über die Körperstellung, in der sie von der Geburt überrascht sein wollen. Dieses Moment ist aber, wie wir gesehen, in doppelter Beziehung wichtig für unsere Frage, da es neben dem Moment der aufrechten Körperstellung gleichzeitig das der Plötzlichkeit der Geburt in sich birgt. Man darf aber auch ferner annehmen, dass ihre übrigen Angaben zwar mit der allgemeinen Tendenz, sich von der ihnen zur Last gelegten Schuld frei zu machen, verbunden sind, sicherlich aber niemals mit der zielbewussten Tendenz, wirkliche, das Zustandekommen einer Ohnmacht bedingende und begünstigende Momente — **denn solche kennen sie ja gar nicht** — vorzubringen. Wo wir daher solche Momente in den Angaben dennoch enthalten finden, dürfen wir dieselben, selbst wo sie schon von den Angeschuldigten selber mit der Ohnmacht in ursächliche Verbindung gebracht worden sind, wie es z. B. mit dem Moment des übergrossen Schmerzes meistens geschehen ist, doch nur als unbewusst erwähnte ansehen, die von ihnen nur als nächstliegende zu jener Verbindung mit der Ohnmacht benutzt worden sind.

Demnach muss uns die bedeutungsvolle Thatsache, dass wir die Bedingungen für das Zustandekommen einer Ohnmacht in den Angaben der Angeschuldigten über den Geburtsverlauf in so ergiebigem Zahlenverhältniss wiedergefunden haben, zu der Schlussfolgerung berechtigen, dass ihren Angaben über das Vorhandengewesensein einer Ohnmacht in **irgend einem Zeitpunkte** des Gebäraktes im Allgemeinen Glaubwürdigkeit beizumessen ist.

c) Beziehungen der vor Gericht geltend gemachten Ohnmacht zu einigen ausserhalb der Vorgänge des Gebäraktes gelegenen Momenten.

Wollen wir zu zeigen versuchen, wie weit die vorstehende Schlussfolgerung sich etwa noch durch andere, ausserhalb des Geburtsvorganges gelegene Momente stützen lässt, so haben wir

*) Schütz, van Baren l. c.

folgende Momente näher ins Auge zu fassen, die vor den vorigen sogar den Vorzug grösserer Objektivität für sich haben. Es sind dies: Zahl der etwa vorangegangenen Geburten, Lebensalter der Angeschuldigten, Zeugenbeobachtung im Zeitpunkte der Ohnmacht und endlich Aufrechterhaltung der Ohnmachtsbehauptung trotz eingestandener strafbarer Handlung.

Es ist eine bekannte Erfahrung, dass der Geburtsvorgang bei einer Erstgebärenden schmerzhafter und aufregender ist, als bei einer Mehrgebärenden, und es ist eine gleichfalls bekannte Erfahrung, dass bei älteren Individuen in Folge geringerer Elasticität der Geschlechtstheile die Dehnung derselben durch den Gebärakt ebenfalls schmerzhafter ist. Hiernach ist zu erwarten, dass diejenigen Momente, welche bei einer heimlichen Geburt das Eintreten einer Ohnmacht an sich schon begünstigen können, durch das Hinzutreten des Umstandes, dass die Gebärende gerade Erstgebärende ist und womöglich dazu noch in vorgerückterem Alter sich befindet, in ihrer Wirkung verstärkt werden, und es ist daher zu fragen, wie die beiden letzteren Umstände sich zu den vorher erörterten Angaben über die Vorgänge beim Gebärakte in unseren Fällen verhalten.

Uebersicht VIII.

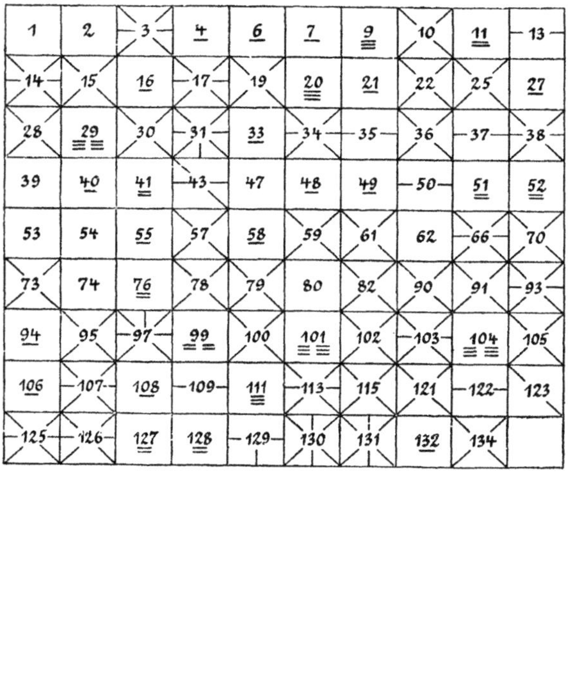

Unter Zugrundelegung der Uebersicht VII habe ich vorstehende Uebersicht VIII angefertigt, in welcher die Anzahl der vorangegangenen Geburten durch eine entsprechende Anzahl Striche unterhalb der betreffenden Zahlen bemerkbar gemacht ist. Wir entnehmen aus dieser Uebersicht, dass unter den 89 Angeschuldigten sich 59 Erstgebärende und nur 30 Mehrgebärende befinden, also zwei Drittel der Angeschuldigten, bei denen eine grössere Schmerzhaftigkeit beim Gebärakte vorauszusetzen ist. Bei 22 derselben (es sind die quer durchstrichenen Felder) ist von den Angeschuldigten selber die Schmerzhaftigkeit in ihrer Aussage hervorgehoben worden. Unter diesen 59 Erstgebärenden haben 41 dazu in aufrechter Stellung geboren, das Kind also auch plötzlich hervorgestossen, so dass sich hier wiederum mehrere Momente für das Eintreten einer Ohnmacht kombiniren.

Auch das Alter der Angeschuldigten spielt in den genannten Beziehungen zwischen Ohnmacht und Gebärakt eine die erstere entschieden begünstigende Rolle.

Siehe Uebersicht IX auf der folgenden Seite.

Aus nachstehender Uebersicht über 75 Fälle, die mit Angabe des Alters aus den letzten Uebersichten entnommen sind, und in denen das Zahlenverhältniss zwischen Erst- und Mehrgebärenden gleichzeitig berücksichtigt ist, ersehen wir, dass mehr als die Hälfte der Angeschuldigten (39 von 75) zur Zeit der Entbindung das 25. Lebensjahr bereits überschritten hatte. Unter diesen 39 Personen vorgerückteren Alters, die schon deswegen einem stärkeren Entbindungsschmerz ausgesetzt waren, finden wir noch 17 Erstgebärende.

Diese Zahlen sind selbstverständlich zu klein, als dass sie statistisch etwas beweisen könnten; sie sind aber nach meiner Meinung gross genug, um zu bestätigen, wie sich fortwährend mehrere, das Eintreten einer Ohnmacht im Zeitpunkte des Gebäraktes begünstigende Momente kombiniren, wodurch die Wahrscheinlichkeit und Glaubwürdigkeit jener Angaben im Allgemeinen erhöht wird.

Die Glaubwürdigkeit der letzteren würde selbstverständlich noch mehr erhöht werden, wenn es oft vorkäme, dass glaubwürdige Zeugen das Vorhandengewesensein einer Ohnmacht im Verlaufe des Gebäraktes bestätigen könnten.

Uebersicht IX.

Alter an Jahren	Angegeben in den Fällen:	Zu-sammen	Davon		Von 25 Jahren bis über 30	Darunter Erst-gebärende
			Erst-gebärende	Mehr-gebärende		
15	109	1	1	—	—	—
16		—	—	—	—	—
17	122	1	1	—	—	—
18	113	1	1	—	—	—
19	**21**,*) 47, 61, 74, 100 .	5	4	1	—	—
20	2, 22, 25, 53, 131 . . .	5	5	—	—	—
21	**4**, 19, 31, 36, **132** . . .	5	3	2	—	—
22	10, 14, 30, 50, **58**, 73, 103	7	6	1	—	—
23	3, 13, 34, 54, 80, 93, **106**	7	6	1	—	—
24	**16**, 28, 37, **48**	4	2	2	—	—
25	15, **27**, 35, 43, 59 . . .	5	4	1	5	4
26	**7**, **11**, 17, 57, 102, 105, 125, 126, 130	9	7	2	9	7
27	1, **21**, 38, **49**	4	2	2	4	2
28	**6**, 62, **128**, 129	4	2	2	4	2
29	**76**, 95	2	1	1	2	1
30	**20**, **40**	2	—	2	2	—
über 30	**9**, **29**, **33**, 39, **41**, **51**, **52**, **55**, **99**, **101**, **104**, **111**, **127**	13	1	12	13	1
		75	46	29	39	17

*) Die fettgedruckten Zahlen zeigen die Mehrgebärenden an.

Unter den aufgeführten Fällen finde ich jedoch nur wenige, in denen angegeben wird, dass Zeugen die Angeschuldigte noch während des Bestehens der Ohnmacht angetroffen haben.

Im Falle 19 wird nur kurz berichtet, dass die Angeschuldigte, welche ihrer Angabe gemäss erst nach der auf dem Nachtstuhl stattgehabten Entbindung ohnmächtig geworden sein will, in diesem Zustande von Zeugen getroffen worden ist.

Im Falle 63 sagt die Angeschuldigte: „Als das Kind herausgekommen war, wurde ich ohnmächtig und brachte mich meine Schwester nach dem Zimmer.“ Die Schwester muss sie also noch im Ohnmachtszustande angetroffen haben.

Im Falle 67 giebt die Angeschuldigte an, während des Ohnmachtszustandes geboren zu haben und erst, nachdem die herbeigeholte Hebamme sie zu Bett gebracht, wieder zu sich gekommen zu sein. Nach Aussage der Hebamme jedoch wäre die Angeschuldigte erst nach vollendeter Geburt im Bett ohnmächtig geworden, bei der Geburt selbst aber bei Besinnung gewesen. Immerhin haben wir es in diesem Falle mit einer durch eine glaubwürdige Zeugin beobachteten, **nach** dem Gebärakt eingetretenen Ohnmacht zu thun.

Im Falle 121 behauptete die Angeschuldigte, während des Verrichtens eines Bedürfnisses auf dem Abort bewusstlos geworden zu sein. Das Kind schrie, es kamen Leute hinzu, die die Angeschuldigte bei Besinnung fanden und ihr Wasser zu trinken gaben, worauf dann vor den Augen der Zeugen die Bewusstlosigkeit eintrat, also ebenfalls eine durch Zeugen konstatirte Ohnmacht nach der Entbindung.

Im Falle 133 endlich wird berichtet, dass Frauen die Angeklagte gleich nach der Geburt mit dem ganzen Leibe auf dem in Kleidern eingewickelten Kinde in ohnmachtähnlichem Zustande gefunden haben. Ein Zusammenhang dieses Faktums mit dem Tode des Kindes sei nicht konstatirt, vielmehr sei der Mord erst zu späterer Zeit geschehen.

Es sind somit nur fünf Fälle, in denen die Akten ergeben, dass die Angeschuldigte zu einer Zeit des Gebäraktes im Ohnmachtszustande von Zeugen angetroffen sei. Allein vorausgesetzt, dass in anderen Fällen dies ebenfalls geschehen, der Bericht hierüber aber nur unterblieben sei, so wird man dennoch von einer Häufigkeit der genannten Zeugenbeobachtung nicht sprechen können. Immerhin genügen diese wenigen Beobachtungen zur Konstatirung der Thatsache, dass Ohnmachten bei heimlichen Entbindungen, wenn auch erst unmittelbar nach dem Gebärakt eingetreten, wirklich beobachtet sind, woher analoge

Angaben heimlich Gebärender nicht ohne Weiteres als unwahrscheinlich zurückgewiesen werden dürfen.

Eine weit grössere Wichtigkeit jedoch für die allgemeine Beurtheilung der grösseren Glaubwürdigkeit solcher Angaben ist denjenigen Fällen beizulegen, in denen die Angeschuldigten die Mordthat eingestehen, das Vorhandengewesensein einer Ohnmacht im Zeitpunkte des Gebäraktes aber aufrecht erhalten. Denn wenn die Angeschuldigten sich erst zum Geständniss entschlossen haben, so bleibt ihnen kein rechter Grund mehr, ihre Angaben über Ohnmacht aufrecht zu halten, und sie könnten dieselben fallen lassen, wie es einzelne von ihnen auch thun, indem sie nach dem Geständniss nichts mehr von der vorher behaupteten Ohnmacht erwähnen, wie in den Fällen 4, 36 und 46, oder indem sie direkt zugestehen, dass überhaupt keine Ohnmacht stattgefunden, wie in den Fällen 5 und 44, oder dass sie, anstatt von einer Ohnmacht, nur von einem Fieberfroste (F. 8) befallen worden seien, bezüglich dass ihnen nur „sehr dumm“ gewesen sei (F. 60). Um so werthvoller für unsere Zwecke sind diejenigen Fälle, in denen unter dem Geständniss der strafbaren Handlung die Angeschuldigten ausdrücklich und wiederholt behaupten, während oder nach dem Gebärakte ohnmächtig gewesen zu sein. Diese Fälle sind so wichtig, dass ich sie hier in Kürze wiedergeben will.

In dem Falle 18 spricht die Angeschuldigte allerdings nur davon, dass sie unmittelbar nach dem plötzlichen Hervorschiessen des Kindes „die Besinnung zu verlieren nahe war“, und erzählt dann weiter, wie sie das Kind an der Erde „krabbeln“ gesehen und es umzubringen beschloss, was sie in der Weise ausführte, dass sie es mit dem Kopfe gegen den Baum schlug.

Im Falle 25 erzählt die Angeschuldigte, dass sie stehend das Kind zur Welt gebracht habe und sofort ohnmächtig über dasselbe hinübergefallen sei. Als sie nach etwa einer halben Stunde aus der Ohnmacht erwacht, sei sie die Burschen wecken gegangen und habe, als sie zurückgekehrt und das Kind noch lebend vorgefunden, demselben mit einem Stück Holz auf den Kopf geschlagen. In der Hauptverhandlung schildert sie den Gebärakt und die stattgehabte Ohnmacht in gleicher Weise und modificirt ihre Angaben über ihre nachherige Handlung nur dahin, dass sie das Kind alsbald nach ihrem Erwachen aus der Ohnmacht erschlagen habe und dann erst die Burschen wecken gegangen sei.

Im Falle 33 will die Angeschuldigte auf dem Nachtgeschirr geboren haben und dann gegen den Kasten, an dem das Geschirr stand, „getaumelt" sein. Dabei will sie ihre Besinnung verloren gehabt haben; als sie dieselbe wieder erlangt, habe sie in den Nachttopf geschaut, das Kind dort noch zappeln gesehen, dasselbe aber nicht herausgenommen, weil sie, wie sie sagt, „wollte, dass es sterben sollte."

Im Falle 36 will die Angeschuldigte sich knieend an der Erde befunden haben, als sie von Ohnmacht und Geburt ereilt wurde. Bei den ersten beiden Vernehmungen behauptete sie noch, beim Erwachen aus der Ohnmacht das Kind schon todt vorgefunden zu haben, in der Hauptverhandlung jedoch gesteht sie unter gleicher Schilderung des Geburtsvorganges, dem Kinde, als sie habe aufstehen können, auf den Kopf gedrückt und es dann über den Gartenzaun geworfen zu haben.

Im Falle 51 schildert die Angeschuldigte die Vorgänge beim Gebärakte dahin, dass sie niedergefallen sei, noch verspürt habe, wie sich etwas aus ihrem Leibe hinauszuschieben begonnen, in diesem Augenblick aber das Bewusstsein verloren habe. Das Kind habe sie beim Erwachen zwar noch lebend gefunden, doch sei dasselbe alsbald allmälig schwächer geworden und gestorben. In der zweiten Vernehmung will sie die volle Wahrheit sagen, schildert hier wiederum, wie sie vor Schmerzen ohnmächtig geworden, in dieser Ohnmacht geboren und bei ihrem Erwachen das Kind lebend zwischen ihren Beinen gefunden habe. Nun sei ihr plötzlich der Gedanke gekommen, sich dieses Kindes zu entledigen, und sie schildert dann weiter, wie sie es mit einer von der Kleidertasche abgerissenen Schnur erdrosselt habe. Von ihrer Ohnmacht bei der Geburt hatte sie übrigens auch gleich zu Anfang dem Amtsvorsteher gegenüber Erwähnung gethan.

Im Falle 57 will die Angeschuldigte beim Verrichten der Nothdurft von der Geburt überrascht und dabei „so schwach" geworden sein, dass sie auf das eben geborene Kind hinaufgefallen und mehrere Minuten, vielleicht auch eine Viertelstunde, auf demselben besinnungslos liegen geblieben sei. Nach dem Erwachen habe sie das Kind in die Wohnstube getragen und aufs „Schaff" (Schrein) gelegt. Bei der folgenden Vernehmung gesteht sie, das Kind mit dem Kopf gegen das „Schaff" geschlagen und so getödtet zu haben.

Im Falle 61 giebt die Angeschuldigte an, sie sei Nachts aus dem Bette gestiegen, aber kaum 3 Schritte weit gegangen, als sie bewusstlos niedergestürzt sei und beim Erwachen das Kind todt vorgefunden habe. Bei der nächsten Vernehmung bekennt sie sich schuldig, das Kind erwürgt zu haben, und in der Hauptverhandlung wiederholt sie ihr Schuldbekenntniss, während sie gleichzeitig den Geburtsvorgang genau so schildert, wie zu Anfang, nämlich dass sie kaum 3 Schritte vom Bette entfernt gewesen, als sie besinnungslos zusammengestürzt sei.

Im Falle 81 wird berichtet, dass die Angeschuldigte erst nach Vollendung des Gebäraktes ohnmächtig geworden sei, dann, wieder zu sich gekommen, das vorher als lebend erkannte Kind jetzt für todt gehalten, ihm aber dennoch mit einem Messer in den Hals geschnitten habe.

Im Falle 95 erzählt die Angeschuldigte, sie habe im Walde sich niedergelassen und geboren, worauf sie ohnmächtig geworden sei. Nach Wiederkehr der Besinnung habe sie in ihrer Furcht und Aufregung über das schreiende Kind einen Baumast ergriffen und das Kind erschlagen.

Im Falle 132 endlich schildert die Angeschuldigte den Vorgang bei der Geburt dahin, dass sie in ihrer Stube auf und ab gegangen sei, da sie es im Bette nicht mehr habe aushalten können; plötzlich sei sie vor ihrem Bette umgefallen und bewusstlos geworden. Wieder erwacht, habe sie das Kind todt zwischen ihren Füssen gefunden. Gleich darauf gesteht sie jedoch, das Kind durch Zusammendrücken von Brust und Bauch vorsätzlich getödtet zu haben. Bei der folgenden Vernehmung schildert sie Geburtsvorgang und Ohnmacht in ganz gleicher Weise und erzählt dann weiter, wie sie das lebende Kind neben sich in's Bett genommen, dann, etwa nach 10 Minuten, sich plötzlich aufgerichtet, den Kopf des Kindes zwischen beide Hände genommen und zusammengedrückt habe.

Uebrigens hatte diese Angeschuldigte sogleich dem bald nach

der Entbindung hinzugerufenen Arzte erklärt, sie habe in einer Ohnmacht geboren.

Zu diesen 10 Fällen, deren Glaubwürdigkeit mit Bezug auf die Angaben über stattgehabte Ohnmacht wir anzuzweifeln keinen Grund haben, dürfen wir noch die bereits erwähnten Fälle hinzurechnen, in welchen nach dem Geständniss der Angeschuldigten die Ohnmacht erst während oder unmittelbar nach der strafbaren That, die wiederum dem Gebärakt unmittelbar folgte, eingetreten ist. Denn auf diese Weise fällt die Ohnmacht immerhin noch in das Bereich des Gebäraktes und hat, wie oben angenommen worden, das eine der eine Ohnmacht bedingenden Momente, die Gemüthserregung, zur Ursache. Es sind dies die Fälle 97 und 131, in welchen die Ohnmacht während der That, und 75, 94 und 130, in welchen dieselbe unmittelbar nach der That eintrat, und da diese Fälle ebenfalls Geständnisse der Angeschuldigten über Vollführung der strafbaren That enthalten, so dürfen wir in gleicher Weise, wie in den obigen 10 Fällen, auch ihren gleichzeitigen Angaben über die Ohnmacht Glauben schenken.

Somit verfügen wir über eine ganze Reihe von Fällen, die in Gemeinschaft mit den durch Zeugenbeobachtung ausgezeichneten Fällen uns zu der Folgerung berechtigen, dass Ohnmachten im Zeitpunkte des Gebäraktes bei heimlich Gebärenden mit grösster Wahrscheinlichkeit häufiger vorkommen, als wir bisher anzunehmen gewohnt waren.

Dass durch diese Thatsache die Glaubwürdigkeit der bezüglichen Behauptungen vor Gericht im Allgemeinen erhöht wird, ergiebt sich hiernach von selbst.

X.

Gegenüberstellung der praktischen Gerichtsfälle und der durch Aerzte beobachteten Fälle von Ohnmacht während der Entbindung.

Ueberblicken wir die bisher gewonnenen Resultate, so haben wir auf der einen Seite mehrere im gewöhnlichen Leben und unter gewöhnlichen Verhältnissen zufällig beobachtete Fälle, durch welche die Möglichkeit, dass der Gebärakt während einer durch Ohnmacht bedingten Bewusstlosigkeit vor sich gehen könne, unwiderleglich dargethan ist, auf der anderen Seite eine Reihe gerichtlicher Fälle, in welchen Geburtsvorgänge gleicher Art behauptet, aber meistens nicht geglaubt werden.

An dieser Reihe gerichtlicher Fälle habe ich nun gezeigt, dass es sich hier im Allgemeinen um wirkliche, meistens allerdings leichte und kurz vorübergehende Ohnmachtszustände handelt, die, wenn sie dem Gebärakte nicht folgen, mit diesem in der Regel zusammenfallen oder ihm nur kurze Zeit voraufgehen.

Ich habe ferner gezeigt, dass die Frequenz der vor Gericht geführten Behauptungen, dass im Ohnmachtszustande geboren worden sei, eine verhältnissmässig geringe ist, wodurch ihre Wahrscheinlichkeit im Allgemeinen erhöht wird, und ich habe endlich als wichtigstes Resultat meiner statistischen Erhebungen die Thatsache gewonnen, dass die meisten gerichtlichen Fälle, in denen Ohnmacht im Zeitpunkte des Gebäraktes geltend gemacht wird, in dem Vorgange des letzteren auch die zum Zustandekommen einer Ohnmacht nothwendigen Bedingungen erkennen lassen, und zwar in einem Maasse, dass man den bezüglichen Angaben im Allgemeinen eine grössere Glaubwürdigkeit beizulegen verpflichtet ist. Diese letztere Folgerung wird noch durch einige ausserhalb des Geburtsvorganges gelegene Momente, wie erstmaliges Gebären, vorgerückteres Alter der Gebärenden, Zeugenbeobachtung beim Gebärakt und Geständniss der strafbaren That bei gleichzeitigem Aufrechterhalten der Ohnmachtsbehauptung wesentlich gestützt.

Nachdem ich somit die praktischen Gerichtsfälle, um die es sich hier ja allein handelt, auf ihr Verhalten zu den mit Bezug auf Ohnmachtseintritt zu machenden theoretischen Erwägungen geprüft und gefunden habe, dass sie den theoretischen Voraussetzungen im Allgemeinen entsprechen, will ich noch ihr Verhalten zu den im Vorstehenden aufgeführten, mehr oder weniger ausführlich geschilderten beobachteten Fällen beleuchten.

Aus der einschlägigen alten Litteratur habe ich nur drei Fälle herausgefunden, die als Beispiele für das Statthaben einer Entbindung während eines Ohnmachtszustandes dienen könnten. Durch meine Rundfragen habe ich noch vier von Aerzten und einen von einer Hebamme beobachteten, im Ganzen also 5 neue Fälle hinzubekommen, so dass ich somit über 8 Fälle verfügen konnte.

Den nächstliegenden Vergleichungspunkt zwischen den gerichtlichen und diesen beobachteten Fällen giebt der Stand der betheiligten Personen ab.

Wir finden unter den acht Personen der beobachteten Fälle drei Mädchen ohne nähere Bezeichnung ihres Standes (Fall von Mende, Schmitt und Kremling), ein Dienstmädchen (Fall von Kamnitzer) und vier Frauen, von denen nur zwei näher bezeichnet sind: die eine als Arbeiterfrau (Fall von Kreusler), die andere als Gerichtsbotenfrau (Fall von der Hebamme).

Alle diese Personen dürften ihrem Stande nach mehr zu der arbeitenden Menschenklasse zu rechnen sein, und so finden wir auch unter den gerichtlichen Fällen, in denen Ohnmacht beim Gebärakte geltend gemacht wird, vorwiegend die arbeitende Klasse vertreten. Die meisten der Angeschuldigten, deren Stand nicht näher oder nur mit „unverehelicht“ bezeichnet ist, sind Dienstboten oder Töchter von kleinen Besitzern und kommen als solche, da sie die häuslichen und landwirthschaftlichen Verrichtungen auszuführen haben, den Dienstboten gleich. Ihnen ganz nahe stehen die mit „Wirthin“ bezeichneten Personen (nur drei als solche in den Anhängen vermerkt: Fall 15, 39 und 75), und vielleicht etwas weniger nahe, weil mit leichterer Handarbeit beschäftigt, die Schneiderinnen (Fall 59, 108 und 125) und Töchter von Handwerkern und kleinen Beamten (Tischlerstochter im Fall 13, Bahnmeisterstochter im Fall 42). Die ziemlich zahlreich vertretenen Wittwen — ich zähle deren 9 unter den 134 Fällen beider Anhänge — sind meistens Frauen von Arbeitern oder kleinen Besitzern gewesen und somit dem Arbeiterstande in gleicher Weise angehörig, wie die vereinzelten verehelichten Frauen (Fall 82, 83, 119), deren eine als Bauerhofsbesitzerin bezeichnet ist.

Wir haben es also in den gerichtlichen Fällen thatsächlich nur mit Personen aus niederem Stande, die vorwiegend oder fast durchweg der Klasse der arbeitenden angehören, zu thun, und finden somit eine gewisse Uebereinstimmung ihres Standes mit dem der Personen aus obigen Beispielen.

Aus dem Stande, den diese Personen einnehmen, ist leicht auf deren Körperkonstitution zu schliessen. Im Allgemeinen werden wir bei den zur Anklage kommenden Personen einen mehr robusten, durch Arbeit gestählten Körper annehmen dürfen, was sicherlich in den meisten Fällen, trotzdem besondere Angaben hierüber fehlen, zutreffen wird. In zweien der beobachteten Fälle jedoch, in den Fällen von Schmitt und Kremling, wird ausdrücklich die „zarte“ Körperkonstitution hervorgehoben. Diese Fälle aber werden wir für die gerichtlichen gerade als Ausnahmefälle anzusehen haben, weil aus der weiteren Schilderung derselben hervorgeht, dass die betreffenden Personen — und damit komme ich zu einem dritten Vergleichungspunkte — von nicht ganz intaktem Gesundheitszustande gewesen zu sein scheinen. Bei der einen nämlich (Fall Kremling) wird hinzugefügt, dass sie „hysterisch veranlagt“ war, und bei der anderen (Fall Schmitt) geht aus der ganzen Schilderung des Vorganges hervor, dass wir es wohl ebenfalls mit einer hysterisch veranlagten Person zu thun haben. Die übrigen Personen in den beobachteten Fällen waren jedenfalls gesund, wenigstens ist nichts Näheres über ihren Gesundheitszustand berichtet, bis auf das Dienstmädchen im Falle von Kamnitzer, von welchem ausdrücklich erwähnt wird, dass es bis zum Zeitpunkte der Entbindung stets gesund gewesen sei, von gesunden Eltern abstammte und nie an Ohnmachten, Krämpfen etc. gelitten habe.

In den sämmtlichen, von mir benutzten gerichtlichen Fällen finde ich nur zweimal krankhafter Körperzustände Erwähnung gethan, und zwar in den beiden Fällen 90 und 91, in welchen die eine Betheiligte an Krämpfen gelitten haben will, die andere nach ärztlicher Feststellung „an hysterischer Exaltation und epileptischen Krämpfen“ thatsächlich gelitten hat. Ausserdem ist mir noch von zwei Landgerichten (Stendal und Görlitz) berichtet worden, dass in einem Falle von der Angeklagten selber behauptet worden sei, dass sie bei der Geburt epileptische Krämpfe gehabt, an denen sie übrigens schon längere Zeit vorher gelitten habe, und dass in dem anderen Falle die Angeklagte von ihrem dritten Jahre ab an Krämpfen gelitten haben will.

Von den übrigen Personen wird, soweit in den Protokollen oder Gutachten überhaupt über den Körperzustand etwas erwähnt wird, meistens positiv berichtet, dass sie gesund gewesen seien. Somit haben wir es vor Gericht in der Regel mit gesunden Personen, und nur ganz ausnahmsweise einmal mit einer krankhaft belasteten Person zu thun, so dass wir in der Körperbeschaffenheit der betheiligten Personen nur vergeblich nach der Ursache für die angeblich vorhanden gewesene Ohnmacht suchen werden.

Diese Thatsache widerspricht aber der allgemeinen Erfahrung über das Vorkommen der Ohnmacht ausserhalb des Gebäraktes keineswegs. Die Erfahrung lehrt zwar, dass unter gewöhnlichen Verhältnissen vorwiegend heruntergekommene, blasse und nervöse Personen von der Ohnmacht befallen werden, sie giebt aber zu, dass auch robuste, kräftige, also gesunde Personen von ihr ereilt werden, und jeder Arzt darf sich nur daran erinnern, wie oft unter seinen Augen die kräftigsten Personen, meist aus geringer Veranlassung, ohnmächtig niedergestürzt sind, um diese Erfahrung bestätigt zu finden. Zudem wissen wir ja gar nicht, ob unter den vielen anscheinend gesunden Personen, denen wir mit der Behauptung erlittener Ohnmacht vor Gericht begegnen, nicht mehr krankhaft belastete, vornehmlich hysterische Personen vorkommen, als wir anzunehmen gewohnt sind. Dem

Wesen der Ohnmacht nach, das, wie gezeigt, in einer Störung der Blutcirculation besteht, werden Personen mit krankhafter Veränderung derjenigen Organe, welche die Blutcirkulation zu reguliren haben, also des Herzens und der Nerven, der Ohnmacht leichter unterliegen, woher anzunehmen ist, dass Personen mit Herzfehlern oder krankhafter Nerventhätigkeit (Nervosität, Hysterie, Epilepsie) zur Ohnmacht gewissermaassen disponiren könnten. Wer aber sieht es vor Gericht den anscheinend gesunden Personen an, dass sie von den genannten krankhaften Affektionen thatsächlich frei sind? Eine Untersuchung hierauf findet in der Regel nicht statt, und fände sie statt, so wären jene Krankheitszustände, namentlich die das Nervensystem betreffenden, wenn vorhanden, vielleicht noch festzustellen, ihr Nichtvorhandensein aber nicht leicht mit Sicherheit auszuschliessen. Es könnten also auch krankhaft afficirte, zur Ohnmacht neigende Personen unter den eine Ohnmacht geltend machenden Angeklagten vorhanden sein, und sie sind gewiss auch hier und da vorhanden; für gewöhnlich aber ist dies wohl nicht der Fall, wofür unter anderem auch die Form der Ohnmacht spricht, durch die sie sich z. B. von den Ohnmachten Hysterischer unterscheiden. Wir erinnern uns nämlich, in dem Schmitt'schen Falle, der also eine hysterische Person betraf, einen gewissen eigenthümlichen Verlauf der Ohnmacht beobachtet zu haben. Sie war vor allem von bedeutenderer Intensität und dauerte weit über das übliche Zeitmaass hinaus; sie hatte also nicht den Charakter der reinen Ohnmacht, sondern war noch mit gewissen, durch das Nervenleiden bedingten Nebenerscheinungen komplicirt. Die Ohnmachten dagegen, wie sie von den Angeschuldigten vor Gericht behauptet werden, lassen meistens die leichtere Form erkennen, sind frei von nervösen Nebenerscheinungen und gehen verhältnissmässig schnell vorüber.

Diese letztere Erscheinung führt uns auf einen weiteren Vergleichungspunkt, auf die Zeitdauer der Ohnmacht.

Während diese also in dem letztgenannten Beobachtungsfalle auf 2 Stunden angegeben ist, betrug dieselbe in dem Mende'schen Falle eine halbe Stunde, in dem Wildberg'schen sogar einige Stunden, bis es zur Geburt kam, und über zwei Tage, bis die Gebärende wieder zur Besinnung gebracht wurde.

Unter den neuen Beobachtungen ist die Zeitdauer der Ohnmacht in dem Falle von Kremling auf 5, in dem von Kreusler auf 10, in dem von Kamnitzer auf 15 Minuten geschätzt, während in den beiden anderen Fällen die Zeit nicht angegeben, doch der Beschreibung nach ebenfalls nur auf Minuten zu schätzen ist.

In den gerichtlichen Fällen haben wir Angaben, nach welchen die Zeitdauer von wenigen Sekunden bis zu mehreren Stunden betrug. Hierbei ist jedoch zu erwägen, dass die Schätzung von den Angeschuldigten selber herrührt und mit Bezug auf die längere Dauer von mehreren Stunden theilweise eine tendenziöse Ueberschätzung bilden, theilweise allerdings mit ihrer längeren Dauer dennoch der Wahrheit entsprechen kann. Denn es ist nicht einzusehen, warum eine Ohnmacht, die mit dem Ende des Gebäraktes begonnen und weder durch äussere, noch durch andere Einwirkungen unterbrochen wird, nicht über das übliche Maass von Zeit fortdauern oder gar in einen Schlaf- oder auch nur halbwachen Zustand übergehen könnte, zu dem sich noch die durch Ohnmacht bedingte Körperschwäche hinzugesellt? Die Ohnmächtigen bleiben eben, da sie nicht künstlich zum Bewusstsein zurückgebracht werden, je nach der Tiefe der Ohnmacht kürzere oder längere Zeit liegen und sind, selbst wenn bereits das Bewusstsein theilweise wiedergekehrt ist, oft nur in Folge der allgemeinen Körperschwäche nicht im Stande, sich zu erheben, was sie ja vielfach direkt angeben; sie rechnen aber diese ganze Zeit, die sie auch im halbwachen Zustande daliegen, zur Ohnmachtsdauer mit, woher wir in ihren Angaben über die Ohnmacht zuweilen eine Zeitdauer von mehreren Stunden antreffen.

Haben diese Angaben somit nichts Befremdendes an sich, sofern sie sogar physiologisch denkbaren Vorgängen entsprechen, so könnten sie andererseits durch die Beobachtungen von Schmitt und Wildberg gestützt werden. Indessen liegen beiden Fällen abnorme Körperzustände, dem einen eine nervöse Affektion, dem anderen eine voraufgegangene Körpererschütterung, also eine Verletzung zu Grunde, und wenngleich diese Fälle zum Beweise der Möglichkeit einer Geburt im Ohnmachtszustande stets dienen werden, so würde man sie zum Vergleich mit den vor Gericht behaupteten Ohnmachten doch nur in Ausnahmefällen heranziehen dürfen. Vielmehr entsprechen die gerichtlichen Fälle mit

Bezug auf die Zeitdauer weit mehr den anderen Beobachtungen, in welchen die Zeitdauer der Ohnmacht eine verhältnissmässig kurze gewesen ist.

Vergleichen wir ferner gerichtliche und Beobachtungsfälle mit Bezug auf die inneren Bedingungen, die zur Ohnmacht geführt haben, so finden wir Folgendes.

Beim Mende'schen Falle war die Ohnmacht durch die vorangegangene psychische Erregung und momentan durch die schmerzhaften Drangwehen sowie die behufs Stuhlentleerung eingenommene aufrechte Körperstellung bedingt worden. In dem Schmitt'schen Falle trat die Ohnmacht gleich beim Eintritt der Geburtswehen, ebenfalls also in Folge der grossen Schmerzen ein. In dem Wildberg'schen Falle wurde sie durch eine heftige Erschütterung des Leibes bedingt, in dem Kremling'schen durch den heftigen Geburtsschmerz nach voraufgegangener grosser Unruhe und Aufregung, in dem Pflüger'schen und Kreusler'schen Falle durch plötzlich eingetretene, aus der vorliegenden Nachgeburt herrührende Blutung. In dem Kamnitzer'schen und dem durch die Hebamme beobachteten Falle endlich befanden sich die Gebärenden in aufrechter Körperstellung, als fast gleichzeitig mit der Ausstossung des Kindes die Ohnmacht eintrat.

Wir treffen also auch hier alle obengenannten, zum Zustandekommen einer Ohnmacht wesentlichen Bedingungen wieder an, und somit würden mit diesen Beobachtungsfällen die praktischen Gerichtsfälle im allgemeinen übereinstimmen. Im speciellen jedoch weichen dieselben von einzelnen jener Fälle ganz wesentlich ab.

Einen Fall, in welchem ein ähnliches Motiv für die Ohnmacht wie in dem Wildberg'schen Falle, also eine auf den Körper der Gebärenden kurz vor der Entbindung einwirkende äussere Schädlichkeit (heftige Erschütterung durch Stoss), von der Angeschuldigten geltend gemacht worden oder in ihren Angaben über den Geburtsverlauf zu finden gewesen wäre, habe ich unter den aufgeführten Gerichtsfällen nicht gefunden; dieses Motiv wird also, wenngleich es, wie oben angenommen, auch bei der heimlichen Geburt einmal vorkommen könnte, bei dieser vermuthlich höchst selten vorkommen.

Die Blutung finden wir in zweien der Beobachtungsfälle als Ohnmachtsursache aufgeführt. In den gerichtlichen Fällen jedoch haben wir gerade die Blutung am seltensten als Ursache für das Eingetretensein der Ohnmacht von den Angeschuldigten angeführt bezüglich angenommen gefunden. Diese Thatsache erscheint mir auch den Verhältnissen durchaus entsprechend. Das Vorliegen des Mutterkuchens, das vor Ausstossung des Kindes sehr wohl äusserst heftige und bis zur Ohnmacht führende Blutungen bedingen kann, und, wie beobachtet, bedingt hat, ist ein so äusserst seltenes und vorwiegend gerade bei Mehrgebärenden vorkommendes Ereigniss, dass wir keinen Grund haben, es gerade bei der heimlichen Geburt, die vorwiegend Erstgebärende betrifft, als irgend wie häufig vorkommend anzunehmen, und auch für die aus anderen Gründen etwa stattfindende Blutung vor Ausstossung des Kindes können wir weder in den körperlichen, noch äusseren Verhältnissen der heimlich Gebärenden irgend eine plausible Ursache finden. Eine Blutung unmittelbar nach Ausstossung des Kindes mag häufiger vorkommen, wenigstens häufiger, als Angaben hierüber gemacht werden; allein ein zwingender Grund für ein sehr häufiges Eintreten derselben ist ebenfalls nicht zu finden. Denn die der plötzlichen Ausstossung des Kindes leicht folgende momentane Erschlaffung der Gebärmutter, durch die eine der Geburt des Kindes unmittelbar nachfolgende Blutung bedingt wird, wird gerade bei kräftigen Personen, aus denen ja die meisten heimlich Gebärenden bestehen, leichter überwunden und ausgeglichen, als bei schwachen, zarten Personen, weil bei ersteren neben der allgemeinen Kräftigkeit des Körpers auch eine kräftige Muskulatur der Gebärmutter naturgemäss vorhanden ist. Die nachfolgende Blutung spielt daher bei der heimlichen Geburt wohl nur eine mehr nebensächliche Rolle; sie unterstützt im gegebenen, wie z. B. auch im Kamnitzer'schen Falle, in welchem die Gebärende in einer grossen Blutlache auf Knieen liegend gefunden wurde, die anderen etwa vorhandenen Ohnmachtsbedingungen ganz gewiss, sie allein jedoch — es werden bekanntlich bei der Entbindung ganz enorme Blutungen vertragen, ohne dass Ohnmacht eintritt — führt sicherlich vielleicht eben so selten zur Ohnmacht nach der Geburt, wie die durch Vorliegen des Mutterkuchens bedingte Blutung schon ihrer Seltenheit wegen bei der heimlichen Geburt zur Ohnmacht vor dem Gebärakte führt.

Schmerz und psychische Erregung sehen wir in dreien der Beobachtungsfälle (Schmitt, Mende und Kremling) als wesentliche Ohnmachtsbedingungen hervortreten. In den gerichtlichen Fällen finden wir ersteres Moment in einer verhältnissmässig grossen Anzahl derselben, letzteres dagegen nur höchst selten von den Angeschuldigten geltend gemacht. Allein dieser letztere Umstand, dass die Angeschuldigten selber diese Momente weniger hervorheben, hindert uns nicht, schon auf Grund der obigen theoretischen Erwägungen anzunehmen, dass diese Momente in praxi sicherlich eine ganz wesentliche Rolle spielen. Objektiv fanden wir diese Annahme durch die Thatsache noch besonders gestützt, dass sich unter den heimlich Gebärenden ein bedeutender Prozentsatz Erstgebärender und eine ebenfalls grosse Zahl im Alter verhältnissmässig vorgerückter Personen befanden, Momente, die, wie wir erfahren haben, zur grösseren Schmerzhaftigkeit des Gebäraktes ganz besonders beitragen.

Endlich zeigen uns die beiden von Dr. Kamnitzer und der Darkehmer Hebamme beobachteten Fälle zugleich mit dem Mende'schen Falle einen mit Ohnmacht komplizirten Entbindungsvorgang, in welchem wir als die augenscheinlichste Ohnmachtsbedingung neben dem übergrossen Schmerz die aufrechte Körperstellung ansehen müssen. Diesen beiden Beobachtungen entsprechen die vor Gericht zur Verhandlung kommenden Fälle am allermeisten. Ich habe, wie oben gezeigt, nicht nur das, was andere Forscher bereits zahlenmässig nachgewiesen haben, bestätigt gefunden, dass nämlich die aufrechte Körperstellung bei der heimlichen Geburt eine überaus häufige, etwa in der Hälfte der Fälle vorkommende ist, sondern ich habe gleichzeitig gefunden, dass die aufrechte Körperstellung unter denjenigen heimlich Gebärenden, welche eine Ohnmacht in irgend einem Zeitpunkte des Gebäraktes geltend machen, verhältnissmässig noch häufiger, nämlich in zwei Drittel der Fälle, vorkommt, somit bei der Frage nach der Ohnmacht im Geburtsstadium der heimlich Gebärenden eine überaus wichtige Rolle spielt, und zwar ist das Zahlenverhältniss ein fast gleiches, je nachdem die Angeschuldigten in Folge der eingetretenen Ohnmacht von dem

Gebärakte nichts mehr empfunden haben wollen, oder angeben, den Gebärakt noch perzipirt zu haben und dann erst ohnmächtig geworden zu sein. Wie nahe aber diese Vorgänge einander stehen können, ersehen wir auf's Deutlichste gerade aus den obigen beiden Beobachtungen. In dem von der Hebamme beobachteten Falle trat die Ohnmacht beim sogenannten Durchschneiden des Kopfes ein, als dieser eben durch die Schamspalte zu treten im Begriff war, also im eigentlichen Sinne des Wortes im Momente des Gebärens, und die Gebärende hatte von dem Vorgange der Geburt selbst keine Bewusstseinsempfindung mehr. In dem Kamnitzer'schen Falle trat die Ohnmacht unmittelbar nach Ausstossung des Kindes ein, so dass die Gebärende von dem Geburtsvorgange noch eine vielleicht theilweise Bewusstseinsempfindung gehabt zu haben scheint; denn sie giebt an, dass ihr in knieender Stellung das Kind plötzlich hervorgeschossen sei, und dass sie das Eintreten des Arztes noch bemerkt habe, sie weiss aber nicht, dass sie geschrieen hat, während sie recht laut geschrieen haben muss, da sie sogar in der gegenüberliegenden Küche von dem Mädchen gehört worden ist. Fast gleiche, mit Ohnmacht komplizirte Geburtsvorgänge erkennen wir, wie wir gesehen haben, aus den meisten Schilderungen der vor Gericht erscheinenden, betreffenden Angeschuldigten heraus. Bald sind sie im Stehen, Sitzen oder Knieen, bald in der Absicht, die Nothdurft zu verrichten, oder, weil sie es liegend im Bett nicht mehr aushalten konnten, in jener ungewöhnlichen Körperstellung von der Geburt resp. Ohnmacht überrascht worden; bald wissen sie sich des Momentes, da das Kind den Mutterleib verlassen hat, noch zu erinnern, bald ist ihnen auch dieser Vorgang durch die kurz vorher eingetretene Ohnmachtsbewusstlosigkeit schon entrückt worden, so dass ihnen von demselben keine Erinnerung mehr geblieben ist. Kurz, diese gerichtlichen Fälle entsprechen den beiden letztangeführten Beobachtungen in den Einzelheiten des Geburtsvorganges und gleichzeitig mit Bezug auf den Ohnmachtseintritt im allgemeinen so genau, als ob wir es in jenen beiden Beobachtungsfällen mit einem Paar heimlicher Geburten zu thun hätten. Und bildet der Kamnitzer'sche Fall nicht in der That gewissermassen eine ärztlich beobachtete heimliche Geburt? Von der Person, um die es sich hier handelt, wusste zwar, wie es in der Mittheilung heisst, das ganze Haus, dass sie schwanger sei; sie war sogar, wie ich von Dr. Kamnitzer weiter erfuhr, bereits als künftige Amme fest engagirt; sie verhinderte aber das zweite Mädchen, Licht anzuzünden, weil sie angeblich nicht geglaubt, dass es jetzt schon zur Geburt kommen sollte. Wer kann hier wissen, ob in diesem Verhindern des Lichtanzündens nicht dennoch die Absicht gelegen haben mag, es dem Zufall zu überlassen, ob das Kind bei der im Dunkeln vor sich gehenden Geburt am Leben bleiben würde oder nicht! Wie dem auch sei, Thatsache bleibt, dass eine einsam und ohne Beihilfe Gebärende in dem Moment, als das Kind soeben den Mutterleib verlassen hatte, von einem Arzte betroffen worden ist, der die eben Entbundene bewusstlos über das Kind hinwegfallen sah.

Eine einzige solche Beobachtung beweist uns mehr, als viele noch so wissenschaftlich gehaltene Reflexionen. Sie beweist uns nicht nur die Möglichkeit eines solchen Vorkommnisses, sie lehrt uns noch viel mehr die Vorgänge bei der heimlichen Geburt **verstehen** und ähnliche bei der letzteren geltend gemachte Umstände, speziell die auf Ohnmacht bezüglichen, als wahrscheinlicher und glaubwürdiger anerkennen, als wir es bisher zu thun geneigt sein mochten. Aehnlich wie in diesen beiden Beobachtungsfällen gehen ganz gewiss viele heimliche Geburten vor sich. In beiden Fällen haben wir es mit gesunden, kräftigen, der arbeitenden Klasse angehörenden Personen und gleichzeitig mit Erstgebärenden zu thun, genau so, wie wir es bei den meisten der mit der Ohnmachtskomplikation heimlich Entbundenen gefunden haben, und in beiden Fällen sind es dieselben ungewöhnlichen Verhältnisse gewesen, die wir auch in den meisten der gerichtlichen Fälle als Ohnmachtsbedingungen angetroffen haben. Vornehmlich aber stimmen die gerichtlichen Fälle mit den beiden genannten im grossen und ganzen in der Form der Ohnmacht überein. Es ist nicht jene tiefe, stundenlang anhaltende, meistens auf krankhaftem Körpergrunde zur Entwickelung kommende oder direkt durch Körperverletzung erzeugte Ohnmacht, wie in dem Schmitt'schen, Kremling'schen und Wildberg'schen Falle, auch meistens nicht jene tiefe, durch Verblutung bewirkte Ohnmacht, sondern die leichtere, verhältnissmässig kurz vorübergehende, ohne nervöse Nebenerscheinungen verlaufende Ohnmacht, wie sie auch ausserhalb des Gebäraktes, um Vieles mehr aber gerade bei der heimlichen Geburt vorkommt.

Vergleichen wir somit die praktischen Gerichtsfälle in ihrer Gesammtheit mit sämmtlichen beobachteten Fällen, so müssen wir zu der Ueberzeugung gelangen, dass vielleicht hier und da ein zu ersteren gehöriger Geburtsvorgang sich so zugetragen haben mag, wie in den meisten der beobachteten Fälle, dass aber der häufigste Vorgang bei der heimlichen Geburt den in den beiden letztgenannten Beobachtungsfällen geschilderten und authentisch beobachteten Geburtsvorgängen entspricht und demgemäss bei jener häufiger vorkommt, als man bisher angenommen hat, mindestens so häufig, als es die statistisch gefundenen Zahlenverhältnisse andeuten.

XI.

Widerlegung der entgegenstehenden Meinungen.

Nachdem die Frage nach der Möglichkeit des Geburtsvorganges in einer durch Ohnmacht bedingten Bewusstlosigkeit auf Grund der aufgeführten beobachteten Fälle nunmehr endgültig im bejahenden Sinne entschieden ist, müssen zunächst sämmtliche Zweifel fallen, die sich bisher etwa noch auf ein Fehlen einschlägiger Beobachtungen gestützt haben. Wenn solche Zweifel bis jetzt noch thatsächlich bestanden haben, so ist dies vornehmlich dem Umstande zuzuschreiben, dass die früheren Beobachtungen in alten Schriften zerstreut und dort dazu noch mit den Beschreibungen aller möglichen anderen Körperzustände zusammengeworfen sich befanden, so dass es sogar zweifelhaft bleiben konnte, ob man es in jenen Beobachtungen mit wirklichen Ohnmachtszuständen überhaupt zu thun habe, und wir haben ja bei dem eben durchgeführten Vergleich der praktischen Gerichts- mit den bekannt gewordenen Beobachtungsfällen selber gesehen, wie wenig jene alten Beobachtungen zur allgemeinen Nutzanwendung auf die praktischen Gerichtsfälle geeignet sind. Indessen liegt jetzt die Sache anders: man wird nicht mehr berechtigt sein, von einer Unmöglichkeit des Vorganges, der daher „niemals“ vorkomme, zu sprechen, oder denselben kurzweg als „Erfindung“ zu bezeichnen, man wird vielmehr fortan, sofern die Frage nach der Möglichkeit des Vorganges in Betracht kommt, mit glaubhaften, einschlägigen Beobachtungen zu rechnen haben.

Bei diesem Feststehen der Möglichkeit des Vorganges ist es mithin auch gleichgültig geworden, ob andere, ähnliche Zustände für oder gegen dieselbe sprechen. Die Thatsache, dass eine Geburt in eklamptischer, oder, wie neuerdings beobachtet ist, in einer durch Hypnotismus erzeugten Bewusstlosigkeit vor sich gehen kann, braucht ebensowenig für die Möglichkeit des Geburtsvorganges in einer Ohnmachtsbewusstlosigkeit zu sprechen, wie die Beobachtung, dass ein ohnmachtähnlicher Schlaf unmittelbar vor und nach der Geburt bestanden hat, während in der Geburtszeit selbst Bewusstsein vorhanden war, gegen jene Möglichkeit sprechen kann. Ebensowenig werden Beobachtungen, dass es in einer Verblutungsohnmacht, die kurz vor der Geburt des Kindes in Folge Platzens eines Scheidenkrampfaderknotens eintrat, nicht mehr zur Ausstossung des Kindes kam, die Frau vielmehr unentbunden starb, die Möglichkeit der Geburt in einer aus gleicher oder ähnlicher Veranlassung stattfindenden Ohnmacht jemals erschüttern können.

Ich führe diese Beispiele hier an, weil dieselben mir als Ausdruck entgegenstehender Ansichten auf meine erwähnten Rundfragen zugegangen sind, also vielleicht auch anderweitig noch vertreten werden; ich habe daher auch den nachstehenden Erörterungen vorwiegend nur solche Meinungsäusserungen zu Grunde gelegt, die mir theils aus dem geführten Briefwechsel, theils aus den in den Akten enthaltenen schriftlichen Gutachten bekannt geworden sind.

Weit mehr als der Möglichkeit werden der Wahrscheinkeit eines öfteren Vorkommens des in Rede stehenden Geburtsvorganges Zweifel entgegengesetzt, und zwar geht man in dieser Beziehung bald mehr von allgemeinen, bald von specielleren, den Gegenstand unserer Beobachtung betreffenden Gesichtspunkten aus.

1. Allgemeine, gegen die Ohnmachtsbehauptung geltend gemachte Gesichtspunkte.

Der Hauptzweifel stützt sich auf die Seltenheit der Beobachtung des in Rede stehenden Geburtsvorganges in der Praxis sowohl, als auch vornehmlich in den Entbindungsanstalten. Allein man geht, wie ich bereits oben angedeutet, von einer irrigen Voraussetzung aus, wenn man aus dem seltenen Vorkommen ähnlicher Beobachtungen unter den genannten Verhältnissen Schlüsse auf ein selteneres Vorkommen der Ohnmacht bei der heimlichen Geburt ziehen will. Es liegt, wie ich auseinandergesetzt, in der Natur der Sache, dass jenes Vorkommniss unter gewöhnlichen Verhältnissen eine Seltenheit, eine Ausnahme bildet, weil ihm eben die Bedingungen zu seinem Zustandekommen fehlen. Die üblichen Entbindungen in der Praxis, wie in den Anstalten, haben in Bezug auf die Ohnmachtsfrage mit der heimlichen Entbindung nichts gemein, was einen Vergleich mit ihr rechtfertigen könnte; es wird daher künftighin von einer Bezugnahme auf die Thatsache, dass unter gewöhnlichen Verhältnissen „fast niemals" oder „höchst selten" oder „nur unter besonderen Umständen" ein solches Vorkommniss sich ereignet, abzusehen sein.

In auffallendem Kontrast mit der Seltenheit ihrer Beobachtung unter gewöhnlichen Verhältnissen scheint den meisten Gerichtsärzten, wie wir oben gesehen haben, die grosse Häufigkeit ihrer Behauptung vor Gericht zu stehen. Allein ich habe die letztere Annahme auf Grund meiner obigen statistischen Erhebungen auf ihr richtiges, wenigstens der Wirklichkeit entsprechendes Maass zurückgeführt, so dass es nunmehr weder heissen darf: Die gedachte Behauptung machen „alle" vor Gericht, noch: Es machen sie „die meisten". Es ist eben nur ein bestimmter Bruchtheil sämmtlicher zur Anklage gelangender heimlich Gebärender, die jenen Geburtsvorgang behaupten, und dieser Umstand, dass es verhältnissmässig wenige sind, macht es in Verbindung mit den gefundenen anderen statistischen Erhebungen wahrscheinlich, dass der Geburtsvorgang sich thatsächlich verhältnissmässig oft so verhält, wie er behauptet wird.

Gegen diese letztere Wahrscheinlichkeit ganz besonders sollen eine Menge, vornehmlich von juristischer Seite, aber auch von Medicinern geltend gemachte, mehr äusserliche Momente sprechen.

Die in Rede stehende Behauptung der Angeschuldigten, wird gesagt, sei an sich als Vorspiegelung, als Lüge anzusehen, weil meistens die gesammten Aussagen dieser Angeschuldigten vor Gericht nur Lügen seien. Die Personen selbst seien schlechte Menschen, die das Verbrechen lange vorher planen und alsdann mit Ueberlegung ausführen, also Mörderinnen, deren unwahre Angaben durch den Charakter des Verbrechens begründet seien, indem sie das letztere durch jene zu entschuldigen suchten. Da ihre Angaben überhaupt unwahr seien, so seien auch die über den Geburtsverlauf gemachten unwahr.

Es kann hier nicht meine Aufgabe sein, die Unhaltbarkeit von Anschauungen zu erörtern, die weder vom heutigen kriminalistischen Standpunkte, noch von dem des Psychologen zu rechtfertigen sind. Schon die eine Voraussetzung, die den Kernpunkt der gesammten Anschauungsweise bildet, dass wir es mit schlechten, das Verbrechen lange vorher planenden Menschen zu thun haben, widerspricht jeder vorurtheilsfreien Meinung. Denn wir wissen, dass die allermeisten dieser Personen bis zum Eintritte desjenigen Ereignisses, das sie vor Gericht geführt, ohne verbrecherische Neigungen wie andere Menschen dahingelebt, und dass selbst diejenigen, die eingestandenermaassen das Verbrechen begangen haben, den Entschluss zu demselben meistens erst im Moment seiner Ausführung und unter der Einwirkung einer Summe auf ihr Gemüth einstürmender Verhältnisse gefasst haben. Das Verbrechen des sogenannten Kindesmordes wird daher auch ganz allgemein als Kindes tödtung aufgefasst. Dass diese Personen ihre That vor Gericht durch unwahre Angaben zu entschuldigen suchen, liegt aber nicht allein in dem Charakter dieses Verbrechens, sondern in dem einer jeden strafbaren Handlung; daher jenes bekannte französische Sprichwort: „Wenn mir zur Last gelegt wird, die Spitze des Kirchthurms von Notre-Dame zu Paris gestohlen zu haben, so laufe ich zunächst fort.“ Es muss also wohl zugegeben werden, dass diese Personen im allgemeinen unwahre Angaben machen; es kann auch zugestanden werden, dass sie über den Geburtsverlauf vielfach unwahre Angaben machen werden: es folgt hieraus aber keineswegs, dass sämmtliche Einzelheiten ihrer über den Geburtsverlauf gemachten Angaben unwahr sein müssen. Ihre unwahren Angaben haben, wie ich oben bereits auseinandergesetzt, wohl die allgemeine Tendenz, ihre Schuld zu verdecken, und dazu wird natürlich auch die einmal gemachte Angabe über die Ohnmacht mitbenutzt; sie haben aber, worauf es mit Bezug auf unsere Frage ankommt, nicht die zielbewusste Tendenz, durch die über den Geburtsverlauf mitgetheilten Einzelheiten die behauptete Ohnmacht zu begründen. Diese Einzelheiten geben sie unbewusst an, und mögen sonst die Angaben über die gesammten in Frage kommenden Dinge vielfach unwahr und übertrieben sein: die über die Einzelheiten des Geburtsverlaufes gemachten Angaben entsprechen meistens den wirklichen Vorgängen und gestatten keineswegs die summarische Abfertigung, dass auch sie unwahr sein müssen, weil jene Unwahrheiten enthalten.

Hiermit fällt auch der Einwand, dass die behauptete Ohnmacht deswegen eine Unwahrheit sei, weil die Aussagen der Angeschuldigten im Allgemeinen innere Widersprüche enthielten. Sofern sich diese Annahme auf die Aussagen über den Geburtsverlauf beziehen soll, dürften die Widersprüche leicht herauszufinden und zu urgiren sein. Wenn z. B. im Falle 2 die Angeschuldigte behauptet, in Folge der Ohnmacht vom Gebärakte nichts gewusst zu haben, dann aber sich erinnern will, das Kind noch schreien gehört zu haben und dann erst eingeschlafen zu sein, oder wenn die Angeschuldigte im Falle 4 während des Gebäraktes ohnmächtig gewesen sein will, dann aber behauptet, noch gemerkt zu haben, dass das Kind während der Geburt noch gelebt habe, so sind dies selbstverständlich innere Widersprüche, die das Vorhandengewesensein einer vollkommenen Ohnmachtsbewusstlosigkeit während des Gebäraktes ausschliessen. Desgleichen werden wir innere Widersprüche in Aussagen erkennen, wie im Fall 56, in welchem die Angeschuldigte ganz besinnungslos gewesen, die Geburtsschmerzen aber unwillkürlich unterdrückt haben will, oder im Falle 124, in welchem die Angeschuldigte während des Gebäraktes ohnmächtig gewesen sein, sich aber erinnern will, bei der Geburt nicht geschrieen zu haben, weil die Schmerzen nicht so stark gewesen seien, wozu noch das objektive Moment hinzukommt, dass sie dem Kinde, trotzdem sie es für todt hält, einen Leinwandlappen in den Mund stopft. Solche Widersprüche sind leicht herauszuerkennen, und kein Gutachter wird in solchem Falle die behauptete Ohnmacht als während des Gebäraktes stattgehabt gelten lassen. Der Umstand aber, dass solche Widersprüche in einzelnen Fällen nachzuweisen sind, kann die Annahme, dass Ohnmachten bei heimlich Entbundenen häufiger als unter gewöhnlichen Verhältnissen vorkommen, ebensowenig erschüttern, wie z. B. die Thatsache, dass einzelne Angeschuldigte die anfangs behauptete Ohnmacht sogar selber widerrufen. Ueberdies können wir ja in Fällen, in denen der Gebärakt schon während der eingetretenen Ohnmacht vor sich gegangen sein soll, detaillirte Angaben über denselben naturgemäss nicht erwarten, während wir in denjenigen Fällen, in denen der Gebärakt noch percipirt worden ist, meistens ganz gute und widerspruchsfreie Angaben erhalten.

Zur Begründung der Lügenhaftigkeit und inneren Verstocktheit der Angeschuldigten wird ferner angeführt, dass „offene Geständnisse“ nur vereinzelt, „ein wirkliches Geständniss, welches mit den wirklichen Ereignissen und Thathandlungen sich als völlig deckend zu erachten ist, vielleicht in hundert Fällen ein Mal vorkommt.“

Diese Anschauung, als Resultat einer langjährigen staatsanwaltlichen Praxis bekundet, muss in der That frappiren. Allein hier sind wir in der Lage, in den Akten ein gewiss einwandfreies Material zu besitzen, durch welches die Einseitigkeit einer solchen Anschauung aufs Klarste beleuchtet wird.

Ich verweise zunächst auf die oben aufgeführten, für unsere Frage hochwichtigen 10 Fälle, in denen unter Aufrechterhaltung der Ohnmachtsbehauptung ein volles, mit dem Thatbestand sich durchaus deckendes Geständniss abgelegt ist.

Sollte jedoch geglaubt werden können, dass in der Aufrechterhaltung der Ohnmachtsbehauptung etwa nur eine mildere Beurtheilung der eingestandenen strafbaren That von den Angeschuldigten intendirt sei, so verweise ich weiter auf diejenigen sieben Fälle, in denen bei dem Geständniss der That von einer Ohnmacht nichts mehr erwähnt ist, bezüglich letztere ausdrücklich fallen gelassen ist.

Vollends aber widerlegt wird jene Anschauung durch die Thatsache, dass, wie aus Anhang III ersichtlich ist, unter 103 Angeklagten, die überhaupt keine Ohnmachtsbehauptung aufgestellt haben, 56 Angeklagte ein volles Geständniss abgelegt haben.

Solche Zahlen ersparen uns jede weitere Erörterung und zeigen nur, zu welcher Einseitigkeit ein Urtheil gelangen kann, das sich auf die Erfahrung aus eigener Praxis stützt und eine

Summe von Erfahrungen, die zu erlangen gerade in dieser Frage so leicht war, unberücksichtigt lässt.

Wie gegen die Wahrscheinlichkeit ihrer Behauptungen im Allgemeinen das Verhalten der Angeklagten vor dem Gebärakte, so wird gegen die Wahrscheinlichkeit ihrer behaupteten Ohnmacht insbesondere ihr Verhalten während und nach dem Gebärakte geltend gemacht.

In ersterer Beziehung, in welcher Verheimlichung der Schwangerschaft und absichtliche Verabsäumung, einen Beistand zur Entbindung hinzuzuziehen, in Betracht kommen sollen, darf ich von einer weiteren Erörterung absehen, weil diese Frage die hier vorliegende kaum berührt. Indessen will ich nur daran erinnern, dass man die Verheimlichung der Schwangerschaft zu strafen selbst von gesetzgeberischer Seite längst aufgegeben hat, in ihr also kein so bedeutungsvolles Moment mehr sieht, und dass es zum mindesten sehr bestritten ist, ob man die beistandlose Entbindung, wie es viele praktische Juristen wollen, direkt einer fahrlässigen Tödtung gleichsetzen darf. Denn ein Lehrer der Staatsarzneikunde, wie Krahmer*), lehrt z. B. in dieser Beziehung folgendes: „Hält eine Geschwängerte es für geboten, die Aengste und Gefahren einer Entbindung ohne Zuziehung fremder Hülfe zu bestehen, so hat sie dazu ein Recht, das sie aus Fürsorge für ihr Kind nicht aufzugeben braucht. Selbst wenn die Kreissende in der momentanen Aufregung in eine krankhafte Störung der Seelenthätigkeit gerieth, ihrer freien Willensbestimmung verlustig ging und sich am Leben ihres Kindes vergriff, so trüge letzteres, die Richtigkeit des Vorganges vorausgesetzt, sein eigenes Unglück, nicht eine Schuld der Mutter."

In Betreff des Verhaltens der Angeschuldigten während und nach dem Gebärakte wird gegen ihre Ohnmachtsbehauptungen von richterlicher wie von ärztlicher Seite geltend gemacht, dass die Angeschuldigten trotz letzterer Angaben zuweilen unmittelbar nach dem Erwachen aus der behaupteten Ohnmacht körperliche Verrichtungen vorgenommen zu haben behaupten oder auch nachweislich ausgeführt und zwar bei klarer Besinnung ausgeführt haben, Verrichtungen, zu denen

*) l. c.

ein Kräfteaufwand erforderlich gewesen, der mit der der Ohnmacht folgenden Schwäche im Widerspruch zu stehen scheine. So behaupten einzelne Angeschuldigte, sofort nach dem Erwachen aus der Ohnmacht die Nabelschnur selber mit den Händen zerrissen oder mit Scheere oder Messer durchgeschnitten zu haben. Andere haben mit dem ganzen Kinde bestimmte, grosse Kraftäusserungen erfordernde Manipulationen vorgenommen, haben es eingewickelt, versteckt, fortgetragen, über einen Zaun geworfen, vergraben, nachdem sie ihm den Schädel zertrümmert oder es erwürgt haben. Andere wieder sind sofort an ihre gewohnte Arbeit gegangen, oder haben meilenweite Wege zurückgelegt.

Auch dieser gegen die Ohnmachtsbehauptung erhobene Einwand kann keine Geltung behalten.

Auf der einen Seite ist zu erwägen, dass die Ohnmacht, wie sie bei der Entbindung heimlich Gebärender vorkommt, eine leicht vorübergehende ist und weder eine so nachhaltige Schwäche zurücklässt, wie etwa die durch starke Blutung bedingte Ohnmacht, noch nachträglich eine so starke Benommenheit des Bewusstseins, wie etwa die Eklampsie, an die von den Gutachtern meistens gedacht wird. Auf der anderen Seite ist es bekannt, dass die Willenskraft gar viel vermag und die bevorstehende Gefahr der Entdeckung die Körperkraft ganz unberechenbar zu stählen im Stande ist. Schon diese beiden Faktoren allein gestatten uns, anzunehmen, dass die nach der Ohnmacht entwickelte Körperanstrengung dem wirklichen Stattgehabthaben der ersteren keineswegs widerspricht. Ausserdem aber dürfen uns diejenigen Fälle, in denen trotz eingestandener Mordthat die behauptete Ohnmacht aufrecht erhalten wird, wohl belehren, dass unmittelbar nach der Ohnmacht recht ergiebige Kraftäusserungen möglich sind. Im Falle 25 gesteht die Angeschuldigte, gleich nach dem Erwachen aus der Ohnmacht das Kind mit einem Stück Holz, im Falle 95 es mit einem Baumast erschlagen zu haben. Im Falle 51 hat sie erst eine Schnur von der Kleidertasche abgerissen und mit der Schnur das Kind erdrosselt, im Falle 61 hat sie es mit ihren Händen erwürgt, im Falle 132 hat sie ihm den Kopf mit den Händen zusammengedrückt, im Falle 81 mit einem Messer in den Hals geschnitten. In den Fällen 36 und 57 haben die Angeschuldigten ihre Kinder fortgetragen, in dem einen Falle ist es über den Gartenzaun geworfen, in dem anderen mit dem Kopf gegen einen Kleiderschrank geschlagen worden, und in dem Fall 130 endlich hat die Angeschuldigte ihrem Geständniss gemäss nach dem Wiedererwachen aus ihrer nach geschehener Mordthat eingetretenen Ohnmacht das Blut mit den Kleidern aufgewischt und den Boden gewaschen. Die Glaubwürdigkeit dieser Angaben dürfte kaum angezweifelt werden. Wo aber noch solche Kraftäusserungen unmittelbar nach der Ohnmacht entwickelt werden können, da ist nicht einzusehen, warum dieselbe Angeschuldigte nicht ebenso gut unmittelbar nach der Ohnmacht eine Nabelschnur zerreissen, wie das vielfach die Angeschuldigten selber angeben, oder ihrer gewohnten Arbeit nachgehen können sollte.

Es sollen ferner meistens die anderen ermittelten Umstände gegen eine stattgehabte Ohnmacht sprechen können.

Selbstverständlich werden Mitanwesende oder sonstige Zeugen das Stattgehabthaben der Ohnmacht in dem von der Angeschuldigten angegebenen Zeitpunkte stets widerlegen können, wobei ich nur an den Fall 46 erinnere, in welchem die Angeschuldigte behauptete, beim Herabsteigen von einer Hoftreppe ohnmächtig und entbunden worden zu sein, von einem Zeugen aber gesehen wurde, wie sie ohne Hinderniss die Treppe herunterstieg. Später gestand sie, an einer anderen Stelle niedergekommen und gar nicht ohnmächtig gewesen zu sein.

Dagegen kann die etwa an der Kindesleiche konstatirte gewaltsame Tödtung aus den eben angeführten Gründen gegen das Vorhandengewesensein einer Ohnmacht nicht sprechen, da die Kräfte der soeben aus der Ohnmacht Erwachten, wie wir gesehen, stets ausreichen, die Tödtung auch nach vorübergegangener Ohnmacht zu vollführen.

Auch der Umstand, dass die Ohnmacht, wie vielfach geglaubt wird, meistens erst bei den späteren Vernehmungen oder gar erst in der Hauptverhandlung von den Angeschuldigten geltend gemacht werde, wird gegen die Wahrscheinlichkeit der gedachten Behauptung ins Feld geführt.

Die Statistik lehrt dagegen, dass nur in den wenigsten Fällen die gedachte Behauptung erst in späteren Vernehmungen aufgestellt wird. Unter den 134 Fällen der Anhänge I und II sind es nur 9 Angeschuldigte, die erst in der Hauptverhandlung, elf, die bei der zweiten Vernehmung, zwei, die bei der dritten und eine, die bei der vierten Vernehmung von der Geburtsohnmacht gesprochen haben, die übrigen 111 Angeschuldigten haben gleich bei der ersten gerichtlichen Vernehmung ihre Behauptung geltend gemacht, darunter einzelne, die, wie in den Fällen 22, 29, 35, 51 und 132, schon vor der gerichtlichen Vernehmung zur herbeigerufenen Hebamme, zum Schutzmann, Amtsvorsteher oder hinzugekommenen Arzte von ihrer Ohnmacht gesprochen haben. Auch von den 118 Ohnmachtsbehauptungen der in Uebersicht IV*) enthaltenen Fälle sind nur 14 bei der nachfolgenden und 104 gleich bei der ersten gerichtlichen Vernehmung vorgebracht worden. Dass die Angeschuldigten im Allgemeinen nicht schon bei der allerersten polizeilichen Vernehmung davon sprechen, liegt daran, dass diese Vernehmung meistens kurz ist und sich nur auf einige äussere Umstände bezieht.

So sehen wir wieder eine allgemeine Anschauung, die sich im Laufe der Zeit herausgebildet hat, einfach durch Zahlen widerlegt.

Dieselbe Erfahrung können wir endlich noch bei einem anderen Einwande machen.

Es wird geglaubt, dass der Einwand der Ohnmacht vorwiegend dann erhoben werde, wenn es sich um Erstickung des Kindes ohne zurückbleibende äussere Kennzeichen, wie Erstickung durch Auflegen der Bettdecke, der Hände und dergleichen, oder um Tod des Kindes durch Vernachlässigung handele.

Ich habe bei meinem Aktenstudium auch diesem Gegenstande meine Aufmerksamkeit geschenkt und gefunden, dass unter den 62 Fällen des Anhanges I (der Anhang II ist in dieser Hinsicht nicht vollständig genug) sich nur 23 Fälle von Erstickung ohne äussere Verletzung resp. von Tod durch Lungen- und Herzschlag befinden. In allen übrigen Fällen, mit Ausnahme von sieben, in denen die Todesursache wegen vorgeschrittener Fäulniss nicht mehr festzustellen war, ergab die Sektion eine bestimmte Verletzung als Todesursache. Vergleichen wir hiermit

*) Siehe Seite 125.

nun aus Anhang III die 103 Fälle, in denen keine der Angeschuldigten Ohnmacht im Zeitpunkte des Gebäraktes geltend gemacht hat, so finden wir, dass unter diesen 103 Fällen die Sektion 33 mal Erstickung ohne äussere Verletzung ergeben hat. Wir sehen also, dass in Fällen letzterer Art die Ohnmacht verhältnissmässig ebenso oft nicht behauptet wird, wie wir sie in jenen behauptet finden. Man kann daher nicht annehmen, dass das Moment des negativen Sektionsbefundes für das Vorbringen oder Nichtvorbringen der gedachten Behauptung ausschlaggebend sei; denn sonst wäre es nicht zu verstehen, warum so viele Angeschuldigte von diesem für sie so wichtigen Momente keinen Gebrauch machten. Wie wenig die Angeschuldigten den Sektionsbefund bei ihrer Ohnmachtsbehauptung überhaupt in Betracht ziehen, geht schon aus der Thatsache zur Genüge hervor, dass Ohnmachtsbehauptung und durch die Sektion nachgewiesene gewaltsame Tödtung des Kindes so vielfach konkurriren. So naiv ist doch aber selbst die Dümmste der Angeschuldigten nicht, zu glauben, dass sie eine tödtliche, mit schneidenden oder stumpfen Werkzeugen erzeugte Schädel- oder andere Verletzung oder irgend eine andere, schon äusserlich erkennbare Todesart des Kindes durch ihre Ohnmachtsangabe werde verdecken können. Sie kann wohl versuchen, glauben zu machen, dass eine Schädelverletzung durch Kindessturz entstanden sei, der zugleich mit der eingetretenen Ohnmacht stattgefunden habe, oder dass das Kind im Wasser des Eimers liegen geblieben und ertrunken sei, auf dem sitzend sie geboren habe und gleichzeitig ohnmächtig geworden sei; sie wird aber nicht erwarten, dass ihr geglaubt werde, wenn sie etwa die an der Leiche zurückgebliebenen Zeichen des Erwürgens oder Erdrosselns durch ihre Ohnmachtsbehauptungen erklärt wissen wollte. Die Angeschuldigten benutzen auch bei den verschiedenen gewaltsamen Todesarten durchaus nicht immer die behauptete Ohnmacht zur Erklärung der Todesursache, sondern erfinden trotz behaupteter Ohnmacht vielfach ganz andere Ursachen für den Tod des Kindes, als gerade die Ohnmacht. Eine Schädelverletzung soll z. B. erst beim Ausgraben der Leiche durch die Spatenstiche erzeugt sein (F. 1), eine Erdrosselungsmarke von den Mützenbändern herrühren (F. 43). Wenn wir also auch bei diesen schon äusserlich erkennbaren Todesarten dennoch Ohnmachtsbehauptungen begegnen, so dürfen wir wohl folgern, dass die Ohnmacht weniger gleich von Anfang an als Mittel zum Zweck, d. h. zur Verdeckung des ausgeführten Verbrechens behauptet wird, als vielmehr, nachdem sie einmal behauptet ist, zur Entschuldigung oder Erklärung der an der Leiche gefundenen Tödtungsmerkmale zuweilen mit anderen Erklärungsversuchen mitbenutzt oder als geeigneter diesen vorgezogen wird. Das ist ein natürlicher, psychologisch wohl zu erklärender Vorgang, und meine Folgerung wird wesentlich gestützt durch die Fälle, in denen (z. B. F. 36, 51, 61, 132) die schliesslich geständigen Angeschuldigten zunächst wohl behaupten, gleich nach dem Erwachen aus der Ohnmacht das Kind todt vorgefunden oder eines natürlichen Todes sterben gesehen zu haben, dann aber eingestehen, nach vorübergegangener Ohnmacht das Kind gewaltsam getödtet zu haben.

Meine statistischen Erhebungen ergeben also, dass der Einwand der Ohnmacht beim Gebärakte nicht vorwiegend gerade dann erhoben wird, wenn der Sektionsbefund mit Bezug auf die gewaltsame Tödtung ein negativer ist, sondern umgekehrt weit häufiger — in zwei Dritteln der Fälle — gerade dann, wenn die Merkmale der gewaltsamen Tödtung an der Leiche ganz evident sind, während andererseits in einer verhältnissmässig gleichen Anzahl von Fällen, in denen keine gewaltsame Tödtung des Kindes nachzuweisen ist, der gedachte Einwand unterbleibt, trotzdem er leicht hätte erhoben werden können. Es darf daher weder dem negativen, noch dem positiven Sektionsbefund ein wesentlicher Einfluss auf die gedachte Einwandserhebung vindicirt werden.

2. Speciellere, gegen die Ohnmachtsbehauptung geltend gemachte Gesichtspunkte.

Nach dieser Erörterung der von allgemeinen Gesichtspunkten aus gegen die Ohnmachtsfrage gemachten Einwendungen wende ich mich gegen die den Gegenstand betreffenden specielleren Einwendungen.

a) Einwendungen gegen solche in Form, Wesen und Zeitdauer der Ohnmacht gelegene Momente.

In der irrigen Voraussetzung, dass, wenn von Ohnmacht während des Gebäraktes die Rede ist, es sich um eine tiefe, schwer vorübergehende Form derselben handeln müsse, vermisst man in der Regel eine nachweisbare Ursache für dieselbe. Wie für die künstlich herbeigeführte Bewusstlosigkeit das Chloroform und für die eklamptische Bewusstlosigkeit eine bestimmte Körpererkrankung, so soll für die spontan eintretende Gebäraktsbewusstlosigkeit eine starke Blutung oder dergleichen als Ursache objektiv nachzuweisen sein, sonst, heisst es meistens, sei kein Grund erfindlich, warum die Kreissende bei der Geburt in Ohnmacht hätte verfallen sollen.

Nun, ich habe eben des Ausführlicheren gezeigt, erstens, dass es sich bei der Gebäraktsohnmacht der heimlich Gebärenden nicht um jene schwere, sondern um die verhältnissmässig leicht vorübergehende Form der Ohnmacht handelt, zweitens, dass die Ursache für das Eintreten derselben in den jeweiligen Vorgängen gelegen ist, weniger von den persönlichen Verhältnissen der Gebärenden abhängt und nicht stets so evident zu sein braucht, dass sie objektiv nachzuweisen wäre. Am seltensten gerade ist es, wie ich gezeigt habe, die Blutung oder wenigstens diese allein, die die Ohnmacht verursacht; denn wäre sie es, dann würde allerdings häufiger eine tiefe Ohnmacht folgen, und man würde vielleicht öfter dazu kommen, die genannte Ursache objektiv nachzuweisen. Das Irrige jener Voraussetzung rührt hauptsächlich daher, dass Ohnmacht und Eklampsie vielfach identificirt werden, wenigstens finde ich in den mir zu Gesicht gekommenen Gutachten beide Zustände stets nebeneinander erwähnt; es heisst fast regelmässig: „Krämpfe und bewusstlose Zustände“, oder „Ohnmacht und Eklampsie“ kommen bei Entbindungen selten vor. Wird man indess die Ueberzeugung gewinnen, dass bei der Gebäraktsohnmacht in erster Reihe andere ursächliche Momente, als gerade die Blutung, eine hervorragende Rolle spielen, und wird man endlich den Vergleich mit jenen krankhaften Bewusstlosigkeitszuständen aufgeben, dann wird auch, wo Ohnmacht thatsächlich vorhanden gewesen, ein plausibler Grund für dieselbe schon zu finden sein.

Gegen das Wesen der Ohnmacht hat man geltend gemacht, dass man dieselbe mehr als ein Produkt der Erschöpfung, denn der Aufregung aufzufassen habe, oder, wie man meint, als eine Erschlaffung der vorhin übermässig angestrengten Kräfte, welche Erschlaffung sich bis zur Ohnmacht steigern könne; letztere sei daher nach vollendetem Geburtsakte doch noch eher zu erklären, als während desselben.

Diese Anschauung widerspricht dem oben entwickelten physiologischen Vorgange beim Zustandekommen der Ohnmacht ganz und gar. Denn wir haben gerade gesehen, dass eine momentane Erschlaffung der Körperkräfte für das Eintreten der Ohnmacht keineswegs bedingend ist, sondern dass die letztere nur desto eher eintritt, je intensiver und plötzlicher die Zirkulationsschwankungen und die dieselben bedingenden Reizwirkungen sind. Die Körperkräfte können dabei noch ganz intakt sein, was sie allerdings in Folge der voraufgegangenen Wehenanstrengungen meistens nicht mehr sind. Aber vergisst man denn die alltägliche Erscheinung, dass Personen bei geringen Anlässen, bei Extraktion eines Zahnes, beim Anblick einer entstellenden Wunde, plötzlich ohnmächtig werden, ohne dass ihre Körperkräfte vorher auch nur im geringsten erschlafft waren? Ein solches Argument, wie das obige, ist daher in der vorliegenden Frage ganz ungerechtfertigt und kann als solches niemals dazu dienen, die behauptete Ohnmacht als unwahrscheinlich darzustellen.

Auch an der Zeitdauer der Ohnmacht hat man Verschiedenes auszusetzen gefunden.

Eine Ohnmacht von mehreren Stunden Dauer giebt es ohne vorangegangene krankhafte Veränderung oder Verletzung des Körpers allerdings nicht. Es ist jedoch, wie ich oben angenommen habe, denkbar, dass eine Ohnmächtige, die nicht durch alle möglichen Reizmittel künstlich zum Bewusstsein gebracht wird, noch in einem theils benommenen, theils nur körperlich geschwächten Zustande über die eigentliche Ohnmacht hinaus verharret, so dass der gesammte Zustand eben stundenlang andauern kann. In der Regel aber läuft die Ohnmacht in kürzerer Zeit ab, und da selbst Minuten für sie ausreichen, so ist es ein gegen diese Erfahrung gemachter Verstoss, wenn es z. B. in einer Anklageschrift heisst: weil die Angeschuldigte nur eine halbe

Stunde allein gewesen sei, so könne sie in dieser Zeit nicht ohnmächtig gewesen sein.

b) Einwendungen gegen die im Geburtsvorgange gelegenen Momente.

Es fehlt auch nicht an Anschauungen, nach welchen die Möglichkeit, dass der Geburtsvorgang während einer Ohnmachtsbewusstlosigkeit vor sich gehen könne, aus rein theoretischen Gründen angezweifelt wird, indem unter anderem angenommen wird, dass zur Förderung und Ausstossung des Kindes die Mitwirkung der Bauchpresse und hierzu wiederum Bestehenbleiben der Muskelthätigkeit derselben nothwendig sei. Als ob der letzte Theil des Gebäraktes, die Ausstossung des Kindes, nicht auch ohne jene Mitwirkung vor sich gehen könnte! Allein abgesehen davon, dass dieser theoretische Einwand ganz unzulänglich ist, wird derselbe durch die oben aufgeführten Beobachtungen widerlegt, nach welchen Kinder thatsächlich während einer Ohnmachtsbewusstlosigkeit geboren sind.

Noch weniger haltbare Gründe werden aber gegen die Wahrscheinlichkeit des Geburtsvorganges in gedachtem Zustande vorgebracht.

Ich finde Anschauungen vertreten, nach welchen die Gebärende geschrieen und gestöhnt haben müsse, der Geburtsvorgang also nicht ohne Geräusch abgegangen sein könne und daher von der Umgebung hätte wahrgenommen werden müssen; ferner, wo man aus dem Sektionsbefund (vollständige Lufthaltigkeit der Lungen) folgerte, das Kind habe nicht nur geathmet, sondern sogar geschrieen, die Gebärende müsse aber das Schreien des Kindes gehört haben und könne daher nicht ohnmächtig gewesen sein. Diese Momente, welche alle gegen die Wahrscheinlichkeit der Ohnmacht im gegebenen Falle sprechen sollen, finde ich nicht allein von Hebammen, sondern auch von Aerzten geltend gemacht und selbstverständlich als brauchbare Argumente in die Anklageschriften aufgenommen.

Sollte es in der That noch irgend welcher Gegengründe gegen solche Anschauungen bedürfen? Giebt es nicht selbst unter gewöhnlichen Verhältnissen unzählige Gebärende, die bei der Entbindung jeden Laut willkürlich zu unterdrücken vermögen?

Und auch unter den heimlich Entbundenen kann man sehr viele finden, die eingestandenermaassen ihre Schmerzen willkürlich unterdrückt haben und den Gebärakt ganz geräuschlos vor sich gehen liessen, um eben von der Umgebung nicht gehört zu werden. Was hat aber dieses Argument mit der Ohnmacht zu schaffen? Hat eine solche thatsächlich stattgefunden, so geht der Gebärakt erst recht ganz geräuschlos vor sich, und die Ohnmächtige schreit weder selber, noch hört sie oder muss sie den Schrei des Kindes hören, wenn ein solcher wirklich erfolgt ist. Aber auch selbst wenn die Gebärende vor dem Eintritt der Ohnmacht geschrieen und gestöhnt hat, so ist es, wie wir aus dem Kamnitzer'schen Fall ersehen, nicht einmal nothwendig, dass selbst eine in demselben Zimmer befindliche Person etwas von dem Vorgange merke. Mit solchen vagen Argumenten kann man einen so wichtigen Vorgang, wie den in Rede stehenden, nicht abthun!

Auch gegen die abnorme Körperstellung der Gebärenden bei einem mit Ohnmacht einhergehenden Geburtsvorgang werden Einwendungen erhoben. Man beruft sich in einer Anklageschrift nicht nur auf das Gutachten einer Hebamme, nach welcher es ein Gebären im Sitzen überhaupt nicht gebe (!), sondern auch auf das des Arztes, der es für unmöglich hält, dass eine Gebärende ohnmächtig auf dem Eimer sitzen geblieben sein könne.

Gegen jene Hebammenweisheit kann mit den bekannten Beobachtungen gedient werden, die vielfach in der Praxis gemacht sind, dass Frauen auf dem Nachtstuhl, auf dem Eimer, Nachtgeschirr etc. unter den Augen der Hebamme oder des Arztes entbunden worden sind. Am bekanntesten ist aus der älteren Litteratur der vom Hofmedikus Klein beobachtete Fall, den ich, zumal da er gleichzeitig zeigt, wie selbst einer Mehrgebärenden das Kind unbewusst abgehen kann, wie also selbst eine Person, die schon früher geboren hatte, sich über den Vorgang der Geburt täuschen kann, hier noch ausführlich anführen will:

„Frau von W., eine junge, sehr gebildete Frau, gebar vor $1^1/_2$ Jahren zum ersten Mal einen Knaben von ungewöhnlicher Grösse auf eine sehr leichte Art innerhalb 4 Stunden, 2 Stunden nach Abgang der Wasser. Das Ende ihrer zweiten, sehr regelmässigen Schwangerschaft war auf den 6. Juli berechnet. In der Nacht auf den 5. entstanden Wehen und Morgens $^1/_2$5 Uhr gingen unverhofft die Wasser ab. 40 Minuten auf 5 wurde ich gerufen und vor 5 Uhr war ich bei ihr. Ich traf sie auf dem Leibstuhl sitzend an. Sie erzählte mir, nach dem ersten Abgang des Wassers habe sie einen Drang auf den Stuhl zu gehen bekommen, und auf diesem sei noch zwei Mal eine Menge Wasser abgegangen, gerade wie bei ihrer ersten Entbindung, bei welcher auch zu drei verschiedenen Zeiten das Wasser abgegangen und dann 2 Stunden nachher das Kind gekommen sei. Nun sei sie sehr matt.

Ich führte sie auf ihr Bett, um sie zu untersuchen und dann erst einen Plan machen zu können, indem ich einen schiefstehenden Kopf vermuthete, da die mehrmals in den letzten Zeiten vorgenommene äussere Untersuchung eine im ganzen gute Lage des Kindes versprach. Bei der Untersuchung fand ich den Muttermund völlig ausgedehnt, schlaff, und so weit ich mit 2 Fingern eingehen konnte, einen weichen Körper, wie die zur Seite vorliegende, ein Drittheil hervorragende Nachgeburt, durchaus nichts vom Kinde. Ich vermuthete nun, das, was für abgegangenes Wasser gehalten worden sei, möchte Blut gewesen sein, um so mehr, da meine Finger ganz blutig waren. Ich hob daher den Deckel des Leibstuhls, welchen sie im Aufstehen maschinenmässig hinter sich zugemacht hatte, auf, und man stelle sich unser aller, besonders der Mutter Erstaunen vor, als ich einen aus dem mit Wasser zwei Drittel gefüllten Leibstuhle etwas hervorragenden Hinterbacken erblickte und nun schnell ein g u t g e n ä h r t e s K i n d n o c h m i t d e r N a c h g e b u r t v e r b u n d e n, herauszog.

Die Mutter konnte sich so wenig überreden, dass sie ihrer Bürde los sei, dass sie schnell ihren Unterleib befühlte und nun in den höchsten Schrecken gerieth. Sie, welche schon einmal geboren hatte, wusste nicht, dass sie gebären werde, ebensowenig, als dass der ganze Akt des Gebärens völlig vorüber sei, und war doch vor, während und nach der Geburt durchaus bei sich, glaubte nur, dass die Wehen nun, wie bei ihrer ersten Entbindung, nach dem ersten Wasserabgang nachgelassen hätten.

Das eigentliche Wasser ging im Bette ab, die zwei anderen Wasser waren das eine das Kind, das zweite die Nachgeburt. Das erste davon kam, wie sie bestimmt wusste, indem sie sich auf den Leibstuhl setzte (es wäre auch sonst bei der geringen Oeffnung desselben nicht anders möglich gewesen). Was ich fühlte, war ein geronnener Blutklumpen, welcher auch nachher abging.

Das Kind, welches nach einer genauen Berechnung wenigstens 42 Minuten im Wasser lag, dennoch aber durch unermüdet angestellte Belebungsversuche gerettet wurde, war ein Mädchen, wog 7 Pfund, war 18 Pariser Zoll lang, der gerade Durchmesser $4^1/_2$ Zoll, der schiefe 5 Zoll, ebensoviel die Schulterbreite. Die grosse Fontanelle war sehr klein, die Kopfknochen ziemlich fest; die Nachgeburt wog $1^1/_2$ Pfund, die 10 Zoll lange Nabelschnur war am Rande angeheftet.“

Warum nun eine Person auf einem Eimer, vorausgesetzt dass derselbe an einer Wand, an einem Kasten oder dergleichen steht, nicht ohnmächtig sitzen bleiben könne, ist nicht recht einzusehen. Die Ohnmächtige sinkt eben gegen die Wand und kann sehr wohl gegen diese gelehnt, in sitzender Stellung ohnmächtig verharren, während sie ohne diese natürliche Lehne vermuthlich allerdings zur Erde sinken würde.

Endlich werden in dem gesammten Geburtsverlauf gegen das Vorhandengewesensein einer Ohnmacht sprechende Momente gesehen, wenn die Geburt schnell und daher leicht verlaufen zu sein scheint.

Es ist ein allgemeiner Glaube, dass die heimlich Gebärenden schneller und leichter gebären, als die anderen Menschen; doch ist dieser Glaube bei näherer Nachforschung nicht bestätigt gefunden worden. Van Baren und Schütz*) haben gefunden, dass in 50 bez. 45 Fällen heimlicher Geburt 12 Entbindungen von stunden- bis sogar tagelanger Dauer gewesen sind. Das Schnelle der Geburt kann sich daher nur auf die Austreibungszeit beziehen, und gerade diese wird, was schon Schütz hervorhebt, ganz besonders durch diejenigen Momente beschleunigt, die wir beim Zustandekommen der Ohnmacht mitwirken gesehen haben, vornehmlich durch die ungewöhnliche Körperstellung und die psychischen Einflüsse, wobei in letzterer Beziehung an die von Wigand hervorgehobene sog. Ueberstürzung der Gebärmutter zu denken ist. Der schnelle, beschleunigte Verlauf, der deswegen durchaus nicht weniger schmerzhaft zu sein braucht, spricht daher eher für, als gegen das Vorhandengewesensein einer Ohnmacht.

Schliesslich sei noch als Kuriosität angeführt, dass man selbst in dem Verhalten der Nachgeburt ein Moment gegen die stattgehabte Ohnmacht sehen wollte und dass ein Gutachter aus dem Umstande, dass die Nachgeburt dem Kinde nicht gleich folgte, sondern erst später durch die herbeigerufene Hebamme entfernt werden musste, folgerte, dass keine Schwäche der Mutter vorhanden gewesen, also auch keine Ohnmacht anzunehmen sei! Bei solcher Argumentation muss man in der That annehmen, dass es mit unserem Wissen über den hier behandelten Gegenstand recht schwach bestellt sei!

c) In der Konstitution und den sonstigen Verhältnissen der Gebärenden gelegene Momente.

Der Haupteinwand in dieser Beziehung gilt dem Umstande, dass wir es bei den Angeschuldigten im Allgemeinen mit jugend-

*) l. c.

lichen, kräftigen, der abgehärteten Landbevölkerung angehörigen Personen zu thun haben, die im Allgemeinen zu Ohnmacht nicht neigen, und bei denen daher auch für den Fall des Gebärens an Ohnmacht nicht zu denken sei.

In Betreff der Jugendlichkeit der Personen verweise ich auf meine obige Zusammenstellung in Uebersicht IX, aus der hervorgeht, dass wir es in der Hälfte der Fälle, in denen Bewusstlosigkeit beim Gebärakt geltend gemacht wird, mit Personen über 25 Jahren, darunter vielen Erstgebärenden, zu thun haben, mit Personen also, die mit Bezug auf den Gebärakt, insbesondere auf die Dehnbarkeit der Beckenweichtheile, nicht mehr als jugendlich anzusehen sind; und was die kräftige Konstitution anlangt, so habe ich ebenfalls dargethan, dass kräftige Personen der Ohnmacht in gleicher Weise unterliegen, wie schwächliche, und dass es hier weniger auf diese, als auf gewisse abnorme Verhältnisse ankomme, denen diese Personen ausgesetzt werden. In der Konstitution der Gebärenden ist im Allgemeinen also ebenfalls kein Grund gegen das behauptete Stattgehabthaben einer Ohnmacht zu sehen.

Es wird ferner angeführt, dass eine wiederholte Entbindung gegen die behauptete Ohnmacht spreche, weil die Geburtswege vorbereitet seien, dem Geburtsvorgang also einen schnellen Verlauf gestatteten, und weil Mehrgebärende, mit den Geburtsvorgängen vertraut, einer stärkeren psychischen Erregung, wie sie bei Erstgebärenden anzunehmen sei, nicht unterlägen. Ja, man geht sogar so weit, dieses Vertrautsein mit den Geburtsvorgängen selbst auf diejenigen Gebärenden zu beziehen, die vorher nur einmal abortirt haben!

Es ist allerdings gerechtfertigt, anzunehmen, dass Erstgebärende einer Ohnmacht leichter unterliegen, als Mehrgebärende, und wir sehen dieser Annahme auch die aus meinen obigen Zusammenstellungen hervorgehende Thatsache entsprechen, dass unter den angeblich mit Ohnmacht einhergehenden Entbindungen weit mehr auf Erstgebärende, als auf Mehrgebärende fallen. Allein die Bedingungen, unter denen Ohnmacht bei dem Gebärakt zu Stande kommt, treffen im Allgemeinen auch bei Mehrgebärenden zu und schliessen dieselbe bei den letzteren jedenfalls nicht aus.

Wenn die vorbereiteten Geburtswege einen schnellen Geburtsverlauf gestatten, so können sie eine plötzliche Ausstossung der bis zum Ausgange des Geburtskanals vorgerückten Frucht sogar begünstigen, und das Vertrautsein mit den Geburtsvorgängen verhindert jedenfalls nicht, dass noch andere als durch den Geburtsvorgang selbst bedingte, insbesondere psychische Erregungen, auf die Gebärende einwirken können. Das ist aber doch zu weit gegangen, wenn das Vertrautsein mit den Geburtsvorgängen sogar durch ein früheres Abortirthaben begründet wird. Wie viele Personen wissen überhaupt, dass sie abortirt haben? Sie haben unter gewissen drängenden Schmerzen eine Menge „Blutklumpen" herausgedrängt, und das soll ihnen eine Empfindung ähnlich der eines ganzen Geburtsvorganges abgeben? Frauen können trotz klarer Besinnung über die Empfindungen selbst eines regulären Geburtsvorganges vollständig im Unklaren sein, was wir durch Nachfragen bei vielen Frauen, die geboren haben, leicht erfahren können, und wir dürfen in dieser Beziehung ja nur an den Klein'schen Fall denken, in welchem ebenfalls eine Mehrgebärende das Vorsichgehen der Geburt sogar derart verkennen konnte, dass sie das Kind in den Nachtstuhl hineingebar! Ich habe noch neulich einer Person, die, im Chausseegraben liegend, einsam geboren hatte, entgegengehalten, sie hätte, da sie mehrere Kinder bereits gehabt, den Moment des Heraustretens des Kindes nicht verkennen dürfen, worauf sie mir erwiderte: Ja, früher wurde ich immer durch Hebammen entbunden, die nahmen mir das Kind ab, ohne dass ich eine Ahnung hatte, wie das Kind von mir kam! — Man kann demnach nur allgemein sagen, dass Ohnmacht bei heimlich gebärenden Mehrgebärenden seltener, als bei solchen Erstgebärenden vorkomme; der Umstand aber, dass die Person Mehrgebärende ist, kann die Wahrscheinlichkeit für das behauptete Vorhandengewesensein einer Ohnmacht im Zeitpunkte des Gebäraktes an sich keineswegs wesentlich herabmindern.

d) Das Kind betreffende Momente.

Man hat aus den Angaben der Angeschuldigten über die Lage des Kindes im Momente des Wiedererwachens Rückschlüsse auf die Wahrheit oder Unwahrheit ihrer Darstellung von der Ohnmacht gemacht und sich dabei, wie ich gefunden, in den spitzfindigsten und gewagtesten Hypothesen ergangen, oft selbst einen Scharfsinn aufgewandt, der augenscheinlich zu ganz trügerischen Schlüssen geführt hat. Gab die Angeschuldigte an, liegend geboren zu haben, so sagte man, das Kind hätte nicht auf dem Gesicht, sondern nur auf dem Rücken oder auf der Seite liegend vorgefunden werden können, und war es angeblich in den Nachtstuhl hineingeboren, so durfte es nicht auf dem Bauche, sondern mit dem Gesicht nach oben zu liegen gekommen sein; denn, führt in letzterer Beziehung der eine Gutachter aus, „da die Nabelschnur an dem Bauche des Kindes angewachsen ist und der Mutterkuchen nach erfolgter Geburt nicht sofort nachfolgt, musste der Zug der Nabelschnur das Kind auf die Rückseite wenden, d. h. mit dem Bauche nach oben, vorausgesetzt, dass die Geburt in regulärer Schädellage erfolgt und niemand den Körper später in eine andere Lage gebracht hat.“

Man stellt sich dabei, wie wir sehen, die regulärsten Verhältnisse vor und konstruirt nach den Gesetzen der Mechanik die diesen Verhältnissen entsprechende bestimmte Lage des Kindes, als ob man es gar nicht mit Menschen, sondern mit wohl konstruirten künstlichen Maschinen zu thun hätte, bei denen Irregularitäten gar nicht vorkommen dürften. Jene Regelmässigkeit der Lage des Kindes nach der Geburt trifft nicht einmal für die meisten regulären Geburten zu, geschweige für die komplicirten, meist in abnormer Stellung vor sich gehenden Entbindungen der heimlich Gebärenden. So einfach liegen die Verhältnisse meistens nicht, vielmehr wirken hierbei so vielfältige Faktoren mit, dass es zum mindesten höchst gewagt ist, aus der Lage des Kindes nach der Geburt bestimmte Schlüsse auf den Geburtsvorgang zu ziehen und aus jener gar zu folgern, ob Ohnmacht bei der Geburt bestanden habe oder nicht.

Eine höchst wichtige Rolle spielt hierbei die Frage, ob aus der Lage des Kindes für dasselbe etwa Folgen erwachsen können, aus denen man Rückschlüsse auf ein Stattgehabthaben oder Nichtstattgehabthaben der Ohnmacht ziehen könnte. Es ist die Frage, ob ein blosses Liegenbleiben auf dem Gesichte genüge, um Erstickung des Kindes herbeizuführen, oder ob dazu noch ein Druck von hinten her nothwendig sei. Denn ist ein solcher nothwendig, dann, heisst es, könnte gefolgert werden, dass das Kind nicht ohne Zuthun der Mutter erstickt sei, dass also die Mutter, da sie Aktivität entwickelt habe, auch nicht ohnmächtig gewesen sein könne.

Ob ein blosses Liegenbleiben auf dem Gesicht Erstickung herbeiführen könne, hängt selbstverständlich von den verschiedensten Umständen ab, von denen ich nur den einen anführen will, dass ein direktes Aufliegen von Nase und Mund auf der durchnässten Bettunterlage dem Kinde die Luftzufuhr sehr wohl so vollständig abschneiden kann, dass es erstickt. Am besten werden solche theoretischen Begründungen immerhin durch Beobachtungen sichergestellt, woher ich hier den bekannten Hunterschen Fall*) anführen will. Hunter, ein berühmter englischer Geburtshelfer, erzählt, dass eine Dame zur Nachtzeit von Wehen befallen wurde und nach ihm schickte. Die Geburt ging schnell von statten, und ehe er kam, war das Kind geboren. Es schrie und bewegte sich. Da die Mutter seine Ankunft jeden Augenblick erwartete, liess sie von den anwesenden Bedienten das Kind nicht anrühren, damit ihm durch Ungeschicklichkeit derselben nicht etwa ein Leid widerführe, blieb vielmehr selbst in gezwungener Stellung, um ja das Kind nicht zu drücken. Als Hunter ankam, fand er das Kind auf dem Gesichte in dem natürlichen Abgange der Mutter liegen und, wie er sagt, „so völlig todt, dass alle meine Bemühungen, es zu retten, vergebens waren.“

Es bedarf also, wie wir sehen, hierzu keines weiteren Druckes von hinten her, und man wird daher bei Beurtheilung solcher Fälle, in denen Erstickung ohne äussere Merkmale als Todesursache gefunden wird, sehr vorsichtig sein müssen, um nicht in die Anschauungen früherer Zeiten zurückzufallen, nach denen bei jedem todtgefundenen Neugeborenen angenommen wurde, dass es getödtet sein müsse. Fast haben wir uns schon gewöhnt, in solchen Fällen mit einer gewissen Geläufigkeit zu folgern: das Kind hat gelebt und geathmet, ist an Erstickung gestorben, äussere Verletzungen sind nicht vorhanden, item ist es durch Auflegen weicher Gegenstände auf Nase und Mund gewaltsam erstickt worden.

Zu dieser Schlussfolgerung sind wir noch leichter geneigt, wenn gar gewisse Verletzungen am Kinde zu konstatiren sind.

*) Erzählt in Pyl, Neues Magazin für die gerichtliche Arzneikunde und medicin. Polizei. Stendal 1786 pag. 408 ff.

Eine plattgedrückte Nase und ein paar kleine Hautabschürfungen am Hinterkopf des Kindes lassen mit Leichtigkeit die Art und Weise konstruiren, wie der Kopf von hinten her mit zwei Fingern gegen die Bettunterlage hineingedrückt worden sei, und kleine Blutunterlaufungen im Gesicht bilden die Merkmale der über das Gesicht gelegten Hand.

Allein, trotzdem es feststeht, dass solche Verletzungen nicht während der Ohnmacht, während welcher ja der Körper der Ohnmächtigen schlaff daliegt und weder Umdrehungen noch Wälzungen, noch „automatisch krampfähnliche Bewegungen“ (wie es in einem Gutachten heisst) macht, durch die Ohnmächtige aktiv erzeugt sein können, so ist doch nicht ausgeschlossen, dass dieselben entweder passiv, z. B. durch das Auffallen des ohnmächtig werdenden Körpers auf das soeben ausgestossene Kind, entstanden sein können, oder überhaupt erst nach vorübergegangener Ohnmacht dem Kinde von der Angeschuldigten beigebracht worden sind. Wir haben ja aus den Geständnissen der Angeschuldigten genugsam erfahren, wie sie anfangs zwar behaupten, dass das Kind während ihrer Ohnmacht zu Tode gekommen sei, hernach aber eingestehen, dass sie es nach vorübergegangener Ohnmacht getödtet haben. So wichtig daher solche Merkmale für die Beurtheilung der Todesursache des Kindes sein mögen — der plattgedrückten Nase möchte ich allerdings nicht zu viel Beweiskraft zugestehen —, so sehr mahnen sie doch bei Beurtheilung des Zustandes der Mutter während des Gebäraktes zur Vorsicht, und man wird keinesfalls wegen ihres Vorhandenseins die behauptete Ohnmacht negiren können. Der auf Grund äusserer Merkmale nachgewiesene gewaltsame Tod des Kindes zeugt nur für die stattgehabte Gewaltthätigkeit; so lange diese aber ihrer Beschaffenheit nach erst nach vorübergegangener Ohnmacht dem Kinde zugefügt sein kann, darf sie nicht gegen die Behauptung sprechen, dass Ohnmacht überhaupt vorhanden gewesen sei.

Es soll ferner, wie man sagt, nicht nur darauf ankommen, wie das Kind beim angeblichen Erwachen aus der Ohnmacht gelegen, sondern wo es gelegen habe. Hat es im Ausgiesseimer oder Nachtgeschirr den Tod durch Ertrinken gefunden, so soll es in diese Behältnisse nicht hineingeboren, sondern erst nachträglich hineingeworfen sein, um so mehr, als die etwa vorgefundene Lufthaltigkeit der Lungen des Kindes gegen das Hineingeborensein sprechen soll. Denn auf dem kurzen Wege vom oberen Rande des Eimers bis zum Wasserniveau desselben, meint man, könne nicht so viel Luft in die Lungen dringen, um dieselben ganz oder fast ganz auszufüllen. Sei daher kein Hineingeborensein des Kindes, so sei auch keine Gebäraktsohnmacht anzunehmen und die bezügliche Behauptung daher zurückzuweisen.

Dagegen ist im Allgemeinen zu bemerken, dass erfahrungsgemäss ein einziger Athemzug genügt, um die Lungen vollständig mit Luft zu erfüllen, und dass hierzu auch ein so kurzer Weg, wie der oben bezeichnete, ausreichend sein kann. Dazu kommt, dass dieser supponirte eine Athemzug in solchem Falle wegen der Reizwirkung, die durch die plötzliche Berührung mit der kalten Flüssigkeit hervorgebracht wird, ein um so intensiverer sein wird. Endlich wird es hier mehr als sonst auf die speciellen Verhältnisse des besonderen Falles noch ankommen, denen gegenüber alle theoretischen Erwägungen oft nichts nützen. In dem einen Falle werden in Folge des erwiesenen Hineingeborenseins in das Nachtgeschirr die Lungen vollständig luftleer gefunden werden, so dass das Kind überhaupt nicht zum Athmen gekommen ist, in dem anderen wird es noch nach relativ langer Zeit lebend aus dem Nachtstuhl gezogen. Man wird daher auch bei solchen die Lage des Kindes betreffenden Merkmalen nicht zu voreilig mit dem Rückschluss auf die Nichtwahrscheinlichkeit der behaupteten Ohnmacht sein dürfen.

Noch prekärer für die Beurtheilung kann der Fall liegen, wenn zwischen Abtritt und Kindeskörper ein gewisses Missverhältniss beider in den Dimensionen der verschiedenen Durchmesser vorhanden war. Wir besitzen im Falle 16 des Anhangs I ein solches Beispiel. Die Angeschuldigte giebt an, auf dem Abtritt sitzend in diesen hinein geboren zu haben und dabei ohnmächtig sitzen geblieben zu sein. Das Kind schreit, wird gehört und noch lebend aus dem Abtrittskasten, aus dem es nur mit den Armen noch hervorragte, herausgezogen. Dabei stellt sich heraus, dass der Unterschied zwischen dem unteren Durchmesser des Abtritttrichters und der Schulternbreite des Kindes 4 cm beträgt; es wird daher angenommen, dass das Kind den Trichter nicht spontan habe passiren können, sondern durch denselben gewaltsam hindurchgeschoben sein müsse, und es wird weiter gefolgert, dass die Angeschuldigte, die allein dies nur gethan und zwar erst nach der Entbindung gethan haben kann, bei der Entbindung auch nicht ohnmächtig gewesen sein könne.

In solchem Falle ist allerdings die Lage des Kindes sehr geeignet, die Wahrscheinlichkeit der behaupteten Ohnmacht erheblich in Frage zu stellen. Allein einerseits ist nicht einzusehen, warum die Angeschuldigte, wenn sie das Kind erst nach der Entbindung durch den Abtrittstrichter hindurchgeschoben hat, nicht während der Entbindung dennoch ohnmächtig gewesen sein könnte, während es andererseits überdies durchaus denkbar ist, dass das Kind trotz des Missverhältnisses der genannten Dimensionen den Trichter dennoch spontan passirt hat, sobald man nur annimmt, dass es mit den Füssen voran zur Welt gekommen ist. Denn da die Arme in die Höhe gerichtet gewesen sind, hatte sich der Schulterndurchmesser um einiges verringert, während das Gleiten des Körpers durch seine natürliche Schlüpfrigkeit unmittelbar nach dem Heraustreten aus dem Mutterleibe und durch die Wucht des Falles bei starker Expulsion und grosser Fallhöhe wesentlich begünstigt worden sein konnte.

Es kann also auch selbst bei so augenscheinlichen Gründen, wie sie gegen die behauptete Ohnmacht hier vorhanden gewesen zu sein scheinen, fraglich sein, ob man berechtigt sei, die gedachte Behauptung absolut zurückzuweisen.

Ferner sei noch auf zwei Momente hingewiesen, die beim negativen Sektionsbefund, sofern eben äussere Gewalteinwirkungen an der Kindesleiche nicht nachzuweisen sind, stets zu berücksichtigen sind. Einmal kann das Kind lebensschwach zur Welt gekommen sein, indem es unter Vorangehen der Nabelschnur oder mit Umschlingung derselben um den Hals und deshalb scheintodt (asphyctisch) geboren wird, dann noch einige reflektorische Athemzüge macht und, da die künstliche Wiederbelebung ausbleibt, stirbt. Zweitens kann es den äusseren atmosphärischen Einflüssen unterliegen und in Folge der Kälte, die gar nicht einmal einen erheblich niedrigen Grad erreicht zu haben braucht, am Nervenschlag sterben. Hiebei sei bemerkt, dass der Sektionsbefund alsdann dem der Erstickung sehr ähnlich ist und mit diesem leicht verwechselt werden kann.

Diese beiden Momente werden stets zu berücksichtigen sein, in welcher Lage auch immer das Kind nach der Geburt vorgefunden sein mag.

Endlich hat man einige bestimmte Sektionsbefunde an der Kindesleiche gegen die behauptete Ohnmacht geltend zu machen gesucht.

Aus dem Vorhandensein einer sogenannten Kopfgeschwulst sowie aus dem Fehlen einer Schädelverletzung hat man gefolgert, dass die Geburt keine übereilte, schnelle, keine Sturzgeburt, und da Ohnmacht vorwiegend bei solchen Geburten vorkomme, die Angeschuldigte auch nicht ohnmächtig gewesen sein könne.

Es sind dies ganz falsche Voraussetzungen. Kopfgeschwülste kommen bekanntlich auch bei sogenannten Sturzgeburten vor, da der Kindskopf vor seiner Geburt schon lange an derselben Stelle gestanden und der Ausbildung der Kopfgeschwulst genügend Zeit gelassen haben kann. Andererseits ist es bekannt, dass Schädelverletzungen an Sturzgeburten gerade häufig fehlen. Das Vorhandensein einer Kopfgeschwulst beweist daher ebensowenig wie das Fehlen von Schädelverletzungen irgend etwas gegen die behauptete Ohnmacht.

Ferner soll das Fehlen von Blut und Schleim in den Respirationswegen der Kindesleiche gegen die behauptete Ohnmacht sprechen, indem vorausgesetzt wird, dass das Kind, wenn es durch Liegenbleiben auf dem Gesicht spontan erstickt sein soll, Schleim und Blut aspirirt haben und bei der Sektion in den Lungen nachweisen lassen müsse.

Auch diese Voraussetzung ist unhaltbar. Die Stroh- oder Bettunterlage der heimlich Gebärenden ist meistens nicht geeignet, es zu einem Stagniren der Geburtsflüssigkeit kommen zu lassen, der ungedielte Fussboden, auf welchem zuweilen geboren wird, ebensowenig. Das Kind findet also kaum Gelegenheit, jene Stoffe zu aspiriren. Zudem dürften dieselben, wenn aspirirt, nicht immer, und bei spät stattfindender Sektion gewiss nicht leicht nachzuweisen sein.

Am meisten aber suchte man mit dem Befund der Nabelschnur zu beweisen und von demselben fast allein es abhängig zu machen, ob die behauptete Ohnmacht wahrscheinlich sei oder nicht, indem man folgendermaassen argumentirte: Finde man die Nabelschnur durchschnitten, so bekunde dies eine Aktivität, die das Vorhandengewesensein der Ohnmacht ausschliesse, und finde man sie durchrissen, so müsse man erst recht annehmen, dass die Angeschuldigte bei solcher Aktivitätsentwickelung nicht ohnmächtig gewesen sein könne. Während aber noch zugegeben wird, dass das Durchschneiden auch erst nach vorübergegangener Ohnmacht stattgefunden habe, wird dies für das Durchreissen nicht zugegeben, weil nach dem Tode des Kindes die Nabelschnur zäher werde und schwerer zerreissbar sei als am lebenden Kinde, eine Person aber, die ohnmächtig gewesen sei, unmittelbar nach der Ohnmacht nicht die Kraft besitze, die zähe Nabelschnur zu zerreissen. Finde man sie also zerrissen, so könne dies höchstens unmittelbar nach der Geburt geschehen sein, und Ohnmacht sei demnach ausgeschlossen.

Hier kann man recht sehen, wie weit man mit abstrakten Theorieen gelangen kann. Ich will hier nur, was den Kräftezustand der aus der Ohnmacht Erwachten anlangt, auf die geständigen Angeschuldigten verweisen, die uns erzählen, dass sie nach der Ohnmacht Kraft genug hatten, nicht nur die Nabelschnur zu zerreissen, sondern selbst wuchtige Hiebe gegen das Kind zu führen. Zerreisst also die Nabelschnur während der Geburt nicht von selbst, so kann sie nach der Geburt und jederzeit nach dem Erwachen aus der Ohnmacht von der Angeschuldigten durchrissen oder durchschnitten worden sein. Wie soll also der Nabelschnurbefund gegen ein Stattgehabthaben der Ohnmacht sprechen können? Dieser Befund ist überhaupt mit Bezug auf seine Entstehung ein so unbestimmter, dass ihm gar keine Beweiskraft beizumessen ist. Zur Begründung dieser Meinung will ich nur folgende Beispiele anführen: In einem Falle hatte die Angeschuldigte behauptet, nach ihrem Erwachen aus der Ohnmacht die Nabelschnur durchrissen zu haben, dieselbe war aber bei der Sektion durchschnitten gefunden worden. Dieser Widerspruch klärte sich erst in der Hauptverhandlung auf, als eine Zeugin sich meldete und angab, sie habe beim Abwaschen des Kindes die Nabelschnur mit der Scheere gekürzt. In einem anderen Falle wollte die Angeschuldigte von einem Stuhl vornüber ohnmächtig zur Erde gestürzt sein und in dieser Lage geboren haben. Die Nabelschnur wurde zerrissen gefunden; über die Trennung derselben wusste die Angeschuldigte jedoch keine Auskunft zu geben. Erst in der Hauptverhandlung klärte die Sache sich bei genauerer Schilderung der Situation folgendermaassen auf: Die Angeschuldigte hatte sich, wie sie angab, nach ihrem Erwachen aus der Ohnmacht erhoben, sich dann niedergebückt, um das Kind aufzunehmen, und war dabei auf etwas Weiches getreten, das sich beim Aufnehmen des Kindes von diesem loslöste, unter ihren Füssen liegen blieb und nun vermittelst eines Fussstosses von ihr weitergeschleudert wurde. Sie war offenbar auf die Nachgeburt getreten und hatte beim Aufnehmen des Kindes durch Anspannung der Nabelschnur diese durchtrennt, ohne es selber zu wissen.

Meistens scheuen die Angeklagten sich, anzugeben, dass sie die Nabelschnur selber zerrissen haben, weil sie glauben, dass die Durchtrennung derselben die Todesursache des Kindes gewesen sein könne. Deswegen ergehen sie sich gerade bei dieser Angabe häufiger in Unwahrheiten und Ausflüchten als bei den übrigen Angaben über den Geburtsverlauf. Jedenfalls ist es aber für die Frage, ob ihrer Ohnmachtsbehauptung Glauben zu schenken sei, ganz gleichgültig, ob die Nabelschnur durchschnitten oder durchrissen gefunden wurde, ob die Angeschuldigten angeben, dieselbe selber durchtrennt zu haben, oder über die Durchtrennung nichts zu wissen!

XII.

Zur Diagnose der Gebäraktsohnmacht.

Die Art und Weise, wie man bisher im gegebenen Falle die Frage, ob die behauptete Ohnmacht thatsächlich stattgefunden, zu behandeln pflegte, war vorwiegend eine negirende; man suchte, wie wir gesehen, oft die unhaltbarsten Indicien zusammen, um das Gegentheil der Behauptung zu beweisen. So ist es bis zum heutigen Tage geblieben.

Viel willkürlicher noch verfuhr man aber, wenn man die behauptete Ohnmacht in einem gegebenen Falle gelten lassen wollte. Man hob die schwächliche Konstitution hervor, mit der Motivirung, dass vorwiegend nur Personen von schwächlichem Körperbau ohnmächtig werden, und benutzte das blasse Aussehen der Angeschuldigten, um zu beweisen, dass eine starke Blutung bei der Geburt stattgefunden habe. Ja, man ging, wie ich gefunden habe, sogar so weit, aus den Einrissen in dem Scheidenfortsatz der Gebärmutter positiv auf eine beim Gebärakt stattgehabte stärkere Blutung zu schliessen. Wurde nun gar noch durch die Nachfrage festgestellt, dass die Person früher einmal einen epileptischen Anfall gehabt habe oder von einer Ohnmacht befallen worden sei, so erhielt sie ohne Weiteres einen Freibrief für fernere Ohnmachten sowohl, als auch für die bei ihrer Entbindung angeblich durchgemachte.

So sehen wir Unhaltbarkeiten auf beiden Seiten, und es thut noth, dieselben auf ihr richtiges Maass zurückzuführen.

Die negirenden Momente sind in Vorstehendem ausführlich erörtert worden, so dass hier ein richtiges Maasshalten nunmehr ermöglicht sein wird.

Die soeben angeführten positiven Momente verrathen ihre Unhaltbarkeit schon auf den ersten Blick.

Von der schwächlichen Konstitution ist, wie wir gefunden haben, abzusehen, weil ebensowohl, und bei der heimlichen Geburt gerade vorwiegend, kräftige Personen von der Ohnmacht befallen werden.

Blass sieht jede Wöchnerin aus, ob sie viel oder wenig Blut verloren hat; zudem ersetzt sich das Blut bekanntlich in relativ kurzer Zeit, so dass man selbst die bis zur Ohnmacht führende Blutung kaum nach Tagen, geschweige nach Wochen oder Monaten einer Person jemals ansehen wird. Und nun gar aus den Gebärmuttereinrissen, die in mehr oder weniger grosser Ausdehnung bei jeder Entbindung naturgemäss entstehen, auf stattgehabte übergrosse Blutung schliessen, heisst in der That, den Verhältnissen Gewalt anthun!

Die Epilepsie endlich bedingt ebensowenig wie eine frühere Ohnmacht, dass auch bei der Entbindung Epilepsie und Ohnmacht wiedergekehrt seien, wiewohl dieser Umstand wenigstens noch einige Wahrscheinlichkeit für sich hat.

Positive Merkmale, aus denen wir im gegebenen Falle nachträglich feststellen könnten, ob der Ohnmachtsbehauptung Glauben beizumessen sei, besitzen wir überhaupt nicht.

Wir haben kein Kriterium, nach welchem wir an der Person nachträglich beurtheilen könnten, ob sie ohnmächtig gewesen sei oder nicht; vielmehr müssen wir uns mit Wahrscheinlichkeiten begnügen, die wir vorwiegend der Sachlage, den Vorgängen zu entnehmen haben.

Wir werden daher in erster Linie nach denjenigen Bedingungen zu forschen haben, die wir als zum Zustandekommen einer Ohnmacht nothwendige oben kennen gelernt haben, und da wir diese Bedingungen vorwiegend in dem Geburtsverlauf suchen müssen, so werden wir die Angaben der Angeschuldigten über den Geburtsverlauf auf ihre innere Wahrscheinlichkeit und Uebereinstimmung mit den anderweitigen Umständen prüfen. Von dem Ausfall dieser Prüfung, deren Einzelheiten der jeweilige Fall abgeben muss, wird es abhängen, ob wir der gedachten Behauptung eine grössere oder geringere Wahrscheinlichkeit zuzugestehen haben werden. Ueber diese Wahrscheinlichkeit hinaus dürfen wir füglich nicht gehen.

Fassen wir somit das Resultat unserer Untersuchungen kurz zusammen, so haben dieselben Folgendes ergeben:

1. Die Möglichkeit eines Geburtsvorganges während einer Ohnmachtsbewusstlosigkeit ist theoretisch unbestreitbar und durch zuverlässige Beobachtungen erwiesen.

2. Es ist wahrscheinlich, dass dieser Vorgang bei der heimlichen Geburt verhältnissmässig häufig vorkommt, jedenfalls häufiger, als unter gewöhnlichen Verhältnissen.

3. Bei der Beurtheilung des gegebenen Falles hat man nach dem Vorhandensein derjenigen Bedingungen zu forschen, welche erfahrungsgemäss zum Zustandekommen einer Gebäraktsohnmacht nothwendig sind. Von dem Vorhandensein oder Nichtvorhandensein dieser Bedingungen wird auf eine grössere oder geringere Wahrscheinlichkeit der behaupteten Ohnmacht zu schliessen sein.

XIII.

Die praktische Bedeutung des gewonnenen Resultates für die Rechtspflege und die Gesetzgebung.

Da nach den vorstehenden Erörterungen die Berechtigung des gedachten Einwandes nun einmal als feststehend zu erachten ist, so entsteht die Frage, welche praktische Bedeutung das Resultat meiner Forschung für die Handhabung der bezüglichen Strafsachen vor Gericht haben kann. Ist zu befürchten, dass durch das Zugeständniss, Vorgänge gedachter Art kämen verhältnissmässig häufiger vor, als man bisher geglaubt, mehr Schuldige straflos davonkommen und dadurch dem bezüglichen Verbrechen Thür und Thor geöffnet werden? Ich glaube, nein!

Sehen wir einmal zu, was mit dem bisherigen Negiren des gedachten Einwandes erreicht ist.

Unter den Fällen des Anhanges I und II, in denen also der Einwand der Ohnmachtsbewusstlosigkeit geltend gemacht ist, sind 117 vorhanden, in denen das richterliche Urtheil angegeben ist. Bei diesen 117 Strafsachen sind 21 Freisprechungen verzeichnet.

Vergleichen wir hiermit die 103 Strafsachen des Anhangs III, in denen der gedachte Einwand überhaupt nicht erhoben worden ist, so finden wir, dass hier 14 Freisprechungen erfolgt sind.

Wir sehen also, dass trotz der allgemeinen Zurückweisung, die der Einwand ärztlicherseits vor Gericht zu erfahren pflegt, die Zahl der Freisprechungen noch fast ein Drittel mehr beträgt, als in einer fast gleichen Anzahl von Fällen, in denen ein solcher Einwand überhaupt nicht erhoben worden ist. Und was sind es für Fälle, in denen das Urtheil auf Freisprechung lautete? Vorwiegend, wie zu erwarten, solche, in denen an der Kindesleiche Merkmale eines gewaltsamen Todes nicht zu konstatiren waren, einzelne aber auch, in denen solche Merkmale zwar vorhanden waren, in der Art des Geburtsverlaufes aber ihre Erklärung finden konnten.

Wird das in Zukunft anders sein? Fälle letztgenannter Art werden, gleichgültig, ob der Einwand der Bewusstlosigkeit erhoben wird oder nicht, bei der Beurtheilung vor Gericht wohl meistens zweifelhaft bleiben und daher die Verhandlungen in der Regel mit einem freisprechenden Urtheil endigen. Erhält jedoch diejenige Auffassung, die ich über die Art der Ohnmacht heimlich Gebärender entwickelt, Anerkennung, so wird in der praktischen Beurtheilung des gegebenen Falles gegen früher folgender Unterschied eintreten.

Bisher suchte man unter Nichtachtung der etwa vorhandenen inneren Bedingungen, die zum Zustandekommen einer Ohnmacht nothwendig sind, aus äusseren Merkmalen und Vorgängen in meist unhaltbarer und vor allem unlogischer Weise zu deduciren, dass eine Ohnmacht überhaupt nicht stattgehabt habe, und stützte man diese Folgerung noch durch die irrige Voraussetzung, dass eine Ohnmacht eine bedeutende Schwäche bei der Gebärenden hinterlassen müsse, in Folge deren die letztere unmittelbar nach vorübergegangener Ohnmacht auch nicht im Stande gewesen sein könne, die etwa vorgefundene Gewaltthätigkeit an dem Kinde zu verüben, folglich, wenn eine solche konstatirt sei, die Gebärende auch nicht ohnmächtig gewesen sein könne. Diese Voraussetzungen und Folgerungen mussten selbst dem Laien unwahrscheinlich, zum mindesten zweifelhaft erscheinen und konnten daher auch nicht auf die urtheilenden Geschworenen überzeugend wirken. Die Folge war meistens Freisprechung der Angeklagten. Kommt man dagegen meiner Auffassung gemäss unter Berücksichtigung der genannten Ohnmachtsbedingungen in einem gegebenen Falle zu dem Resultat, die bezügliche Behauptung sei nicht unwahrscheinlich oder sogar wahrscheinlich, betont aber, dass die Gebärende sehr wohl im Stande gewesen sein könne, die etwa vorgefundene tödtliche Verletzung dem Kinde auch unmittelbar nach der Ohnmacht beizubringen, was sie nach Art der Ohnmacht und nach den oben hervorgehobenen, ein Geständniss einschliessenden

Fällen sehr wohl vermag, so gestaltet sich die Beweisführung mehr objektiv und die Beurtheilung wird, trotzdem sie nur mit Wahrscheinlichkeiten rechnen kann, dem genannten Richterkollegium eher einleuchten, als jene negirende, die Natur des Vorganges so wenig berücksichtigende Art der Beweisführung.

Mögen daher die Angeschuldigten den Einwand der Bewusstlosigkeit bei dem Gebärakte nach wie vor erheben, — und sie werden ihn erheben wie seit Jahrhunderten, seitdem Anklagen wegen Kindesmordes erhoben und seitdem die Angeklagten zu ihrer Vertheidigung zum Worte verstattet worden, — mögen sie ihn nach Anerkennung seiner Berechtigung künftighin selbst noch häufiger als bisher erheben: praktisch kann das Resultat meiner Forschung für die Rechtspflege nur einen günstigen Erfolg haben. Man wird eben objektiver an die Beurtheilung des Gegenstandes herangehen, wird, wo es die Sachlage ergiebt, die Behauptung zwar gelten lassen, um so eifriger aber erwägen, ob die Todesart des Kindes durch den Geburtsvorgang oder durch absichtliche That resp. absichtliche Unterlassung seitens der Angeschuldigten bedingt gewesen sei, und man wird bei sachgemässer Darlegung des Falles der Gerechtigkeit leichter dazu verhelfen, die Schuldigen zu erreichen, als man es mit der bisherigen negirenden Art vermocht hat.

Richter und Arzt verfolgen ja nur gleiche Zwecke: die Untersuchung der Wahrheit um des Rechtes willen. Dazu ist aber in erster Linie Objektivität erforderlich, ein Freisein von Voreingenommenheit und vor allem ein Fallenlassen alter Vorurtheile, wenn neue Erfahrungen dagegen sprechen. Und letzteres ist hier in vollem Maasse der Fall. Die neue Erfahrung lehrt, dass unsere bisherigen Voraussetzungen von der Unmöglichkeit des gedachten Vorganges falsche und die Annahme seiner Unwahrscheinlichkeit bei der heimlichen Geburt eine unberechtigte gewesen ist; wir werden daher diese Voraussetzungen und Annahmen fallen zu lassen und die neue Erfahrung in Berücksichtigung zu ziehen haben, so lange wenigstens, bis diese widerlegt ist.

Ich will nicht in die Sentimentalität mancher Autoren verfallen, etwa auf Grund dieser neueren Erfahrung darüber zu klagen, wie sehr Unrecht vielen der Angeschuldigten geschehen sein mag, und wie vielleicht manche zu Unrecht haben Strafe erleiden müssen. Denn, war es der Fall, so war das Urtheil keinesfalls wider besseres Wissen gesprochen worden, sondern auf Grund bisheriger Ueberzeugungen, hier besonders der Aerzte, deren Ueberzeugung in solchen Fällen für das Urtheil des Richters ausschlaggebend zu sein pflegt. Was also für die Zukunft zu verlangen ist, ist, dass die Aerzte, wo ihre Ueberzeugung nachgewiesenermaassen auf falschen Voraussetzungen beruhte, dieselbe korrigiren, denn sonst werden in Zukunft die wirklich Unschuldigen unter den Verurtheilten mehr ein Opfer der mangelnden Erfahrung und Unwissenschaftlichkeit der Gerichtsärzte als der eigentlichen Justiz sein. Das Gesetz schützt die Angeschuldigten vollständig ausreichend; es verlangt nur die Bestrafung des wirklich erwiesenen Verbrechens oder der wirklich verschuldeten Versäumniss, nicht aber die der vermutheten That oder der absichtslosen Unterlassung. An den Aerzten liegt es daher, derjenigen, der die That oder Unterlassung zur Last fällt, mindestens eine ebenso grosse Aufmerksamkeit zuzuwenden, als dem todten Kinde.

Um dieser Anforderung gerecht zu werden, sind manche Vorschläge gemacht worden. Schwörer*), der es vornehmlich beklagt, dass der Zustand der muthmaasslichen Thäterin meistens als Nebenfrage behandelt werde und dass die Gerichtsärzte sich über den Hergang von Schwangerschaft und Geburt meistens durch persönliche Exploration gar nicht, sondern nur dürftig aus den Akten unterrichten, verlangt, dass die Angeschuldigte noch vor der Sektion des Kindes vom Gerichtsarzte genauer explorirt werde, weil die lebende Person leicht körperlichen und psychischen Veränderungen unterliege, die später schwerer festzustellen seien und deren Fehlen die Beurtheilung des Zustandes wesentlich beeinträchtigten. Bei dieser eventuellen Aenderung in der üblichen Anordnung der Untersuchung fürchtet er auch nicht den Umstand, dass leicht vorgefasste Begriffe entstehen könnten, da trotz dieser Eventualität wenigstens die Beruhigung bliebe, dass das Veränderlichste zuerst festgehalten sei.

*) l. c. pag. 11.

In der Encyclopädie von Kraus und Pichler*) wird genauer spezialisirt, in welcher Weise die Angeschuldigte mit Bezug auf die behauptete Ohnmacht auszuforschen sei, und es wird für nothwendig erachtet, dass der Gerichtsarzt die erforderlichen Fragen dem Untersuchungsrichter mittheile, falls es gesetzlich nicht zulässig sei, dass er selber diese Erhebungen mache.

Die Annahme der Nothwendigkeit genauerer persönlicher Ausforschung der Angeschuldigten durch den Gerichtsarzt theile ich mit obigen Autoren vollkommen; denn ich habe es stets als einen Mangel empfunden, über einzelne Vorgänge, die zur Aufklärung des Vorganges bei der Entbindung sich als höchst wichtig herausstellten, erst im Verlauf der Hauptverhandlung Auskunft zu erhalten und die lokalen Verhältnisse, unter denen der Geburtsvorgang sich abgespielt hatte, erst aus dem durch den Untersuchungsrichter aufgenommenen Situationsplan kennen zu lernen. Die lokalen Verhältnisse aber aus eigener Anschauung zu kennen, würde zur Klärung der ärztlichen Auffassung über den Vorgang ganz wesentlich beitragen müssen. Allein ich kann weder die Meinung theilen, dass eine Exploration der Angeschuldigten noch vor stattgehabter Sektion nothwendig sei, noch die, dass der Untersuchungsrichter vorher durch den Arzt gewissermaassen zu inspiriren sei. In beiden Fällen könnte in den Gang der Verhandlung leicht viel Subjektives hineingetragen werden, und das gäbe zu Widersprüchen und Unklarheiten später gar zu leicht Veranlassung. Vielmehr meine ich, es könne unbeschadet der in gewissem Sinne von mir gewahrten Interessen der eine Ohnmacht behauptenden Angeschuldigten im allgemeinen das bisherige Ermittelungsverfahren festgehalten werden, indem die Angeschuldigten, wie bisher, zuerst durch den Untersuchungsrichter vernommen würden. Dann aber müssten sie ähnlich einer geisteskranken Person, die für gerichtliche Zwecke zu untersuchen ist, von dem Gerichtsarzte, ehe derselbe sich gutachtlich über den Fall äussert, pflichtmässig mindestens ein Mal, sonst aber so oft explorirt werden, als er es zur Aufklärung des Vorganges für nöthig hält. Dazu müssten unter allen Umständen die

*) l. c. II, p. 465 ff.

lokalen Verhältnisse seitens des Gerichtsarztes, womöglich bei persönlicher Anwesenheit der Angeschuldigten, in Augenschein genommen werden. Der Gerichtsarzt ist dann im Stande, auf die ihn von seinem ärztlichen Standpunkte aus interessirenden Einzelheiten aufs Genauste einzugehen und gleichzeitig sich über die etwaigen Widersprüche, die sich zwischen seinen und den vorangegangenen richterlichen Erhebungen herausstellen sollten, Aufklärung zu verschaffen. Damit ist dann das Interesse der Angeschuldigten, soweit es die ärztliche Beurtheilung ihres urgirten Zustandes bei der Geburt betrifft, genügend gewahrt.

Die praktische Bedeutung des gewonnenen Resultates für das Gesetz anlangend, bin ich der Meinung, dass das Gesetz, wie es einerseits zum Schutze der etwa Unschuldigen ausreicht, es andererseits auch zur Erreichung der präsumtiv Schuldigen, die ihre Ohnmachtsbehauptung etwa zum Deckmantel ihrer Schuld zu nehmen versuchen sollten, keiner weiteren Verschärfung bedarf.

Die Gesetzgebung ist wohlweislich vermöge neuerer, auf Grund fortgeschrittener Civilisation und Humanität gewonnener Auffassungen längst davon zurückgekommen, den Schein des Verbrechens, den Verdacht, dass ein Verbrechen begangen sei, zu bestrafen; sie hat daher selbst die Verheimlichung der Schwangerschaft und Geburt, in der man früher und vielfach heute noch bereits das begonnene Verbrechen zu erblicken vermeinte, zu bestrafen aufgegeben und geht gerechter Weise nicht weiter, als es ihr diejenigen Hülfsmittel, die ihr die medicinische Wissenschaft zur Feststellung des Verbrechens zur Verfügung zu stellen vermag, gestatten. Es muss wohl eingestanden werden, dass diese Hülfsmittel sich vielfach noch als unzureichend herausstellen, und dass wir oft nicht in der Lage sind, trotz sicher anzunehmender gewaltsamer Einwirkung zu sagen, auf welche Weise das Kind zu Tode gekommen sei. Sind wir deswegen aber berechtigt, von der Gesetzgebung zu verlangen, dass sie schon auf Grund dieses Verdachtes hin Strafe eintreten lassen solle? Es ist gerade von medicinischer Seite in verhältnissmässig neuerer Zeit noch*) die Wiederaufnahme der Bestrafung der verheimlichten

*) Pincus in Goltdammer's Archiv. l. c.

Niederkunft befürwortet worden, weniger, wie es dort heisst, um die Strafe des Kindesmordes zu erhöhen, als vielmehr einestheils die vielen unschuldigen Neugeborenen im voraus zu schützen, anderentheils im Interesse der Unglücklichen selbst, „die nach einem Fehltritt so leicht der Versuchung zu einem Verbrechen anheimfallen können,“ und es wird dabei auf die vielfach geübte gerichtliche Praxis hingewiesen, schon für die Beiseiteschaffung des Kindesleichnams oft hohe Strafe eintreten zu lassen, als Zeichen der Absicht, „nicht das Vergehen an und für sich, sondern unter Umständen ein wahrscheinliches, aber nicht zu beweisendes Verbrechen mit einer Art ausserordentlicher Strafe, wie das L. R. sie kannte, zu ahnden.“ Diese ratio legis wird von derselben medicinischen Seite schon vom rein socialen Standpunkt, d. h. mit Rücksicht auf den Komplex von Pflichten und Rechten, welche der Staat als solcher für seine Angehörigen und an denselben hat, gutgeheissen, und wenn es auch fraglich bleibe, ob dadurch Verbrechen oder Unglücksfälle bei der Entbindung verhütet werden würden, so sei jene Handhabung der Gesetzgebung sowohl nützlich und nothwendig, als auch moralisch zulässig.

Ich kann diese Anschauungen nicht theilen. Mir widerstrebt der Gedanke, dass da, wo ein Verbrechen nur vermuthet wird, Strafe eintreten soll, und ich habe die erwähnte Praxis als eine zu billigende nie ansehen können. Aber auch zum Schutz der Kinder sowohl, als auch der Angeschuldigten selbst wird man weder mit besonderen gesetzlichen Bestimmungen, noch mit jenen ausserordentlichen Strafen etwas Erhebliches ausrichten; dies ist mehr eine Frage hygienischer Natur, wie Krahmer mit Recht meint, und kann wenigstens auch auf andere Weise gehandhabt werden als durch Strafbestimmungen, die sich selbst in früherer Zeit nicht bewährt haben und daher von der neueren Gesetzgebung durchaus folgerichtig ausgeschlossen geblieben sind.

Nach meiner Meinung sind wir daher weder berechtigt, von der Gesetzgebung besondere, gegen den Verdacht eines Verbrechens gerichtete Strafgesetze zu fordern, noch halte ich es speciell mit Bezug auf die Frage der Ohnmachtsbehauptung für erforderlich. Denn, gelingt es einer wirklich Schuldigen, ihre That derart auszuführen, dass ihr die Art der Ausführung medicinisch-wissenschaftlich nicht nachgewiesen werden kann — ich erinnere unter anderem an das sofortige Verbrennen des Kindes unmittelbar nach der Geburt —, so ist es gleichgültig, ob sie dazu noch eine Ohnmacht vorschützt, oder nicht, sie wird für „schuldig der That“ im Sinne des Gesetzes nie erklärt werden können; ist sie dagegen in der Ausführung des Verbrechens so „plump“, wie einmal ein Gerichtsarzt sagte, dass ihr die Art der Ausführung desselben nachzuweisen ist, so nützt ihr die Ohnmacht als Deckmantel der Schuld ebensowenig, und das vorhandene Gesetz ist ausreichend, sie der Bestrafung zuzuführen und die Schuld zu sühnen.

Bleiben wir Aerzte daher nur frei von Vorurtheilen gegen Personen, die wir in erster Linie als Aerzte und nicht als Richter zu beurtheilen haben, und seien wir stets des Grundsatzes eingedenk, dass das Gesetz nur das wirklich erwiesene, und nicht das vermuthete Verbrechen zu strafen hat, dass aber dem Arzte, wie dem Richter bei Erforschung des Thatbestandes nichts höher zu stehen hat als die Wahrheit!

Anhang I.

Lfde. Nummer	Bezeichnung der Strafsache	Ort u. Datum der Hauptverhandlung	Angabe der Ange- ihre Körperstellung während des Gebäraktes	ihren Geisteszustand während des Gebäraktes
1	c/a. K. unverehelicht, 27 Jahre alt.	Allenstein 27. 11. 79.	An der Erde liegend.	**I.** Nach vorherigem Leugnen dem Gendarm gegenüber: „Nachmittags begab ich mich in die Küche, dort wurde ich ohnmächtig und fiel hin. — Als ich nach einer Weile wieder zu mir kam, merkte ich, dass ich geboren hatte. Ich war mit einem Hemde und einem Kittel bekleidet. Die Kleider lagen ordnungsmässig auf meinem Körper. — An meiner einen Seite, ich weiss nicht, ob an der rechten oder an der linken, lag dicht neben mir in der Nähe der Hüfte ein neugeborenes Mädchen. Dasselbe war todt und kalt, hat sich nicht gerührt, auch nicht geschrieen. — Die Nachgeburt lag zwischen meinen Knieen auf dem Hemde. Ich erhob mich, wickelte das Kind in einen Lappen“ etc. „Ich weiss nicht, wie das Kind geboren, wie es gestorben und wie es an meine Seite gekommen ist, weil ich damals ohnmächtig und bewusstlos war; ich weiss auch nicht, ob an dem Kinde noch die Nabelschnur hing“.
2	c/a. L. Colonistentochter, 20 Jahre alt.	Allenstein 17. 6. 81.	Im Bette liegend.	**I.** Will unter Beihülfe ihrer Mutter geboren, auch das Kind nicht schreien gehört haben. Dasselbe sei zwischen den Schenkeln liegen geblieben. Die Nachgeburt sei bald gekommen. **H.** Erst in der Hauptverhandlung: „Um 8 Uhr Abends legte ich mich hin und schlief bis etwa 12 Uhr. Sodann bekam ich Wehen und wurde ohnmächtig, so dass ich von Nichts wusste. Gegen 3 Uhr Morgens merkte ich, dass ich geboren habe. Das Kind war schon ganz kalt und todt. — Ich erinnere mich noch, das Kind schreien gehört zu haben, worauf ich einschlief.‘
3	c/a. J. Instmannstochter, 23 Jahre alt.	Allenstein 20. 10. 81.	Auf den Knieen liegend im freien Felde.	**I.** Bei der Arbeit auf dem Felde starke Schmerzen bekommen, schleppte sich noch bis ins Roggenfeld, wo sie bewusstlos geworden sein will. „Ich bin während und nach der Entbindung besinnungslos gewesen und weiss nicht, ob das Kind überhaupt gelebt hat resp. wie dasselbe zu den constatirten Verletzungen gekommen ist.“ **II.** Sie habe die Nabelschnur mit den Händen entzweigerissen und das Kind auf einen nahen Steinhaufen getragen (wo es übrigens in einer von Steinen gebildeten Luke versteckt gefunden wurde). **H.** „Kurze Zeit lag ich auf den Knieen, da befiel mich eine Ohnmacht. Als ich aus derselben erwachte, lag ich mit dem Oberkörper auf der Erde und hatte den Mund voll Erde. Unter meinem Unterleib fühlte ich etwas Kaltes, Nasses. Ich war davon überzeugt, dass ich geboren hatte. Nachdem ich den Oberkörper wieder in die Höhe gerichtet hatte, hob ich vorn die Röcke auf. — Den-

schuldigten über: ihren Geisteszustand nach dem Gebärakte	schuldigten über: den Tod des Kindes	Bei welcher Vernehmung sind die Angaben über den Geisteszustand zum ersten Mal gemacht? *)	Sectionsbefund und ärztliches Urtheil	Strafmaass und sonstige Bemerkungen
	Die Schädelverletzungen sollen durch den Spaten beim Ausgraben der Leiche erzeugt sein, wird aber von den Sachverständigen bestritten.	I.	Zwei Verletzungen am linken Scheitelbein; Todesursache wahrscheinlich von diesen herrührend.	Wegen Kindesmordes mit 3 Jahren Gefängniss bestraft.
	Fand das Kind nach der Geburt schon todt vor.	H.	Erstickung, ohne äussere Verletzung.	Wegen Kindesmordes mit 3 J. Gef. u. 3 J. Ehrv. (die Mutter wegen Beihilfe mit 4 J. Zuchth. u. 2 J. Ehrv.) bestraft.
	Fand das Kind schon todt vor.	I.	Schädelverletzung und Gehirnerschütterung.	Wegen Kindesmordes mit 3 J. Zuchth. u. 3 J. Ehrv. bestraft.

*) Die römischen Zahlen bezeichnen die gerichtlichen Vernehmungen, H. bedeutet Hauptverhandlung.

Lfde. Nummer	Bezeichnung der Strafsache	Ort u. Datum der Hauptverhandlung	Angabe der Ange- ihre Körperstellung während des Gebäraktes	ihren Geisteszustand während des Gebäraktes
				selben entfiel das von mir geborene Kind. Ich hob es auf, es war kalt und athmete nicht mehr. — Blut bedeckte die Stelle, auf der das Kind gelegen hatte.“ Nachdem sie das Kind fortgelegt, sei sie noch einmal in Ohnmacht gefallen.
4	c/a. O. Dienstmädchen, 20 Jahre alt, hatte schon 1mal geboren	Allenstein 2. 1. 82.	Liegend im Bett	**I.** Während der Entbindung, welche in Abwesenheit jeglicher Personen erfolgte, wurde ich ohnmächtig und weiss nicht, was mit mir vorgegangen ist. — Als ich nach etwa $^1/_2$ Stunde erwachte, war das Kind bereits geboren. Ich lag mit dem Hintern auf dem Kinde; dasselbe war todt und jedenfalls von mir erdrückt, da ich noch gemerkt habe, dass es während der Geburt lebte. **II.** Geständig, das Kind absichtlich mit dem Bettdeck erstickt zu haben. — Von einer Ohnmacht wird nichts weiter erwähnt.
5	c/a. Z. unverehelichte, 30 Jahre alt, hatte 2 mal vorher geboren.	Allenstein 16. 6. 82.	In knieender Stellung.	
6	c/a. Sch. Dienstmädchen, 28 Jahre alt, hatte schon 1 mal geboren.	Allenstein 9. 10. 82.	Liegend,	
7	c/a. B. unverehelichte, 26 Jahre alt, hatte schon 1 mal geboren.	Allenstein 10. 10. 82.	Breitbeinig stehend, resp. zum Uriniren sich niedersetzend.	**P.** Bei der polizeilichen Vernehmung nichts erwähnt von einer Ohnmacht. **I.** „Ich setzte mich (gegen Mitternacht) auf die Erde, um zu uriniren, während dessen wurde ich von einer Ohn-

schuldigten über: ihren Geisteszustand nach dem Gebärakte	den Tod des Kindes	Bei welcher Vernehmung sind die Angaben über den Geisteszustand zum ersten Mal gemacht?	Sectionsbefund und ärztliches Urtheil	Strafmaass und sonstige Bemerkungen
	Geständig, mit dem Bettdeck das Kind erstickt zu haben.	I.	Erstickung, ohne äussere Verletzungen.	Wegen Kindesmordes 3 J. 6 M. Gef., 4 J. Ehrverlust.
I. Gebar das Kind in der Küche, hörte es schreien, wickelte es in einen Kittel und will hierauf mit dem Kinde ohnmächtig zur Erde gefallen sein. Beim Erwachen habe sie das Kind kalt und todt gefunden. **II.** Wegen heftiger Schmerzen in die Kniee gesunken, will sie in dieser Stellung geboren haben Im Begriff, sich zu erheben, sei sie von neuen heftigen Wehen befallen worden und mit dem Kinde vornüber gestürzt. — So will sie längere Zeit gelegen haben. **H.** Behauptet anfangs noch ihre Ohnmacht, gesteht aber schliesslich zu, gar nicht in Ohnmacht gefallen zu sein und das lebende Kind in einen Kittel gewickelt zu haben.	Geständig, das lebende Kind in einen Kittel gewickelt zu haben.	I.	Sugillationen an Hals und Schultern. Tod durch Erwürgen.	Wegen Kindesmordes zu 2 J. 6 M. Gef. verurtheilt.
I. Nichts von Ohnmacht. Geburt in 3 Minuten vollendet. **II.** Nichts von Ohnmacht. **III.** „Nachdem das Kind geboren war, wurde ich ohnmächtig." **IV.** Dasselbe. **H.** Ging auf den Boden, „worauf ich gleich ohnmächtig wurde. Als ich aus der Ohnmacht erwachte, fand ich, dass ich bereits geboren hatte". Das Kind habe todt zwischen ihren Schenkeln gelegen.	Fand das Kind schon todt vor.	III.	Erstickung, ohne äussere Verletzungen.	Wegen Kindesmordes mit 3 J. Gef. bestraft.
	Fand das Kind schon todt vor.	I.	Erfrierungstod.	Wegen fahrlässiger Tödtung 6 M. Gef.

Lfde. Nummer	Bezeichnung der Strafsache	Ort u. Datum der Hauptverhandlung	Angaben der Ange- ihre Körperstellung während des Gebäraktes	ihren Geisteszustand während des Gebäraktes
				macht befallen. Ich erwachte etwa $1^1/_2$ Stunden vor Tagesanbruch (in der Nacht vom 5. zum 6. April) aus derselben und bemerkte sofort, dass die Geburt vor sich gegangen war.“ **II.** Dasselbe. **III.** „Ich habe von der Geburt selbst nicht das Geringste gespürt. Ebenso wenig habe ich eine Wehe gehabt. **IV.** Bei Bewusstsein geboren, nachher ohnmächtig geworden. — **H.** Breitbeinig stehend will sie geboren haben. „Das Kind glitt, ohne dass ich es auffing, an die Erde. — Darauf wurde ich ohnmächtig und fiel nieder. Als ich zu mir kam, hob ich das Kind auf.“ etc.
8	c/a. B. unverehelichte, 25 Jahre alt, hatte schon 1mal geboren.	Allenstein 21. 6. 83.	Auf freiem Felde, am Strohhaufen.	
9	c/a. K. unverehelichte Arbeiterin, 31 J. alt, hatte schon 3mal geboren.	Allenstein 14. 2. 84.	Auf der Schwelle zum Stall umsinkend.	**I.** „Auf der Schwelle der zweiflügeligen Eingangsthür zum Stalle wurde ich ohnmächtig und fiel zu Boden. Ich fiel aus einer Ohnmacht in die andere. Nachdem ich aus der zweiten erwacht war, sah ich mein neugeborenes Kind todt neben mir liegen. Die Nabelschnur war zerrissen.“ Wie Alles zugegangen, wisse sie nicht. **H.** Will viel Blut verloren haben.
10	c/a. L. unverehelichte, 22 J. alt.	Allenstein 16. 10. 85.	Stehend.	
11	c/a. R. Arbeiterfrau, 26 J. alt, hatte 2mal vorher geboren.	Allenstein 23. 11. 85.	Auf dem Hofe umsinkend.	**I.** Auf dem Hofe entbunden. — „Ich war auf eine Geburt noch gar nicht gefasst, als mir plötzlich heiss wurde und ich in eine Ohnmacht sank und umfiel. Als ich aus der Ohnmacht erwachte, lag mir das neuge-

schuldigten über: ihren Geisteszustand nach dem Gebärakte	den Tod des Kindes	Bei welcher Vernehmung sind die Angaben über den Geisteszustand zum ersten Mal gemacht?	Sectionsbefund und ärztliches Urtheil	Strafmaass und sonstige Bemerkungen
I. „Gleich nach der Geburt fiel ich in Ohnmacht und weiss nicht, ob das Kind gelebt hat.“ **II.** Auf freiem Felde niedergekommen. „Hier gebar ich das Kind und hörte, dass es zu weinen anfing. Ich bin nach der Geburt nicht ohnmächtig geworden, es fing mich aber ein Fieberfrost so an zu schütteln, dass ich zunächst eine Weile ruhig liegen musste. — Als ich darauf nach dem Kinde sah, war es todt. Es war jedenfalls erfroren, da die Witterung an jenem Tage sehr rauh war.	Hat es lebend auf freiem Felde liegen lassen, glaubt, dass es erfroren sei.	I.	Todesursache nicht festzustellen.	Wegen Kindesmordes 2 J. Gef.
	Fand das Kind schon todt vor.	I.	Erstickung, ohne äussere Verletzung.	Wegen Kindesmordes 5 J. Zuchth. 5 J. Ehrverl.
I. Gebar in stehender Stellung, an einem Baume sich emporgerichtet habend, und fiel dann neben das Kind nieder. **II.** „Gleich nach der Geburt des Kindes wurde mir finster vor den Augen und ich fiel in Ohnmacht und zwar rücklings. Als ich aus der Ohnmacht erwachte, lag das Kind neben mir. Der linke, mit einem Klotzkork bekleidete Fuss lag am Kopfe des Kindes.	Fand das Kind schon todt vor.	II.	Schädelzertrümmerung, nicht von Kindessturz herrührend.	Wegen fahrl. Tödtg. 6 M. Gef.
	Fand das Kind schon todt vor und will es todt in den Brunnen geworfen haben.	I.	Ertrinkungstod.	Wegen fahrl. Tödtg. 1 J. Gef.

Lfde. Nummer	Bezeichnung der Strafsache	Ort u. Datum der Hauptverhandlung	Angaben der Ange- ihre Körperstellung während des Gebäraktes	ihren Geisteszustand während des Gebäraktes
				borene Kind zwischen den Beinen. Ich riss die Nabelschnur ab" etc. Bei dieser Aussage bleibt sie auch später. Das todte Kind will sie in den Brunnen geworfen haben.
12	c/a H. unverehel. 25 J. alt.	Bartenstein 24. 6. 80.	Im Bette liegend.	**P.** „Bis Abends 8 Uhr spann ich, dann legte ich mich, da mir unwohl wurde, zu Bett und $^1/_2$ Stunde darauf, etwa um 9 Uhr, ging mir das Kind ab. Ich blieb vor Ermattung liegen." **I.** „Verspürte ich mit einem Male ein Platzen oder Knallen im Leibe, das so war, als wenn mir der ganze Leib auseinanderging. In diesem Augenblick wollte ich rufen oder rief: O Mutterche! und wurde ohnmächtig. — Entweder in der Nacht oder am frühen Morgen erwachte ich aus dieser Ohnmacht und fühlte etwas kaltes zwischen meinen Beinen. Ich konnte mich vor lauter Schwäche nicht aufrichten." Will nachher noch einmal ohnmächtig geworden sein.
13	c/a K. Tischlerstochter, 23 J. alt.	Bartenstein 24. 6. 80.	Im Bette liegend.	**I.** Seit Nachmittags Wehen, legt sich zu Bett. „Im Bett verlor ich plötzlich das Bewusstsein. Als ich wieder zum Bewusstsein gelangte, sah ich neben mir im Bett ein kleines Kind liegen und hing nur die Nabelschnur hervor. Wie die Geburt vor sich gegangen, kann ich nicht beschreiben, da ich eben während derselben ohne Bewusstsein war. Ich habe auch vom Schreien nichts gehört und lag das Kind, als ich ins Bewusstsein zurückgekehrt war, ganz ruhig und ohne sich zu rühren, unten zwischen meinen Beinen. Ich ergriff ein auf der Hobelbank neben meinem Bette liegendes Messer und schnitt mir die Nabelschnur ab und versteckte sie im Bett." **II.** Ich bekam heftige Kreuzschmerzen und wurde bald darauf ohnmächtig. Wie lange dieser Zustand gedauert hat, weiss ich nicht. Als ich wieder zum Bewusstsein kam, bemerkte ich, dass zwischen meinen Oberschenkeln ein neugeborenes Kind lag." **III.** Bleibt trotz aller Vorhaltungen bei ihren Angaben betreffs der Ohnmacht.
14	c/a K. Besitzerstochter, unverehel. 22 J. alt.	Bartenstein. 12. 11. 83.	Beim Heraussteigen aus dem Bette.	

schuldigten über:		Bei welcher Vernehmung sind die Angaben über den Geisteszustand zum ersten Mal gemacht?	Sectionsbefund und ärztliches Urtheil	Strafmaass und sonstige Bemerkungen
ihren Geisteszustand nach dem Gebärakte	den Tod des Kindes			
	Fand das Kind schon todt vor.	I.	Schädelverletzung. Im Magen Milchgerinnsel.	Das Kind hatte noch Nahrung erhalten. Wegen fahrlässigerTödtg. 6 M. Gef. (Mutter wegen Beihilfe mit 1 J. Gef. bestraft.)
	Fand das Kind schon todt vor.	I.	Erstickung, ohne äussere Verletzungen.	Wegen fahrl. Tödtg. 2 M. Gef.
I. Stand wegen der Schmerzen aus dem Bette auf. „Als ich mich erhob, fiel ich aus dem Bette hinaus und genas beim Hinausfallen eines Kindes. — Ich war bewusstlos und weiss nur so viel, dass ich auf das Kind hinauffiel. Als ich wieder zum Bewusstsein kam, lag das Kind auf dem Fussboden unter mir. Das Kind war todt; ich nahm es“ etc.	Fand das Kind schon todt vor.	I.	Erstickung mit Wahrscheinlichkeit	Wegen Kindesmordes zu 2 J. Gef. verurtheilt.

Lfde. Nummer	Bezeichnung der Strafsache	Ort u. Datum der Hauptverhandlung	Angaben der Ange- ihre Körperstellung während des Gebäraktes	ihren Geisteszustand während des Gebäraktes
15	c/a M. Wirthin, unverehelichte, 25 Jahre alt.	Bartenstein 16. 6. 84.	Stehend.	
16	c/a St. unverehelichte, 24 Jahre alt, hatte schon 1mal geboren.	Bartenstein 18. 6. 84.	Auf dem Abtritt sitzend.	**I.** Vorher Kopfschmerzen. Durch ein Gefühl zum Verrichten der Nothdurft getrieben, sei sie auf die Retirade gegangen. „Ich setzte mich auf die Brille und wurde ohnmächtig. Als ich wieder zum Bewusstsein kam, fühlte ich, dass ich geboren hatte und glaubte, dass das Kind, welches laut schrie, nur in den Trichter und nicht in den Kloakenkasten gefallen sei. — Ich stand auf und ging, um mir Hilfe zu holen.“ **II.** „Als ich eine Weile auf demselben sass, fiel ich zur Seite und wurde ohnmächtig.“ Im Uebrigen dasselbe. —
17	c/a N. Dienstmädchen, 26 Jahre alt.	Bartenstein 21. 6. 84.	Stehend.	

schuldigten über:		Bei welcher Vernehmung sind die Angaben über den Geisteszustand zum ersten Mal gemacht?	Sectionsbefund und ärztliches Urtheil	Strafmaass und sonstige Bemerkungen
ihren Geisteszustand **nach** dem Gebärakte	den Tod des Kindes			
II. Dasselbe. Sie will in demselben Moment bewusstlos geworden sein, als das Kind von ihr stürzte. **III.** Dasselbe. — Die Nabelschnur sei beim Fall des Kindes abgerissen. **H.** „Beim Heraussteigen aus dem Bette kam das Kind heraus und fiel auf die Diele, während ich selbst ohnmächtig wurde und auf das Kind fiel. Als ich erwachte, lag ich auf dem Rücken, während das Kind in meinen Röcken verwickelt und todt war.				
I. „Die Frucht schoss mir, ohne dass ich es verhindern konnte, während ich stand, auf den gedielten Boden. — Dann sank ich selbst auf den Boden hin. — Ich erhob mich jedoch bald darauf ein wenig und erinnere mich, dass ich das Kind, welches athmete, aber nicht schrie, in mein Bett und mich auf das Sopha legte.“	**Hat das lebende Kind insBett gelegt.**	I.	**Erstickung durch Erwürgen.**	**Wegen Kindesmordes zu 3 J. Gef. verurtheilt.**
	(Kind blieb am Leben.)	I.		**Der Retiradentrichter hatte oben 26 cm, unten 12 cm Durchmesser. Die Schulterbreite des Kindes betrug 16 cm. Das Kind steckte im Koth, nur die Arme ragten hervor. Es wurde noch lebend herausgezogen Wegen Aussetzung des Kindes zu 1 J. Gef. verurtheilt.**
I. Da die Schmerzen zu heftig geworden, sei sie aufgestanden und „hielt mich an der Lehne des Bettgestelles fest. Kaum hatte ich einige Minuten gestanden, so fiel das Kind mit der Nabelschnur aus meinem Leibe, während der Mutterkuchen sich unmittelbar darauf von selbst loslöste und zur Erde stürzte.“ Das Kind habe gezappelt, nicht geschrieen. - Legte es zu Fussende des Bettes auf das Oberdeck. — Kaum hatte ich dies gethan, so wurde ich schwindlig und fiel mit meinem Oberkörper über das Kind.“	**Das Kind habe mit dem Kopfe auf der Querwand des Bettes gelegen u. könne dabei von ihrem Oberkörper bedrückt worden sein.**	I.	**Schädelverletzung, könne auch vom Sturz herrühren.**	**Wegen Kindesmordes m. 3 J. Zuchth. bestraft.**

Lfde. Nummer	Bezeichnung der Strafsache	Ort u. Datum der Hauptverhandlung	Angaben der Ange-	
			ihre Körperstellung während des Gebäraktes	ihren Geisteszustand während des Gebäraktes
18	c/a Sz. unverehelichte, 24 Jahre alt.	Bartenstein 24. 3. 85.	Sitzend, im Begriff aufzustehen.	
19	c/a Sch. unverehelichte, 21 Jahre alt.	Bartenstein 29. 6. 85.	Auf dem Nachtstuhl sitzend.	
20	c/a H. Wittwe, 30 Jahre alt, hatte 3 mal geboren.	Braunsberg 8. 3. 81.	In gebückter Stellung, gegen die Wand gestützt.	
21	c/a K. unverehelichte, 27 Jahre alt, hatte schon 1 mal geboren.	Braunsberg 20. 6. 82.	Im Bett liegend.	

schuldigten über:		Bei welcher Vernehmung sind die Angaben über den Geisteszustand zum ersten Mal gemacht?	Sections-befund und ärztliches Urtheil	Strafmaass und sonstige Bemerkungen
ihren Geisteszustand **nach** dem Gebärakte	den Tod des Kindes			
II. Um das Kind ins Bett zu legen, musste sie auf einen 1½ Fuss hohen Tritt steigen. Dabei sei sie ohnmächtig geworden.				
I. Wegen Drang zur Nothdurft in den Garten gegangen, setzte sich neben einem Baum nieder, wobei das Kind plötzlich hervorschoss und bei ihrem Emporrichten zur Erde stürzte. Dabei sei die Nabelschnur zerrissen. „Ich blieb eine Weile neben dem Baume stehen und hielt denselben umfasst, um mich aufrecht zu erhalten, da ich die Besinnung zu verlieren nahe war, mich sehr angegriffen fühlte“ etc. Sie sah dann das Kind an der Erde krabbeln, hörte es aber nicht schreien, und beschloss, es umzubringen, was sie sogleich ausführte, indem sie es mit dem Kopfe gegen den Baum schlug.	Geständig, den Schädel zertrümmert zu haben.	I.	Schädelzertrümmerung.	Wegen Kindesmordes 4 J. Zuchth. 5 J. Ehrverl.
I. Will erst nach der vollendeten Geburt ohnmächtig geworden sein, in welchem Zustande sie von Zeugen getroffen worden ist.	Keine Angaben.	I.	Schädelcompression und Erstickung durch Flüssigkeit.	Wegen Kindesmordes 3 J. Zuchth.
I. Keine Angaben über Ohnmacht. **II.** Als sie aus ihrem „beschwiemten“ Zustande erwachte, sei das Kind todt gewesen. Giebt dann zu, dass es noch „ein bischen“ gelebt habe. Aus der Ohnmacht sei sie erwacht, als sie von ihrer Brodherrin gerufen wurde. **II.** „Als das Kind zur Welt kam, fiel ich in Ohnmacht und weiss nicht, wie lange diese angehalten hat. — Als ich erwachte, besah ich das Kind.“ Es sei „allmeist todt“ gewesen, habe nicht geschrieen, liess es auf dem Stroh liegen, wo sie es hernach todt fand und trug es dann ans Flussufer.	Liess es lebend an der Erde liegen.	II. *	Todesursache und ob das Kind gelebt, nicht mehr festzustellen.	Wegen Kindesmordes 3 J. Gef.
I. Lag im Bett auf blossem Stroh. „Als ich nach der Geburt desselben zur Besinnung kam, sah ich das Kind neben mir liegen,“ es sei todt gewesen. **II.** „Während ich so dalag, spürte ich, wie das Kind aus meinen Geschlechtstheilen hervorschoss. Schreien habe ich dasselbe nicht gehört. Ich hatte jedoch nicht die Kraft, sogleich mich aufzurichten“ — Will dann später bemerkt haben, dass das Kind, das zwischen ihren Beinen lag, bereits kalt war. Es lag auf dem Gesicht, mit dem Kopf nach unten, mit den Beinen nach ihren Geschlechtstheilen gerichtet. „An dem Kinde	Fand das Kind schon todt vor.	I.	Stickfluss, ohne äussere Verletzung.	Freigesprochen. (Wegen Beiseiteschaffung eines Leichnams 6 Wochen Gef.)

Lfde. Nummer	Bezeichnung der Strafsache	Ort u. Datum der Hauptverhandlung	Angaben der Ange- ihre Körperstellung während des Gebäraktes	ihren Geisteszustand während des Gebäraktes
22	c/a K. unverehelichte, 20 Jahre alt.	Braunsberg 26. 2. 83.	Beim Erheben von der Nothdurft.	
23	c/a O. unverehelichte, 26 Jahre alt, hatte schon 2 mal vorher gebor.	Braunsberg 18. 11. 84.	Im Bette liegend.	
24	c/a F. Köllmerstochter, 25 Jahre alt, hatte schon 2 mal geboren.	Braunsberg 12. 6. 85 und 11. 11. 85.	Im Bette liegend.	**I.** Bis 1 Uhr Nachts sei der Bräutigam bei ihr gewesen. „Ich schlief sodann ein und wachte auf Morgens 5 Uhr. — Beim Erwachen fand ich, dass ich ein Kind geboren und zwar war mir gleich das Kind verbunden mit der Nachgeburt abgegangen und lag zwischen meinen Beinen.“ Es sei kalt und todt gewesen. **II.** Schon tagüber sei viel Blut abgegangen. „Ich hörte die Uhr noch 2 schlagen und erst wieder 5 schlagen. Ich nehme an, dass ich in der Zwischenzeit ohnmächtig gewesen bin.“

schuldigten über:		Bei welcher Vernehmung sind die Angaben über den Geisteszustand zum ersten Mal gemacht?	Sectionsbefund und ärztliches Urtheil	Strafmaass und sonstige Bemerkungen
ihren Geisteszustand nach dem Gebärakte	den Tod des Kindes			
befand sich ein langes Ende Nabelschnur, welches ohne mein Zuthun durchgerissen war." **H.** „Bei der Entbindung hatte ich keine grossen Schmerzen und fiel, kurz nachdem das Kind aus meinen Geschlechtstheilen herausgetreten war, in eine Ohnmacht, die vielleicht ¼ Stunde gedauert haben mag. Sachverst.: Starke Blutungen nach der Entbindung machen eine Ohnmacht wahrscheinlich. Angekl.: „Ich habe nach der Entbindung sehr starke Blutungen gehabt", auch nachher noch im Gerichtsgefängniss. Auf Befragen des Staatsanwaltes: „Ich war bis zu dem Zeitpunkte, als das Kind aus meinen Geschlechtstheilen trat, bei Besinnung, verlor dieselbe jedoch kurze Zeit darauf. Als ich noch bei Besinnung war, hatte ich nicht die Kraft, mich aufzurichten."				
Um 4 Uhr Morgens aufgestanden und gearbeitet. Um 8 Uhr in den Stall gegangen, um 10½ Uhr wiedergekehrt. In dieser Zeit hatte sie geboren. Der Hebamme theilte sie sogleich mit, dass sie bewusstlos gewesen sei. **I.** „Als ich mich nach Verrichtung der Nothdurft erhob, wurde ich entbunden. Ich habe vom Kinde keinen Schrei vernommen, doch rührte es mit den Armen. Ich griff nach dem Kinde und fiel dabei über das Kind. In dem Augenblick verlor ich die Besinnung. Als ich wieder zu mir kam, war das Kind todt."	Fiel besinnungslos über das Kind und fand es hernach todt.	I.	Schädelverletzung, Sturzgeburt auszuschliessen.	Wegen Kindesmordes 3 J. Gef.
Macht erst in der Hauptverhandlung geltend, unmittelbar nach dem Gebärakt entweder in Ohnmacht, oder in festen Schlaf gefallen zu sein.	—	H.	Erstickung, ohne äussere Verletzungen.	Stand 2mal im Verdacht des Kindesmordes Wegen Kindesmordes 3 J. Gef.u.3 J.Ehrv.
	Fand das Kind schon todt vor.	I.	Wegen Fäulniss die Todesursache nicht mehr zu ermitteln.	Die früheren Kinder sind nicht ausgetragen und todt zur Welt gekommen. Wegen Kindesmordes mit 4 J. Gef. bestraft.

Lfde. Nummer	Bezeichnung der Strafsache	Ort u. Datum der Hauptverhandlung	Angaben der Ange-	
			ihre Körperstellung während des Gebäraktes	ihren Geisteszustand während des Gebäraktes
				Einer Mitgefangenen gegenüber: Der Bräutigam habe noch 2mal den Beischlaf vollzogen, dann an ihrem Unterleibe herumhantirt und das Kind bis zum halben Kopf hervorgezogen. Hierauf sei sie sofort in Ohnmacht gefallen und wisse um die weiteren Vorgänge nichts. **III.** Bleibt dabei, dass sie beim Herannahen der Geburtswehen ohnmächtig geworden sei. In der Hauptverhandlung wiederholt sie, was sie der Mitgefangenen gesagt und fügt hinzu, dass bei ihrem Erwachen der Bräutigam neben ihrem Bette gesessen und eine „Lischke“ (Schachtel) zum Hineinthun des Kindes in Bereitschaft gehalten habe.
25	c/a D. unverehelichte, 20 Jahre alt.	Insterburg 9. 12 79.	Stehend.	
26	c/a M. unverehelichte, 23 Jahre alt.	Insterburg 5. 6. 82.	Stehend.	

schuldigten über:		Bei welcher Vernehmung sind die Angaben über den Geisteszustand zum ersten Mal gemacht?	Sectionsbefund und ärztliches Urtheil	Strafmaass und sonstige Bemerkungen
ihren Geisteszustand nach dem Gebärakte	den Tod des Kindes			
I. Geburt Nachts $3^1/_2$ Uhr erfolgt. „Ich stand dabei mit beiden Händen gegen den Marktkoffer gesperrt. Das Kind stürzte hervor und zu Boden, ohnmächtig fiel ich noch darüber hin, so dass ich mit dem Rücken darauf lag. In dieser Verfassung und Stellung fand ich mich und das Kind wenigstens wieder, als ich kurz vor 4 Uhr aus meiner Ohnmacht zur Besinnung zurückkehrte.“ Will keinen Schrei des Kindes vernommen haben, ging die Burschen wecken, kehrte zurück, sah, dass das Kind sich noch rührte und schlug demselben mit einem Stück Holz mehrmals auf den Kopf. **II.** „Ich fiel, als das Kind, welches ich stehend zur Welt gebracht, an der Erde lag, ohnmächtig über dasselbe. Als ich erwachte, versetzte ich dem Kinde mit einem in der Nähe befindlichen Knüttel einen Schlag auf den Kopf. Ich ging darauf die Burschen wecken und fand, als ich zurückkehrte, das Kind sich noch rührend vor. Ich habe es nicht mehr geschlagen, sondern trug es auf den Schoppen, wobei es mir jedoch einmal aus dem aufgenommenen Rocke auf die Erde fiel.“	Geständig, das Kind mit einem Knüttel erschlagen zu haben.	I.	Complicirte Schädelverletzungen und Sugillationen.	Wegen Kindesmordes 3 J. 6 M. Gef.
I. „Als ich im Begriff war, das Schweinefutter nach der hinteren Abtheilung (des Stalles) zu tragen, wurde mir auf einmal unwohl. Ich fühlte, dass mir das Kind aus den Geschlechtstheilen schoss und verfiel in einen ohnmachtähnlichen Zustand. Ich erinnere mich nur, dass ich während der Geburt meines Kindes den Zeigefinger meiner rechten Hand in dem Munde meines Kindes hielt.“ „Ich war mir dessen, was	**Fand es schon todt vor.**	I.	**Fractura mandibulae in der Mitte, Sugillationen vorn am Halse und um den Kehlkopf. Tod durch Erwürgen.**	Vor ihrer Verhaftung soll sie der Dienstgeberin zugestanden haben, dass sie das Kind gewürgt habe, und den Zeigefinger als den Theil bezeichnet haben, mit dem sie die

Lfde. Nummer	Bezeichnung der Strafsache	Ort u. Datum der Hauptverhandlung	Angaben der Ange-	
			ihre Körperstellung während des Gebäraktes	ihren Geisteszustand während des Gebäraktes
27	c/a P. unverehelichte, 25 Jahre alt, hatte vorher 1 mal geboren.	Insterburg 2. 6. 83.	Im Bette liegend.	
28	c/a K. unverehelichte, 24 Jahre alt.	Insterburg 31. 10. 84.	Sitzend.	
29	c/a H. Wittwe, 41 J. alt, hatte schon 6 mal vorher geboren.	Insterburg 26. 10. 85.	Gebückt stehend.	

schuldigten über: ihren Geisteszustand nach dem Gebärakte	den Tod des Kindes	Bei welcher Vernehmung sind die Angaben über den Geisteszustand zum ersten Mal gemacht? *)	Sectionsbefund und ärztliches Urtheil	Strafmaass und sonstige Bemerkungen
ich that, nicht recht bewusst. Als ich aus meiner Betäubung kam, nahm ich das Kind" etc. Fühlte Bewegungen des Kindes während der Geburt, hat es aber nicht schreien gehört.				Erdrosselung vorgenommen. Wegen Kindesmordes 4 J. Gef. und 4 J. Ehrverl.
I. „Gleich nachdem das Kind geboren war, hörte ich, dass dasselbe zweimal zugeschrieen hat, worauf mir die Sinne vergingen." Lag ausgestreckt im Bette und will das Kind, indem sie sich nach der Entbindung „krampfhaft ausstreckte", mit dem Fusse nach dem Bettende fortgeschoben und dabei möglicherweise getödtet haben. „Es geschah dies aber im bewusstlosen Zustande und in der Aufregung, in die ich durch die Geburt versetzt worden war." **II.** Dasselbe. Nabelschnur nicht selbst getrennt. **III.** Will auch bei ihrer ersten Entbindung ohnmächtig gewesen sein, was die angerufene Zeugin nicht bestätigen kann. **H.** Will sich nicht mehr besinnen, das Kind mit dem Fusse fortgeschoben zu haben, da sie ohnmächtig gewesen. — Die Nabelschnur habe sie zerrissen vorgefunden.	Hält es für möglich, das Kind unbewusst mit dem Fusse erdrückt zu haben.	I.	Unvollständige Athmung. Hirnschlagfluss. Quetschungen an Kopf, Hals und Brust.	Wegen Kindesmordes 3 J. Zuchth. 3 J. Ehrverl.
I. Will auf einem Holzhaufen sitzend geboren und gleich darauf die Besinnung verloren haben. **II.** In dieser Vernehmung erwähnt sie von Ohnmacht nichts.	Keine Angabe.	I.	Strangulation.	Die Leiche ist im Wasser gefunden worden. Es concurrirt in dieser Sache noch eine andere fragliche Person als Schuldige. Freispr.
I. Einer Zeugin gegenüber angegeben, dass sie bei der Entbindung ohnmächtig gewesen sei. „Abends gegen 11 Uhr bin ich herausgegangen, um die Nothdurft zu verrichten. Als ich die Kuh stöhnen hörte, ging ich in den Stall und fiel hier in Ohnmacht. Als ich erwachte, hatte ich das Kind geboren und fand das Kind zwischen meinen Beinen todt vor." **II.** „Während ich mich gebückt hatte (um die Wanne, aus der die Kuh gefressen, zu entfernen), wurde ich von der Geburt überrascht. — Es war erst der Kopf des Kindes herausgekommen, als sich dasselbe durch Schreien bemerkbar machte. Um das Kind herauszuziehen, fasste ich nach dem Kopfe desselben" etc.	Fand das Kind schon todt vor.	I.	Erstickung, ohne äussere Verletzungen.	Eine Zeugin in der Nähe des Stalles hörte das Kind schreien, eilte hinzu (10 Schr.) und fand die Angeschuld. in aufrechter Stellung, das Laternenlicht verlöschend. Wegen fahrl. Tödtung 2 J. Gef.

Lfde. Nummer	Bezeichnung der Strafsache	Ort u. Datum der Hauptverhandlung	Angaben der Ange- ihre Körperstellung während des Gebäraktes	ihren Geisteszustand während des Gebäraktes
30	c/a B. unverehelichte, 22 Jahre alt.	Insterburg. 27. 10. 85.	Stehend, gegen einen Balkenträger gelehnt.	
31	c/a A. unverehelichte, 21 Jahre alt.	Insterburg, 27. 10. 85.	Stehend.	I. Abends zwischen 9 und 10 Uhr hatten die Wehen begonnen. „Als der Schmerz gross wurde, stand ich auf und lehnte mich mit dem Kopfe gegen die Ecke des in der Hinterstube stehenden Ofens. Wie lange ich so gestanden habe, weiss ich nicht. Plötzlich verlor ich die Besinnung. Als ich wieder zu mir kam, lag ich auf den Dielen und dicht neben mir im Blute das neugeborene Kind. – Die Nabelschnur war zerrissen. Ich bemerkte an dem Kinde kein Lebenszeichen.“ II. „Ich wurde von der Geburt überrascht und fiel in Ohnmacht. Als ich erwachte, fand ich das Kind todt an der Erde liegen.
32	c/a R. Dienstmädchen, 26 Jahre alt.	Königsberg. 18. 12. 79.	Im Bette liegend.	I. Im Bette liegend gegen Morgen geboren und das Kind absichtlich zwischen den Beinen liegen gelassen; später räumt sie ein, dem Kinde den Mund mit ihrem Beine zugedrückt zu haben. II. In der Hauptverhandlung widerruft sie, will die Angaben nur auf Zureden des Richters gemacht haben und

schuldigten über: ihren Geisteszustand nach dem Gebärakte	den Tod des Kindes	Bei welcher Vernehmung sind die Angaben über den Geisteszustand zum ersten Mal gemacht?	Sectionsbefund und ärztliches Urtheil	Strafmaass und sonstige Bemerkungen
Glaubt, dabei dem Kinde Schaden gethan haben zu können. „Wenigstens war dasselbe, als ich später aus der Ohnmacht erwachte, todt.“ **H.** „Als ich fühlte, dass der Kopf des Kindes aus dem Mutterleibe hervorgekommen ist, wurde ich ohnmächtig. Als ich wieder zum Bewusstsein kam, fand ich das Kind todt.“				
I. „Unmittelbar nach meiner Entbindung verliess mich in Folge der heftigen Schmerzen das Bewusstsein. Wie lange ich in diesem Zustande mich befunden, kann ich nicht angeben. — Als ich wieder zu mir kam, lag ich auf einem zusammengekehrten Haufen und das von mir geborene Kind lag unter mir.“ Die Nabelschnur war getrennt. „Das Kind zeigte zwar noch Spuren von Leben, starb aber kurze Zeit darauf.“ **II.** Dasselbe. **H.** „Als der Kopf des Kindes, während ich in stehender Stellung mich befand, aus dem Mutterleibe getreten war, wurde ich ohnmächtig und weiss von dem Ende der Geburt nichts. Nach meinem Erwachen fand ich das Kind unter meinen Beinen, mit dem Gesicht auf der Erde liegen, es bewegte noch ein Wenig den Kopf und starb dann.“	Das Kind habe noch Spuren von Leben gezeigt und sei bald nach der Geburt verstorben.	I.	Erstickung, ohne äussere Verletzungen.	Freigesprochen.
	Fand das Kind schon todt vor.	I.	Schädelverletzung, kann von Sturz herrühren.	Freigesprochen.
	Hat dem Kinde den Mund mit ihrem Bein zugedrückt, widerruft dies allerdings nachher.	H.	Erstickung, ohne äussere Verletzungen.	Wegen Kindesmordes 2 J. Gef.

Lfde. Nummer	Bezeichnung der Strafsache	Ort u. Datum der Hauptverhandlung	Angaben der Ange- ihre Körperstellung während des Gebäraktes	ihren Geisteszustand während des Gebäraktes
				giebt an, über die Einzelheiten bei der Geburt nichts mehr zu wissen, möglicherweise, weil sie vorher Rum und Hoffmannstropfen genossen.
33	c/a W. Dienstmädchen, 32 Jahre alt, hatte schon vorher 1 mal geboren.	Königsberg 25. 10. 80	Auf dem Nachtgeschirr sitzend.	
34	c/a U. unverehelichte, 23 Jahre alt.	Königsberg 30. 10. 80.	Auf dem Nachtstuhl sitzend.	
35	c/a G. unverehelichte, 25 Jahre alt.	Königsberg 11. 10. 81.	Auf einem Terrassenabhang liegend.	I. Ging vor das Thor. „Mich befielen die Schmerzen so sehr, dass ich mich hinlegen musste. mir wurde so wehe und unwohl, ich legte mich auf den Rücken; als ich wieder zur Besinnung kam, lag das Kind mit der Nachgeburt ein Endchen von mir fort; wo ich sass, war etwas schräge, und beides wird wohl ein bischen heruntergerollt sein. Ich nahm das Kind mitsammt der Nachgeburt auf, das Kind war kalt und steif.“ Auch dem Schutzmanne gegenüber bei ihrer ersten Vernehmung erwähnte sie gleich die Ohnmacht.
36	c/a L. Dienstmädchen, 21 Jahre alt.	Königsberg 12. 10. 81.	Knieend an der Erde.	I. Ich hatte mich in dem Entrée auf den Fussboden hingekniet und den Kopf auf den Stuhl gelegt. Als ich zur Besinnung kam, fand ich das Kind zwar vor, jedoch war dasselbe todt. II. Dasselbe. „Nach ein paar Minuten verlor ich die Besinnung, und als ich wieder zur Besinnung kam, lag ich auf der Erde und war zusammengesunken.“ H. Dasselbe. Als sie aufstehen konnte, habe sie dem Kinde auf den

schuldigten über: ihren Geisteszustand nach dem Gebärakte	den Tod des Kindes	Bei welcher Vernehmung sind die Angaben über den Geisteszustand zum ersten Mal gemacht?	Sectionsbefund und ärztliches Urtheil	Strafmaass und sonstige Bemerkungen
I. Etwas Blut und Fruchtwasser sei in's Nachtgeschirr abgegangen. „Ich setzte mich noch ein Weilchen auf einen Stuhl, da war mir so, als wenn ich ein Bedürfniss hatte, da kam das Kind und fiel in's Nachtgeschirr, auf welches ich mich gesetzt hatte; es schrie; ich taumelte gegen den Kasten, an dem das Nachtgeschirr stand. Wie ich wieder zur Besinnung kam, war ich aufgestanden und die Nabelschnur abgerissen. Ich sah jetzt in den Nachttopf, das Kind zappelte noch, es lag mit dem Gesicht in der Flüssigkeit, die mir abgegangen war: ich nahm es nicht heraus, weil ich wollte, dass es sterben sollte."	Hat es im Nachtgeschirr liegen lassen, um es sterben zu lassen.	I.	Erstickung durch Einathmung von Flüssigkeit.	Wegen Kindesmordes 3 J. Zuchth.
I. Wegen zu grosser Schmerzen aufgestanden und umhergegangen. Bedürfniss, auf den Nachtstuhl zu gehen, setzte sich auf denselben, da sei das Kind gleich gekommen. „Ich habe nicht gehört, dass es geschrieen hat, fiel in Ohnmacht, sass angelehnt an die Wand, vielleicht eine Viertelstunde, kam dann wieder zur Besinnung, da stand ich auf, ging nach der Schlafstube."	Fand das Kind schon todt vor.	I.	Erstickung, ohne äussere Verletzungen.	Freigesprochen
	Fand das Kind schon todt vor.	I.	Wegen Fäulniss nicht mehr festzustellen.	Wegen Kindesmordes 2 J. Gef.
	Gesteht, dem Kinde den Schädel eingedrückt zu haben.	I.	Schädelfrakturen.	Wegen Kindesmordes 2 J. Gef.

Lfde. Nummer	Bezeichnung der Strafsache	Ort u. Datum der Hauptverhandlung	Angaben der Ange- ihre Körperstellung während des Gebäraktes	ihren Geisteszustand während des Gebäraktes
				Kopf gedrückt und es dann über den Gartenzaun geworfen.
37	c/a A. unverehelichte, 24 Jahre alt.	Königsberg 1. 7. 82.	Im Bette liegend.	I. Um 4 Uhr Morgens wegen Leibschmerzen auf den Nachtstuhl gegangen, dann ins Bett zurück. „Die Schmerzen wurden bald so gross, dass ich in Ohnmacht fiel; wie lange ich in der Ohnmacht lag, weiss ich nicht; wie ich erwachte, waren die Schmerzen weg, das Kind lag mit Nabelschnur und Nachgeburt am Fussende. Ich war vor Schreck noch ganz ohne Besinnung, habe nicht einmal gesehen, ob es ein Knabe oder ein Mädchen war; todt war es, so viel habe ich gesehen. — Nach ein paar Minuten stand ich auf“ etc.
38	c/a D. unverehelichte, 27 Jahre alt.	Königsberg 1. 7. 84.	Auf dem Nachtstuhl sitzend.	
39	c/a Sch. Wirthin, unverehelichte, 34 Jahre alt.	Königsberg 18. 6. 85.	Liegend.	Bestreitet, ihr Kind getödtet zu haben. H. In der Hauptverhandlung: „In der Nacht, als meine Niederkunft erfolgte, war ich bewusstlos. Als ich erwachte, fand ich das Kind bereits todt.“
40	c/a F. unverehelichte, 34 Jahre alt, hatte schon 1mal geboren.	Königsberg 22. 6. 85.	Ueber dem Eimer steh.	I. Hatte einige Stunden gelegen, stand dann auf, um Wasser abzulassen. „Ich stellte mich zu diesem Zweck vor einen Eimer, der in derselben Stube am Ofen stand. Ich hatte mein Bedürfniss noch nicht befriedigt, als ich plötzlich ohnmächtig wurde und über den Eimer fiel. Ich weiss nicht, wie lange die Ohnmacht gedauert hat. Als ich mich wieder erholte, fand ich in dem Eimer

schuldigten über: ihren Geisteszustand nach dem Gebärakte	den Tod des Kindes	Bei welcher Vernehmung sind die Angaben über den Geisteszustand zum ersten Mal gemacht?	Sectionsbefund und ärztliches Urtheil	Strafmaass und sonstige Bemerkungen
	Fand es schon todt vor.	I.	Erstickung, ohne äussere Verletzungen.	Wegen Kindesmordes 3 J. Gef.
I. Wegen der Schmerzen sei sie aufgestanden und auf den Boden gegangen, wo der Nachtstuhl stand. — „Schon auf dem Vorboden befiel mich eine Ohnmacht, von der ich mich erst nach einiger Zeit erholte. Die Kreuzschmerzen wurden sehr heftig und überfiel mich eine zweite Ohnmacht, als ich den Boden, wo der Nachtstuhl stand, aufschliessen wollte. Nachdem ich mich auch von dieser erholt hatte, setzte ich mich auf den Nachtstuhl, weil ich einen sehr starken Drang im Unterleibe nach den Geschlechtstheilen zu fühlte. .... Während ich auf dem Stuhl sass, ging mir bei dem Drängen das Kind aus der Scheide ab und fiel in den Nachteimer.“ Die Nachgeburt sei zurückgeblieben, die Nabelschnur habe sie selber durchgerissen, die Nachgeburt aus dem Leibe herausgezogen, das Kind in eine Kiste gelegt. Dann sei sie zum dritten Male in Ohnmacht gefallen, aus der sie durch das Rufen ihrer Herrin erweckt worden sei. **H.** In der Hauptverhandlung wiederholt sie die Angaben von der dreimaligen Ohnmacht.	Fand das Kind schon todt vor.	I.	Erstickung, ohne äussere Verletzungen.	Das Kind war nicht m. Koth besudelt. Mit 2 J. Gef. bestraft.
	Fand das Kind schon todt vor.	H.	Erstickung, ohne äussere Verletzungen.	Wegen fahrl. Tödtg. mit 1 J. Gef. bestraft.
	Fand das Kind schon todt vor.	I.	Erstickung, ohne äussere Verletzungen.	Das Kind soll noch gegen Abend „quarren“ gehört worden sein. Wegen Kindesmordes m. 4 J. Zuchth. bestraft.

Lfde. Nummer	Bezeichnung der Strafsache	Ort u. Datum der Hauptverhandlung	Angaben der Ange- ihre Körperstellung während des Gebäraktes	ihren Geisteszustand während des Gebäraktes
				das geborene Kind, nahm es heraus und überzeugte mich, dass es todt war."
41	c/a W. unverehelichte, 33 Jahre alt, hatte 2mal vorher geboren.	Königsberg 23. 10. 85.	Auf d. Eimer sitzend.	Angeblich auf dem Eimer geboren. **H.** In der Hauptverhandlung hat sie erst den Einwand gemacht, auf dem Eimer ohnmächtig sitzen geblieben zu sein.
42	c/a K. Bahnmeisterstochter, 19 Jahre alt.	Lyck 2. 2. 81.	Auf einem Wäschekorb sitzend.	**I.** Vormittags Wehen, ging auf den Bodenraum und setzte sich auf einen Wäschekorb. „Etwa um 9½ Uhr begann die Geburt. Ich verlor viel Blut und ging dann auch die Frucht ab." Ob mit Kopf oder Füssen zuerst, wisse sie nicht. **II.** Weiss nicht, wie lange das Kind gelebt hat. **III.** „Unmittelbar nach der Geburt blieb das Kind zwischen meinen Röcken liegen." **IV.** „Ich war während derselben Zeit aber ohnmächtig und in einem bewusstlosen Zustande und kann deshalb über die näheren Umstände keine Auskunft ertheilen. Als ich aus meinem bewusstlosen Zustande wieder zu mir kam, lag Kind und Nachgeburt zwischen den Beinen." – Dieser Aussage entgegenstehende Angaben habe sie „aus Dammlichkeit" gemacht. **V.** Räumt ein, das Kind unmittelbar nach der Geburt in einen Wattenrock gehüllt und absichtlich erstickt zu haben. Erwähnt nichts von Ohnmacht. **H.** Leugnet, dass das Kind gelebt habe. Der Richter hätte ihr gedroht, daher jene Angaben. —
43	c/a P unverehelichte, 25 Jahre alt.	Lyck 21. 6. 84.	Auf einer Streu am Ofen liegend.	**I.** Seit 4 Uhr Nachmittags Geburtswehen, legte sich auf eine Streu in der Nähe des Ofens. Gegen 10 Uhr Abends sei die Geburt vor sich gegangen. „Meine Mutter stand auf, um Licht anzumachen, währenddessen kam das Kind zur Welt, es war aber todt. Meine Mutter nahm es von mir weg, indem sie die Nabelschnur mit einem Messer durchschnitt und legte es auf einen Kasten. **II.** Im Widerspruch mit den Aussagen der Mutter und der Uebrigen sagt sie nun: „Ich habe die Mutter nicht geweckt, weil Alles sehr schnell ging. In dem Augenblick, als das Kind kam, wurde ich ohnmächtig. Das Kind blieb mir zwischen den Beinen liegen, und als ich wieder zu mir kam, war das Kind todt. Ob es vorher gelebt hat, weiss ich nicht."

schuldigten über:		Bei welcher Vernehmung sind die Angaben über den Geisteszustand zum ersten Mal gemacht?	Sectionsbefund und ärztliches Urtheil	Strafmaass und sonstige Bemerkungen
ihren Geisteszustand nach dem Gebärakte	den Tod des Kindes			
	—	H	—	Hat wegen Kindesmordes schon 2mal vor den Schranken gestanden und ist beide Mal verurtheilt worden. Wegen Kindesm. 6 J. Zuchth. u. 6 J. Ehrverl.
	Will das Kind schon todt vorgefunden haben, gesteht dann, es absichtlich erstickt zu haben, widerruft dies aber schliesslich.	IV.	Schädelverletzungen, deren Natur nicht klarzustellen sei. Todesursache wegen vorgeschrittener Fäulniss nicht zu ermitteln.	Wegen Kindesmordes 2 J. Gef.
	Die Strangulationsmarke soll von den Mützenbänd. herrühren, die sie dem Kinde 2 Tage später aufgesetzt Sie habe das Kind schon todt vorgefunden.	II.	Erdrosselung, wohl durch ein Strumpfband bewirkt. 1 cm. breite Strangmarke, Sugillation an d. linken Seite der Luftröhre unterhalb der Stimmbänder.	Wegen Kindesmordes 4 J. Zuchth u. 4 J. Ehrverl.

Lfde. Nummer	Bezeichnung der Strafsache	Ort u. Datum der Hauptverhandlung	Angabe der Ange-	
			ihre Körperstellung während des Gebäraktes	ihren Geisteszustand während des Gebäraktes
				III. ... „da ich in dem Augenblick, als es kam, in Ohnmacht fiel.“ **IV.** „Ich war bei der Geburt ohnmächtig geworden und kam erst gegen 4 Uhr wieder zur Besinnung.“ **H.** „Es mag 10 Uhr gewesen sein, als das Kind kam. Ich blieb in den Schmerzen mehr todt als lebendig. Als ich aus der Ohnmacht erwachte, fühlte ich, dass das Kind mir todt zwischen den Beinen lag.“
44	c/a B. unverehelichte, 24 Jahre alt.	Lyck 17. 6. 85.	Auf einer Strohschütte liegend.	**I.** „Nachdem ich die ganze Nacht schlaflos zugebracht hatte, wurde der Drang in meinem Leibe bei Tagesanbruch so heftig, dass ich Stuhlentleerung vermuthete und zu diesem Zwecke, nur mit dem Hemde bekleidet, in den auf der anderen Seite der Kathe belegenen Stall ging. Dort legte ich mich auf eine Strohschütte und verlor sehr bald die Besinnung. Als ich dieselbe wieder erlangte, sah ich zu meinen Füssen links von mir einen neugeborenen Knaben liegen, welchen ich im Zustande der Bewusstlosigkeit geboren haben muss, und der, wie ich mich sofort überzeugte, bereits kalt und steif war und nicht mehr athmete. Wer die Nabelschnur getrennt hat, weiss ich nicht.“ Sie habe dann das Kind gleich beerdigt, wobei die Schädelverletzungen, die gefunden worden, mit dem Spaten erzeugt sein könnten. **II.** Bestreitet, was sie dem Amtsvorsteher gesagt, dass sie das Kind durch das Stallfenster geworfen habe. **III.** Sie habe die Nabelschnur selbst getrennt, sei dann aber „schwach“ geworden und habe, aus diesem Zustande erwacht, das Kind kalt und steif gefunden. Vor der Hauptverhandlung lässt sie durch ihren Rechtsbeistand erklären, dass sie dem Kinde einen Schlag mit dem Spaten auf den Kopf versetzt und dasselbe so getödtet habe. In der Hauptverhandlung erklärt sie: „Ich nahm aus dem Hausflur einen Spaten mit, in der Absicht, das geborene Kind hiermit zu tödten. — Im Stalle bekam ich grosse Schmerzen, ich legte mich daher auf eine Strohschütte und verlor bald die Besinnung. Als ich wieder aufwachte, lag das neugeborene Kind zwizchen meinen Beinen. — Die Nabelschnur war bereits abgerissen. Hierauf gab ich dem Kinde mit dem Eisentheile des Spatens und zwar mit der flachen Seite einen Schlag auf den Kopf, so dass es sofort todt war, bedeckte es mit etwas Stroh“ etc. Darauf erklärte sie, sie habe das Kind erst hinter den Stall in den Garten getragen und dort getödtet, dann gesteht sie ein, die Nabelschnur

schuldigten über:		Bei welcher Vernehmung sind die Angaben über den Geisteszustand zum ersten Mal gemacht?	Sectionsbefund und ärztliches Urtheil	**Strafmaass und sonstige Bemerkungen**
ihren Geisteszustand nach dem Gebärakte	den Tod des Kindes			
	Gesteht schliesslich, das Kind mit dem Spaten erschlagen zu haben.	I.	Schädelverletzungen, durch Schläge oder Fall erzeugt.	Wegen Kindesmordes 3 J. Zuchth. u. 3 J. Ehrverl.

Lfde. Nummer	Bezeichnung der Strafsache	Ort u. Datum der Hauptverhandlung	Angaben der Ange- ihre Körperstellung während des Gebäraktes	ihren Geisteszustand während des Gebäraktes
				selbst durchrissen zu haben und schliesslich, bei der Geburt bei voller Besinnung gewesen zu sein!
45	c/a P. unverehelichte, 28 Jahre alt, hatte vorher 1mal geboren.	Lyck 7. 12. 85.	In knieender Stellung.	
46	c/a K. unverehelichte, 21 Jahre alt.	Lyck 16. 12. 85.	Stehend.	

schuldigten über:		Bei welcher Vernehmung sind die Angaben über den Geisteszustand zum ersten Mal gemacht?	Sectionsbefund und ärztliches Urtheil	Strafmaass und sonstige Bemerkungen
ihren Geisteszustand *nach* dem Gebärakte	den Tod des Kindes			
In der polizeilichen Vernehmung nichts von Ohnmacht. **I.** In einer Bretterbude auf der Wiese „kniete ich vor Schmerz hin und ging bald darauf das Kind (weiblichen Geschlechts) von mir ab.“ Nabelschnur habe sie selbst entzwei gerissen; dieselbe sei dreimal um den Hals des Kindes geschlungen gewesen. **II.** Gesteht zu, dass das Kind gelebt habe und fährt fort: „Nachdem ich in knieender Stellung mindestens 1/4 Stunde während der Geburt *in einem schmerzhaften und beinahe bewusstlosen Zustande* verbracht hatte“ etc. **H.** Keine Ohnmacht behauptet.	Keine Angaben.	II.	Erstickung, ohne äussere Verletzungen.	Wegen fahrl. Tödtg. 2 J. Gef.
I. Um die Nothdurft zu verrichten, sei sie die Hoftreppe hinuntergegangen. „Auf der 3. Stufe schon kam mir das Kind, ohne dass ich Schmerzen fühlte (!), ganz schnell aus den Geschlechtstheilen heraus und fiel an den Fuss, welchen ich auf die folgende Stufe setzen wollte. *In diesem Augenblick vergingen mir die Sinne*; ich fiel die Treppe hinunter, bis auf das Steinpflaster, und glaube eine Weile da gelegen zu haben. Als ich wieder zu mir kam, lag mein Kind ebenfalls unten an der letzten Treppenstufe und schien mir vollständig leblos zu sein.“ Sie habe dann das Kind aufgenommen und in den Wagenschauer getragen. Beim Hinuntergehen an der Treppe sei ihr schon viel Blut abgeflossen. — Im Wagenschauer sei ihr so unwohl gewesen, *dass ihr zeitweise die Besinnung verging.* Ein Zeuge hatte sie ohne Hinderniss die Hoftreppe hinunter gehen sehen. **II.** Ihr Gewissen dränge sie, die Wahrheit zu sagen: Sie habe erst im Wagenschauer geboren Beim Aufstehen von der Nothdurft sei ihr *unter dem Gefühl, als ob ihr im Leibe etwas platzte*, das Kind aus den Geschlechtstheilen gestürzt. Sie habe sich an dem Wagen festhalten müssen, habe die Nabelschnur selbst entzwei gerissen und etwa nach 1/4 Stunde, nachdem sie das Blut habe „ablaufen“ lassen, das noch lebende Kind mit dem Kopf gegen das Wagenrad „gestuckt“.	Geständig, das Kind mit dem Kopfe gegen ein Wagenrad gestossen zu haben.	I.	Erstickung durch Aspiration fremder Körper und Schädelzertrümmerung.	Wegen versuchten Kindesmordes u. fahrl. Tödtg. 1 J. 6 M. Gef.

Lfde. Nummer	Bezeichnung der Strafsache	Ort u. Datum der Hauptverhandlung	Angabe der Ange- ihre Körperstellung während des Gebäraktes	ihren Geisteszustand während des Gebäraktes
47	c/a R. unverehelichte, 19 Jahre alt.	Memel 14. 10. 80.	Auf dem Rücken liegend.	**I.** Lag auf dem Rücken. „Wie lange ich gelegen habe, bis das Kind geboren war, weiss ich nicht, denn mir verging die Besinnung; ich erwachte darüber, dass das Kind, welches mir zwischen den Schenkeln lag, schrie. Ich nahm dasselbe auf und riss dabei die Nabelschnur durch."
48	c/a J. unverehelichte, 24 Jahre alt, hatte 1mal vorher geboren.	Memel 23. 10. 80.	Knieend.	
49	c/a P. unverehelichte, 27 Jahre alt, hatte schon 1mal geboren.	Memel 26 9. 81.	Im Bette liegend.	**I.** „Ich war zu schwach, um aufzustehen, und deshalb liess ich das Kind, ohne es zu sehen und ohne die Nabelschnur vom Mutterkuchen, welcher zugleich mit der Geburt herauskam, abzuschneiden, in meinem Bette liegen. Ich habe weder geschrieen, noch meine Schwester geweckt." **II.** Die Schwester war bereits aufgestanden und sass am Spinnrocken. „Mir vergingen mit einem Male die Sinne, und als ich zu mir kam, fand ich ein neugeborenes todtes Kind vor."
50	c/a K. unverehelichte, 22 Jahre alt.	Memel 13. 5. 82 und 9. 6. 82.	Im Bette liegend.	**I.** Hatte die ganze Nacht Schmerzen, die gegen Morgen noch stärker wurden und sich besonders nach dem Kreuze zogen, „so dass ich schliesslich bewusstlos wurde. Wie lange ich in diesem Zustande im Bette gelegen habe, weiss ich nicht. Als ich erwachte, war es schon heller Tag. Ich lag auf dem Rücken und fühlte jetzt, dass ich einen Gegenstand zwischen den Beinen hatte." Das Kind sei todt gewesen, ob warm oder kalt, könne sie nicht sagen.
51	c/a T. Losfrau, 32 Jahre alt, seit 10 Jahren verheirathet, 2 Kinder am Leben.	Memel 14. 12. 82.	Aus stehender Stellung hinten überfallend.	**I.** Holte aus der Plantage Reisig. Beim Abbrechen der Aeste sei sie, da sie schon heftige Leib- und Kreuzschmerzen verspürt, hinten übergefallen; „es kam auch gleich das Kind und verlor ich dabei die Besinnung." Bei näherer Beschreibung des Aktes: „Ich verspürte jedoch, dass sich aus meinem Geschlechtstheile, während ich die Füsse etwas auseinander genommen hatte, etwas hinausschob. Da erst kam mir der Gedanke, dass dies ein Kind sei. In dem Augenblick jedoch, als ich diesen Gedanken fasste, verlor ich die Besinnung. Wie lange ich so gelegen habe, weiss ich nicht. Als ich erwachte, fiel mir sogleich das Kind ein. Ich richtete meinen Oberkörper auf, hob mir die Röcke in die Höhe und sah nun, dass zwischen meinen Beinen ein Kind

schuldigten über: ihren Geisteszustand nach dem Gebärakte	den Tod des Kindes	Bei welcher Vernehmung sind die Angaben über den Geisteszustand zum ersten Mal gemacht?*)	Sectionsbefund und ärztliches Urtheil	Strafmaass und sonstige Bemerkungen
	Keine Angaben.	I.	Zertrümmerung des Schädels.	Wegen Kindesmordes 4 J. Zuchth., 4 J. Ehrverl.
I. Sie will niederknieend geboren und mit den Händen den Kopf hervorgeholt haben. Das Kind habe geschrieen. **II.** Nach Vollendung des Gebäraktes will sie in Ohnmacht gefallen sein und bis zum frühen Morgen bewusstlos gelegen haben.	Weiss nicht, auf welche Weise es gestorben.	II.	Erstickung durch Erwürgen.	Wegen Kindesmordes 4 J. Zuchth., 4 J. Ehrverl.
	Fand das Kind schon todt vor.	I.	Lungen- und Herzschlag.	Wegen fahrl. Tödtg. 2 J. Gef.
	Fand das Kind schon todt vor.	I.	Erstickung, ohne äussere Verletzungen.	Wegen fahrl. Tödtg. 1 J. Gef.
	Behauptet anfangs, das Kind habe schwach geathmet und sei langsam hingestorben, gesteht dann aber, das Kind erdrosselt zu haben.	I.	Erdrosselung.	Wegen Todtschlags 4 J. Gef. und 4 J. Ehrverl.

Lfde. Nummer	Bezeichnung der Strafsache	Ort u. Datum der Hauptverhandlung	Angaben der Ange- ihre Körperstellung während des Gebäraktes	ihren Geisteszustand während des Gebäraktes
				lag. Ich nahm das Kind mit den Händen auf und bemerkte, dass es mit den Lippen Bewegungen machte. Geschrieen hat dasselbe nicht. Der Körper des Kindes war etwas warm; ich merkte jedoch, dass derselbe kälter und kälter wurde. Nach einer guten Weile war der Körper ganz kalt und das Kind offenbar todt.“ **II.** Will heute die volle Wahrheit sagen: „Ich blieb auf dem Rücken liegen, die Schmerzen wurden so heftig, dass ich die Besinnung verlor. Wie lange ich mich in diesem Zustande befunden habe, kann ich nicht sagen. Als ich wieder zur Besinnung kam, merkte ich deutlich, dass mir das Kind zwischen den Beinen lag. Ich raffte mir vorn die Röcke auf und nahm das Kind mit den Händen auf. Es lebte und bewegte sich. Nun kam mir plötzlich der Gedanke, mich dieses Kindes zu entledigen, da es mir schon unerträglich schwer war, meine beiden anderen Kinder zu ernähren.“ Schildert dann weiter, wie sie die Schnur von der Kleidertasche riss und dieselbe dem Kinde um den Hals schnürte, bis es todt war. Auch dem Ortsvorsteher und Gendarm hatte sie gleich zu Anfang gesagt, sie sei bei der Geburt in Ohnmacht gefallen.
52	c/a G. Wittwe, 31 Jahre alt, 2 Kinder am Leben.	Memel 28. 9. 83.	Im Bette liegend.	**I.** Lag wegen eingetretener Wehen zu Bett und konnte nicht mehr aufstehen, weil „die Füsse bis zu den Knieen steif geworden waren. — Ich fiel in Ohnmacht, und als ich erwachte, lag das Kind zu Fussende im Bette noch unter dem Zudeck. Das Kind war todt und bereits kalt. Die Nabelschnur war von selbst gerissen.“
53	c/a K. unverehelichte, 20 Jahre alt.	Memel 18. 3. 84.	Im Bette liegend.	

schuldigten über: ihren Geisteszustand nach dem Gebärakte	den Tod des Kindes	Bei welcher Vernehmung sind die Angaben über den Geisteszustand zum ersten Mal gemacht?	Sections-befund und ärztliches Urtheil	Strafmaass und sonstige Bemerkungen
	Fand das Kind schon todt vor.	I.	Erstickung, ohne äussere Verletzungen; Nabelschnur durchschnitten.	Vor 10 Jahren wegen Beiseiteschaffung eines Leichnams bestraft. Wegen Kindesmordes 3 J. Zuchth.
I. Den Tag vorher schon Schmerzen, morgens erneuert. Während des Gebäraktes auf der linken Seite liegend. „Ich fühlte, dass das Kind den Mutterleib verliess und verlor in dem Augenblick die Besinnung. Ich war indessen nicht ganz besinnungslos, aber in einem Zustande, dass ich nicht Hand, nicht Fuss rühren konnte, „wie abgeschlachtet". Wie lange ich so gelegen habe, vermag ich nicht anzugeben, es kann eine gute Viertelstunde gewesen sein. Als ich wieder zur vollen Besinnung kam, richtete ich mich auf, schob die Bettdecke vom Leibe und sah, dass das Kind zwischen meinen Beinen, wenn ich nicht irre, mit dem Körper auf der Seite und dem Kopfe nach dem Unterbette lag. Das letztere weiss ich genau. Der Kopf lag dicht neben meinem Bein, das Gesicht zum Unterbett gekehrt. Die Beine lagen nach	Kind todt vorgefunden.	I.	Erstickung. Blutaustretungen auf dem oberen, linken Augenhöhlenrande und der linken Seite der Oberlippe.	Freigesprochen.

Lfde. Nummer	Bezeichnung der Strafsache	Ort u. Datum der Hauptverhandlung	Angaben der Ange-	
			ihre Körperstellung während des Gebäraktes	ihren Geisteszustand während des Gebäraktes
54	c/a P. unverehelichte, 23 Jahre alt.	Tilsit 28. 9. 81.	Im Bette liegend.	I. „Um 2 Uhr des Nachts bekam ich heftiges Erbrechen, mir schwand das Bewusstsein, und als ich, ich weiss nicht, nach wie langer Zeit, zu mir kam, fand ich mich noch im Bette liegend, der Geburtsakt war bereits vor sich gegangen, das Kind lag neben mir an der Nabelschnur, es war aber bereits todt. Wie dies Alles vor sich gegangen, ist mir ganz unbewusst.“ II. „Um Mitternacht wurden die Schmerzen unerträglich, so dass ich das Bewusstsein verlor. Es kann vielleicht einige Stunden gedauert haben, bis ich wieder zum Bewusstsein kam.“ Will inzwischen ihre Lage verändert haben. „Die Leibesfrucht war während meines bewusstlosen Zustandes zur Welt gekommen, ohne dass ich es bemerkt habe, auf welche Weise. Das Kind lag im Bett auf dem Bettlaken, an meinem linken Fuss, zwischen meinen Füssen.“ — Das Zudeck sei mehr zusammengerollt gewesen, sie müsse sich wohl hin und her geworfen haben. — Das Kind sei kalt gewesen. Die Nabelschnur habe erst die Hebeamme abgeschnitten.
55	a/c A. unverehelichte, 32 Jahre alt, hatte schon 1mal geboren.	Tilsit 23. 3. 82.	Auf dem Wege, ohne nähere Angabe.	

schuldigten über: ihren Geisteszustand nach dem Gebärakte	den Tod des Kindes	Bei welcher Vernehmung sind die Angaben über den Geisteszustand zum ersten Mal gemacht?	Sectionsbefund und ärztliches Urtheil	Strafmaass und sonstige Bemerkungen
meinem Leibe zu. Ich hob das Kind in die Höhe, drehte es mehrere Male hin und her und sah, dass es leblos war." Schnitt mit einem Messer die Nabelschnur entzwei. Auch der Hebamme, die die Nachgeburt nachträglich entfernte, hatte sie erzählt, sie sei, als das Kind den Mutterleib verlassen, besinnungslos gewesen. **II.** „In Folge des Umherwälzens hatte sich der Rock (wattirter Unterrock, mit dem sie bekleidet war) in die Höhe geschoben, so dass mein Unterleib nackt unter dem Zudeck lag." **II.** „Ich fühlte nur, dass das Kind zum Leibe herauskam und wurde nun bewusstlos."				
	Fand das Kind schon todt vor.	I.	Erstickung (Herz- und Hirnschlag), Sugillationen am Kopfe.	Freigesprochen.
I. Auf dem Heimwege unerwartet entbunden. „Die Entbindung vollzog sich, ohne dass eine Hilfe hinzukam, sehr rasch, es kam ein todtes Kind weiblichen Geschlechts zur Welt." **II.** „Wie dasselbe von mir losgekommen ist, das weiss ich nicht; ich habe die Nabelschnur weder zerrissen, noch zerschnitten. ich fand das Kind und die Nachgeburt, das Kind todt, neben mir, als ich zur Besinnung kam." Wickelte es ein und begrub es.	Fand das Kind schon todt vor.	II.	Erstickung, ohne äussere Verletzungen.	Wegen fahrl. Tödtg. 9 M. Gef.

Lfde. Nummer	Bezeichnung der Strafsache	Ort u. Datum der Hauptverhandlung	Angaben der Ange- ihre Körperstellung während des Gebäraktes	ihren Geisteszustand während des Gebäraktes
56	c/a B. unverehelichte, 30 Jahre alt.	Tilsit. 5. 10. 82.	Im Bette liegend	I. Lag im Bett, es „überraschten mich die Geburtswehen, so dass ich ganz besinnungslos wurde. Geschrieen habe ich aber nicht, sondern die Schmerzen unterdrückt, so dass von dem ganzen Gebärakte weder meine Schwester Auguste, noch mein Bruder Otto davon etwas gemerkt haben werden. Als ich aus meinem Taumel wieder erwachte, merkte ich, dass das Kind todt war.“
57	c/a U. unverehelichte, 26 Jahre alt.	Tilsit. 14. 4. 83.	Sich zur Nothdurft niedersetzend.	
58	c/a D. unverehelichte, 22 Jahre alt, hatte schon 1mal geboren.	Tilsit 14. 4. 83	Im Bette liegend.	I. „Die Schmerzen wurden heftiger und ich fiel in eine Ohnmacht. Als ich aufwachte, fand ich ein neugeborenes Kind zwischen meinen Füssen. Dasselbe gab keinen Laut von sich, regte sich nicht und überzeugte ich mich, dass es todt war.“ Wie die Nabelschnur getrennt worden, weiss sie nicht. Blut in der Nähe des Bettes soll vom Geburtsakt hergerührt haben. II. Leibschmerzen, welche so stark wurden, dass sie nach halbstündiger Dauer „vollständig die Besinnung verlor und ohnmächtig wurde.“ Nach einer halben Stunde wieder zum Bewusstsein gekommen.
59	c/a L. unverehelichte, Schneiderin, 25 Jahre alt.	Tilsit 22. 5. 83.	Knieend im Bett.	I. Bekleidet im Bett; „kniete im Bett und stützte mich auf den Ellenbogen auf, das Gesicht kam auf dem Kissen zu liegen. Darauf wurde ich ohnmächtig und verlor völlig das Bewusstsein. Es dauerte vielleicht länger als eine halbe Stunde, bis ich meine Besinnung wieder erlangte. Ich befand mich aber nicht mehr in knieender Stellung, hatte auch nicht mehr die Arme aufgestützt, sondern lag lang ausgestreckt auf dem Bettstroh und dem darüber gelegten Laken, mein Gesicht lag noch auf dem Bettkissen. Ich merkte gleich, dass ich geboren hatte. Das Kind lag quer über dem Laken

schuldigten über:		Bei welcher Vernehmung sind die Angaben über den Geisteszustand zum ersten Mal gemacht?	Sectionsbefund und ärztliches Urtheil	Strafmaass und sonstige Bemerkungen
ihren Geisteszustand nach dem Gebärakte	den Tod des Kindes			
	Fand das Kind schon todt vor.	I.	Wegen Fäulniss kein sicheres Urteil über die Todesart.	Wegen fahrl. Tödtg. 1 J. 6 M. Gef.
I. Ging in den Stall, um die Nothdurft zu verrichten, dabei „glitt das Kind aus meinem Leibe heraus. .... Ich habe vorher auch nicht die geringsten Kindeswehen verspürt und bin durch die Geburt überrascht worden. Beim Geburtsakte selbst wurde ich so schwach, dass ich, nachdem das Kind bereits draussen war, nach vorn auf dasselbe rauffiel und mehrere Minuten, vielleicht auch eine Viertelstunde lang, dasselbe mit meinem Körper bedeckt hatte. Nachdem ich wieder zur Besinnung kam, nahm ich das Kind auf, trug es in die Wohnstube und legte es auf's Schaff." Die Nabelschnur will sie gleich nach der Geburt zerrissen haben. **II.** Gesteht, das Kind mit dem Kopf gegen das Schaff geschlagen und so getödtet zu haben.	Geständig, das Kind bei den Schultern erfasst und mit dem Kopfe mehrmals gegen ein Kleiderschaff geschlagen zu haben.	I.	Schädelzertrümmerung.	Wegen Kindesmordes 4 J. Zuchth. u. 4. J. Ehrverl.
	Fand das Kind gleich nach der Geburt todt vor.	I.	Erstickung. Sugillationen an Nase, linker Wange und linker Halsseite, daher wahrscheinlich durch Auflegen von Hand auf Mund und Nase erstickt.	Wegen Kindesmordes 3 J. Gef.
	Fand das Kind unmittelbar nach der Geburt todt vor.	I.	Erstickung, ohne äussere Vetzungen.	Wegen Kindesmordes 4 J. Zuchth. u. 4 J. Ehrverl.

Lfde. Nummer	Bezeichnung der Strafsache	Ort u. Datum der Hauptverhandlung	Angaben der Ange- ihre Körperstellung während des Gebäraktes	ihren Geisteszustand während des Gebäraktes
				auf dem Bauch, während ich mit meinem Leib auf dem Kinde lag und es also bedrückt hatte. Ich richtete mich auf und nahm das Kind auf. Der Körper des Kindes war noch warm, es athmete aber nicht und habe ich es nicht schreien gehört." **H.** In der Hauptverhandlung genau dieselben Angaben.
60	c/a T. unverehelichte, 25 Jahre alt.	Tilsit 18. 3. 84.	Aus der stehenden Stellung umsinkend.	**I.** „Plötzlich wurde ich unten im Keller von Geburtswehen befallen. — Ich hatte das Gefühl, als wenn mir etwas im Leibe zerplatzte. Ich verlor die Besinnung und sank zu Boden. Als ich wieder zu mir kam, bemerkte ich, dass zwischen meinen Beinen ein Kind lag. Wie lange ich am Boden gelegen habe, weiss ich nicht; ich befand mich in einem sehr erschreckten und aufgeregten Zustande, nahm das Kind und warf es in eine Tranktonne hinein." Das Kind habe sich nicht geregt. Die Nabelschnur habe sie selber durchgerissen. — Darauf habe sie ein leises Wimmern des Kindes vernommen. **H.** „Ich fiel zur Erde und sah nur das Kind an der Nabelschnur hängen. Ich hatte die Besinnung nicht verloren, mir war nur sehr dumm."
61	c/a N. unverehelichte, 19 Jahre alt.	Tilsit 26. 6. 84.	Aus der stehenden Stellung umsinkend.	**I.** Stand Nachts auf und wollte sich Hilfe holen. — „Ich war kaum 3 Schritte vom Bette fortgegangen, als ich hinfiel und bewusstlos liegen blieb. — Wie lange ich so gelegen habe, weiss ich nicht. Als ich aufwachte, lag ich auf der rechten Seite und fand, während ich im Finstern umhertastete, ein todtes Kind neben mir liegen. Die Nachgeburt lag ebenfalls draussen. Ich durchschnitt mit einem Messer, das ich in der Tasche trug, die Nabelschnur, liess die Nachgeburt liegen und legte die Kindesleiche am Fussende des Bettes auf das Stroh nieder." **II.** Bekennt sich schuldig, das Kind erwürgt zu haben. **H.** „Ich ging 3 Schritte und fiel besinnungslos um. Ich lag auf der Seite, die Beine ausgestreckt. Wie das Kind herauskam, weiss ich nicht. Als ich zu mir kam, lag das Kind neben mir. Ich schnitt mit einem Messer die Nabelschnur entzwei. Ich nahm das Kind darauf an mich und erwürgte es mit der linken Hand. Dann legte ich das Kind zu Füssen in das Bett."
62	c/a E. Käthnerstochter, 33 Jahre alt, hatte vorher schon 1mal geboren.	Tilsit 22. 4. 85.	Im Bette liegend.	**I.** „Vielmehr überraschte mich die Geburt im Bette. Ich wurde ohnmächtig und als ich aufwachte, lag das Kind zwischen meinen Beinen mitten im Bette. Ich nahm dasselbe und besah es, dasselbe war todt." Die Geburt hat schon vor 5 Jahren stattgefunden, eine Einwohnerin will sie dabei belauscht haben, wie sie stehend oder hockend geboren habe.

schuldigten über: ihren Geisteszustand nach dem Gebärakte	den Tod des Kindes	Bei welcher Vernehmung sind die Angaben über den Geisteszustand zum ersten Mal gemacht?	Sectionsbefund und ärztliches Urtheil	Strafmaass und sonstige Bemerkungen
	Geständig, das Kind ertränkt zu haben.	I	Ertrinkungstod.	Wegen Kindesmordes 3 J. Zuchth. u. 3 J. Ehrverl.
	Geständig, das Kind erwürgt zu haben.	I.	Erstickung durch Erwürgen.	Wegen Kindesmordes 2 J. 6 M. Gef.
	Fand das Kind schon todt vor.	I.	Nur Knochen eines lebensfähigen Kindes vorhanden.	Wegen Kindesmordes 2 J. Gef.

Anhang II.

Lfde. Nummer	Bezeichnung der Strafsache	Ort u. Datum der Hauptverhandlung	Angaben der Ange-	
			ihre Körperstellung während des Gebäraktes	ihren Geisteszustand während des Gebäraktes
63		Berlin I.		
64		Berlin I.		
65		Berlin I.		
66		Berlin I.	Auf dem Kloset.	
67	II. K. 5. 83. c/a B.	Berlin II.		I. „Unwohl und gleich darau ohnmächtig“ und hätte während dieses Zustandes geboren. Sie wäre erst, nachdem die herbeigeholte Hebeamme sie zu Bett gebracht, wieder zu sich gekommen.
68	II. K. 11. 84. c/a M. u. H.	Berlin II.	Auf dem Abtritt.	
69	II. K. 12. 84. c/a B.	Berlin II.		
70	II. K. 10. 85. c/a E.	Berlin II.		

schuldigten über:		Bei welcher Vernehmung sind die Angaben über den Geisteszustand zum ersten Mal gemacht?	Sectionsbefund und ärztliches Urtheil	Strafmaass und sonstige Bemerkungen
ihren Geisteszustand nach dem Gebärakte	den Tod des Kindes			
I. „Als das Kind herausgekommen war, wurde ich ohnmächtig und brachte mich meine Schwester nach dem Zimmer.“		I.		Also von der Schwester in der Ohnmacht noch angetroffen.
II. „Ich war nach der Entbindung vollständig besinnungslos und weiss nicht, auf welche Art mein Kind um das Leben gekommen ist.“		II.		
I. „Ich wurde dann so von Schmerzen übermannt, dass ich nicht weiss, wie das Kind, ob mit dem Kopf oder den Füssen zuerst zur Welt kam.“		I.		Auf einen der Ohnmacht ähnlichen Zustand schliessen lassend.
I. „Ich schrie auf und lief zur Thüre des einige Schritte langen Raumes (Closets), um nach der Frau N. zu rufen. Ich stürzte aber dort nieder. Währenddessen hörte ich aus dem Becken des Closets einen dumpfen Ton, welcher der Schrei eines neugeborenen Kindes gewesen sein kann; ich vermag ihn aber nicht mehr zu beschreiben, da ich von meinen Schmerzen zu sehr hingenommen war. Erst nach einer Viertel-Stunde ungefähr kam ich an den Sitz des Closets zurück.“		I.		Desgleichen.
		I.		Durch Zeugen widerlegt. Nach Aussage der Hebeamme erst nach vollendeter Geburt im Bett ohnmächtig geworden, bei der Geburt jedoch bei Besinnung. Freisprechung.
I. Gleich nach der Geburt des lebenden Kindes eingeschlafen.		I.		Freigesprochen.
I. Nach der Geburt sehr schwach sich gefühlt und gleich darauf eingeschlafen.		I.		Schuldig der fahrlässigen Tödtung.
I. Auf dem Abtritt überrascht, so schwach gewesen, dass sie ausser Stande gewesen sei, ihre Lage zu verändern.		I.		Freigesprochen.

Lfde. Nummer	Bezeichnung der Strafsache	Ort u. Datum der Hauptverhandlung	Angabe der Ange- ihre Körperstellung während des Gebäraktes	ihren Geisteszustand während des Gebäraktes
71	K. No. 10/80 c/a Sp.	Cottbus.		
72	K. 16./80. 21 Jahre alt.	Frankfurt a./O.	Breitbeinig auf der Lagerstatt, die sich an der Erde befand, stehend, etwas nach vorn übergebückt.	
73	M. 119/84. 22 Jahre alt	Frankfurta./O.	Auf dem Schmutzeimer sitzend.	
74	M. 120/85. 19 Jahre alt.	Frankfurta./O.	Im Bett.	
75	Wirthin O. aus L. 27 J. alt. K. 15/82.	Guben.	Im Bette liegend.	**I.** Legte sich Nachmittag zu Bett un nahm homöopathische Tropfen. — „Icl musste meine Besinnung verlore haben, und als ich wieder zu mir ge kommen war, lag zu meinen Füssen ei todtes Kind. Wie das Kind zu Tode ge kommen ist, weiss ich nicht.“

schuldigten über:		Bei welcher Vernehmung sind die Angaben über den Geisteszustand zum ersten Mal gemacht?	Sectionsbefund und ärztliches Urtheil	Strafmaass und sonstige Bemerkungen
ihren Geisteszustand nach dem Gebärakte	den Tod des Kindes			
I. Nach erfolgtem Kindessturz von Schwindel befallen, daher sich ins Bett gelegt, ohne sich um das Kind zu kümmern.		I.		
I. Hatte heftige Schmerzen im Augenblicke der Geburt. Kind stürzte zu Boden, Nabelschnur riss von selbst. II. Geständig, unmittelbar nach der Geburt den Kopf mit beiden Händen zusammengedrückt zu haben. Im Augenblicke, als das Kind zur Welt kam, in Folge der Schmerzen und geistigen Erregung völlig sinnlos gewesen zu sein, gab aber zu, gesehen und gehört zu haben, dass das Kind geathmet habe. H. Bekennt sich schuldig, will aber im Augenblick der Geburt nicht gewusst haben, was sie gethan.	Kopf mit beiden Händen zusammengepresst, resp. Rock über den Kopf geworfen und den Mund zugehalten.	II.	Blutextravasat unter der Kopfhaut und auf dem Schädelknochen. Tod durch äussere Gewalt.	Wegen Kindesmord. 3 J. Gef.
I. Schmerzen tagüber angehalten. Nachts wegen Stuhldranges auf den Schmutzeimer gesetzt und gemerkt, wie etwas in's Wasser planschte. Sie habe sich aber in einem solchen Zustande von Erregung und Schwäche befunden, dass sie nicht gewusst, was sie gethan, und sei auf dem Eimer sitzen geblieben. Dann sei sie aufgestanden, habe sich auf's Bett geworfen und sei vor Mattigkeit eingeschlafen. Erst als der Tag anbrach, aufgewacht, nach dem Eimer gesehen und das Kind todt im Eimer gefunden.	Fand das Kind todt im Schmutzeimer.	I.	Stickfluss, ohne äussere Verletzung.	Vor der Strafkammer wegen fahrl. Tödtung zu 3 M. Gef. verurtheilt.
I. Nachdem das Kind zur Welt gekommen, sei sie zunächst völlig ohne Bewusstsein gewesen und erst zur Besinnung gekommen, als sie Frost verspürt habe. Kind lag kalt und leblos zwischen ihren Beinen.	Fand das Kind schon todt vor.	I.	Nicht völlig ausgetragen. Erstickung. Tod durch Lage des Kindes zwischen den Schenkeln der Mutter, mit dem Gesicht nach unten herbeigeführt. Möglichkeit der Ohnmacht zugegeben.	Freigesprochen.
	Geständig, mit einem Dachstein dem Kinde den Schädel eingeschlagen zu haben.	I	Schädelverletzung.	Hatte bei der ersten Vernehmung dem Hausherrn im Beisein des Hausarztes zugestanden,

Lfde. Nummer	Bezeichnung der Strafsache	Ort u. Datum der Hauptverhandlung	Angabe der Ange- ihre Körperstellung während des Gebäraktes	 ihren Geisteszustand während des Gebäraktes
76	c/a W. K. 20/83. 29 Jahr alt, schon 2 mal vorher geboren.	Guben.	Im Bette liegend.	**H.** Geständig, mit dem Dachstein, den sie zum Wärmen des Leibes gebraucht, dem Kinde mehrere Schläge versetzt zu haben. Hiernach erst ohnmächtig geworden.
77	c/a Ida T. aus V. 17 J. alt.	Landsberg a./W.		**I.** Vor und bei Eintritt der Entbindung besinnungslos. **II.** Später behauptet, nur in grosser Aufregung gewesen zu sein und in dieser dem Kinde Verletzungen zugefügt zu haben.
78	c/a P. K. 3/81.	Prenzlau.	In aufrechter Stellung.	**I.** Bei Beginn der Entbindung die Besinnung verloren und niedergefallen; das Kind habe sie erst bemerkt, als sie wieder zur Besinnung kam.
79	c/a X.	Neu-Ruppin.	Auf dem Abtritt.	**I.** Auf dem Abtritt ohnmächtig geworden und habe von der Geburt keine Kenntniss gehabt.
80	c/a O. aus K. M. 34/84 23 Jahr alt, Dienstmädchen.	Meseritz.	Liegend an der Erde.	**I.** Will nicht einmal gewusst haben, dass sie schwanger gewesen. Lag auf der Erde in der Kammer. „Dass ich entbunden worden, merkte ich erst nach der Entbindung", während welcher Zeit sie ohne Besinnung gewesen sein will. **II.** „Die Kinder kamen unmittelbar nach einander zur Welt. Ich wurde bewusstlos und habe mich nicht darum gekümmert, was nach der Geburt des einen und andern Kindes geworden ist." **H.** Lag auf der Erde. „Was dann mit mir vorgegangen, weiss ich nicht. Als ich wieder zur Besinnung gekommen, lagen zwei Kinder neben mir."

schuldigten über:		Bei welcher Vernehmung sind die Angaben über den Geisteszustand zum ersten Mal gemacht?	Sectionsbefund und ärztliches Urtheil	Strafmaass und sonstige Bemerkungen
ihren Geisteszustand nach dem Gebärakte	den Tod des Kindes			
				dass das Kind gelebt hat. Kindesmord. 2 J. Gef.
I. Bald nach Mitternacht (zum 23. Mai) entbunden, nahm die Scheere vom Fensterbrett, um die Nabelschnur zu durchschneiden, fiel aber in Ohnmacht und zwar „unmittelbar, nachdem ich das Kind mit dem Kopfe etwas aus meinen Geschlechtstheilen herausgezogen hatte. Erst als ich wieder zu mir kam, habe ich die Nabelschnur durchschnitten. Inzwischen war auch die Nachgeburt gekommen.“ **II.** Lag im Bett, fasste den Kopf des Kindes mit beiden Händen, um sich selbst zu entbinden. „Hierbei fiel ich in Ohnmacht. Als ich aus der Ohnmacht erwachte, es war schon etwas Morgendämmerung, lag das Kind todt im Bette unter meinem linken Kniegelenk.“ Es sei noch warm, aber leblos gewesen.	Fand das Kind schon todt vor.	I.	Schädelverletzung. Hinterhaupt in 4 Stücke zerbrochen. Keilbein eingeplatzt.	In der Hauptverhandlung bestreitet sie, das Kind getödtet zu haben. Wegen Kindesmordes 2 J. 6 M. Gef.
		I.		Unter 18 Jahren. Wegen Kindesmordes 6 Monat Gef.
		I.		Bei diesen Angaben ist sie verblieben.
		I.		
	Fand die Kinder schon todt vor.	I.	Erstickung bei beiden Kindern. Nabelschnur bei beiden durchschnitten.	Nach der Entbindung habe sie, während sie noch an der Erde lag, die Kinder hinter den Spind geschoben, um sie zu verstecken. Fahrl. Tödtg. 1 J. 6 M. Gef.

Lfde. Nummer	Bezeichnung der Strafsache	Ort u. Datum der Hauptverhandlung	Angaben der Ange-	
			ihre Körperstellung während des Gebäraktes	ihren Geisteszustand während des Gebäraktes
81	c/a X.	Schneidemühl.		
82	K. 15/81. verehelicht, Bauerhofsbesitzerin.	Cöslin.	Stehend.	**II.** Giebt an, im Momente des Geburtsaktes, in stehender Stellung, in Folge einer Ohnmachtsanwandlung niedergefallen, längere Zeit bewusstlos gelegen und das Kind dabei jedenfalls erstickt zu haben.
83	K. 41/82. verehelicht.	Cöslin.		**I.** Im Moment des Geburtsaktes von einer Ohnmacht befallen und bei wiedergekehrter Besinnung das Kind todt vorgefunden.
84	K. 2/83. unverehelicht.	Cöslin.		
85	K. 6/84.	Cöslin.		
86	K. 30/84.	Cöslin.		
87	K. 4/85.	Cöslin.	Beim Verrichten der Nothdurft.	**I.** Während des Geburtsaktes, beim Verrichten der Nothdurft von heftigem Froste und Krampf befallen, so dass sie dem Kinde keine Hilfe habe leisten können.
88	K. 9/85.	Cöslin.		
89	K. 27/85.	Cöslin.		**I.** Vor und während der Geburt in Folge grosser Schmerzen ohnmächtig gewesen, nach wiedererlangter Besinnung das Kind **lebend** vorgefunden zu haben; doch sei dasselbe bald gestorben, wohl, weil ihm während ihrer Bewusstlosigkeit Schaden zugefügt worden sei.
90	K. 4/80.	Stettin.	Auf einem Stuhle sitzend.	**II.** Mit Beginn des Aktes bewusstlos vom Stuhl gesunken, erwachte auf der Erde, wo das Kind inzwischen vollständig geboren gewesen.

schuldigten über:		Bei welcher Vernehmung sind die Angaben über den Geisteszustand zum ersten Mal gemacht?	Sectionsbefund und ärztliches Urtheil	Strafmaass und sonstige Bemerkungen
ihren Geisteszustand nach dem Gebärakte	den Tod des Kindes			
Will nach Vollendung des Gebäraktes ohnmächtig geworden sein, dann, wieder zu sich gekommen, das vorher als lebend erkannte Kind jetzt für todt gehalten und mit einem Messer in den Hals geschnitten haben.	Fand das Kind todt vor, schnitt ihm aber dennoch mit dem Messer in den Hals.	I.		Verurtheilt.
	Glaubt, das Kind in ihrer Ohnmacht unwillkürlich erstickt zu haben	II.		Wegen Kindesmordes 3 J. Gef.
	Fand das Kind schon todt vor.	I.		Freigesprochen.
I. Nach erfolgter Entbindung Anzeichen einer Ohnmacht, so dass sie schleunigst ihre Schlafkammer aufsuchen und das Kind liegen lassen musste.	Hat das Kind sich selbst überlassen.	I.		Wegen versuchten Kindesmordes 5 J. Zuchth. u. 5 J. Ehrverlust.
Gleich nach der Geburt ihrer Sinne nicht mächtig, daher über ihr Thun keine Wissenschaft.				Wegen Kindesmordes 2 J. 6 M. Gef.
I. Gleich nach der Geburt von grosser Angst befallen, so dass sie 1/2 Stunde, während welcher der Geburtsakt vor sich gegangen, still im Bett habe liegen müssen.		I.		Wegen Kindesmordes 4 J. Zuchth.
	Habe das Kind hilflos liegen lassen.	I.		Wegen Kindesmordes 5 J. Zuchth. u. 5 J. Ehrverl.
III. Nach der Geburt in Folge von Angst und Schreck von Sinnen gewesen, während dieser Bewusstlosigkeit ihr Kind an die Brust gedrückt zu haben.	Habe ihr Kind an die Brust gedrückt.	III.		Freigesprochen.
	Glaubt, dem Kinde während ihrer Bewusstlosigkeit Schaden zugefügt zu haben.	I.		Wegen Kindesmordes 3 J. Gef.
		II.		Will an Krämpfen gelitten haben.

Lfde. Nummer	Bezeichnung der Strafsache	Ort u. Datum der Hauptverhandlung	Angaben der Ange- ihre Körperstellung während des Gebäraktes	ihren Geisteszustand während des Gebäraktes
91	K. 11/81.	Stettin.	Beim Verrichten der Nothdurft.	**I.** Beim Verrichten der Nothdurft den Kopf bemerkt, hält ihn zurück und eilt in's Bett. Hier wird sie ohnmächtig. Beim Erwachen habe sie mitten im Zimmer gestanden, ein Messer in der Hand, während das Kind todt im Bette gelegen.
92	K. 42/80. 25 Jahr. Dienstmädchen.	Breslau.		
93	K. 30/81. 23 Jahr. Dienstmädchen.	Breslau.	Auf dem Nachtgeschirr.	
94	c/a Kl. aus A. 24./10. 85. hatte schon 1 mal geboren.	Glatz.	Stehend.	**I.** Aus dem Stall kommend von einem „heftigen Krampfanfall" überrascht, zu Boden gestürzt und das Bewusstsein verloren, weiss daher nicht, in welcher Weise die Entbindung vor sich gegangen. Erst etwa nach einer Stunde erwacht, habe sie das Kind todt und bereits kalt unter den oberen Theilen ihrer Beine gefunden. **II.** In stehender Stellung geboren, mit der Hand an der Thür sich festhaltend. Bei der Geburt habe sie mit der andern Hand durch Ziehen am Kopfe nachgeholfen. — Dann dem lebenden Kinde Mund und Nase zugehalten, bis es todt war. Hierauf Krampfanfälle und Ohnmacht.
95	c/a O. aus V. Magd, 29 Jahre alt. 9./2. 85.	Glatz.	Sich niedersetzend.	
96	K. 29/80.	Gleiwitz.	Stehend.	

schuldigten über:		Bei welcher Vernehmung sind die Angaben über den Geisteszustand zum ersten Mal gemacht?	Sectionsbefund und ärztliches Urtheil	Strafmaass und sonstige Bemerkungen
ihren Geisteszustand nach dem Gebärakte	den Tod des Kindes			
	Fand das Kind todt im Bette vor.	I.	Erstickung durch Erwürgen.	Nach ärztlicher Feststellung an hysterischer Exaltation und an epileptischen Krämpfen gelitten.
I. Hat das Kind am Kopf und Halse herausgezogen. Sie will demnächst in eine $^1/_4$ Stunde lange Ohnmacht gefallen sein.		I.		Freigesprochen.
I. Auf dem Nachtgeschirr entbunden. Nachgeburt auf das lebende Kind gefallen. Durch die plötzliche Aufregung und die Grösse des Schmerzes „fast bewusstlos“ geworden.		I.		Die herbeigerufene Hebeamme fand das Kind noch lebend vor.
	Fand das Kind schon todt vor, gesteht dann, dem Kinde Mund und Nase zugehalten zu haben.	I.	Todesursache in Folge vorgeschrittener Fäulniss nicht mehr festzustellen. Kindessturz nicht ausgeschlossen.	Wegen Kindesmordes 3 J. Gef.
I. Im Walde sich niedergelassen und geboren. Hierauf ohnmächtig geworden; nach Wiederkehr der Besinnung habe sie in ihrer Furcht und Aufregung über das schreiende Kind einen Baumast ergriffen und das Kind erschlagen.	Geständig, das Kind mit einem Baumast erschlagen zu haben.	I.	Schädelzertrümmerung.	Wegen Kindesmordes 2 J. 6 M. Gef.
I. Die Geburt sei erfolgt, während sie schlafend auf einem Kasten gelegen. Vorher hatte sie behauptet, stehend geboren zu haben und das Kind sei auf das Steinpflaster der Stube gefallen.	Keine Angabe.	I.	Compression der Hirnschale.	Nach den begleitenden Umständen muss sie bei der Geburt bei vollem Bewusstsein gewesen sein. Gleich nach der Geburt hat sie die Nabelschnur mit der Scheere durchschnitten.

Lfde. Nummer	Bezeichnung der Strafsache	Ort u. Datum der Hauptverhandlung	Angaben der Ange- ihre Körperstellung während des Gebäraktes	ihren Geisteszustand während des Gebäraktes
97	K. 12/81. Magd.	Gleiwitz.	Stehend.	
98	K. 28/82.	Gleiwitz.		
99	K. 24/84. Taglöhnerwittwe, 35 Jahre alt, (3 eheliche, 1 uneheliches Kind.)	Lissa i./P.	Im Bette liegend.	
100	K. 23/84. Arbeiterin, unverehelichte, 19 Jahre alt.	Lissa i./P.	Stehend.	
101	K. 14/85. Häuslerwittwe, 43 Jahre alt, 6 Kinder geboren, 3 leben.	Lissa i./P.	Liegend im Bett.	
102	K. 22/85. Magd, 26 Jahre alt.	Lissa i./P.	Auf dem Pflaster des Hofes.	

schuldigten über: ihren Geisteszustand nach dem Gebärakte	schuldigten über: den Tod des Kindes	Bei welcher Vernehmung sind die Angaben über den Geisteszustand zum ersten Mal gemacht?	Sectionsbefund und ärztliches Urtheil	Strafmaass und sonstige Bemerkungen
I. An einer Stallwand lehnend geboren. Die Entbindung sehr schmerzhaft, versuchte, durch Zug nachzuhelfen, doch vergeblich; daher habe sie ein Messer ergriffen und damit in das Kind hineingeschnitten. Dies habe sie vor Schmerz und Angst gethan. Während des Schneidens sei sie in Ohnmacht gefallen, aber aus derselben erwacht, ehe Leute dazu kamen.	Schädel des Kindes mit einem Messer verletzt.	I.	Kopf vom Rumpfe vermittelst eines Beiles getrennt.	
I. Sie sei nach Geburt „wie verdreht" gewesen.		I.		
I. Im Bette geboren, Nabelschnur mit einem Messer durchtrennt, das lebende Kind neben sich gelegt. — Beim Abgang der Nachgeburt habe sie sich aufgerichtet, um einen Faden zur Unterbindung der Nabelschnur zu holen. Dabei sei sie plötzlich von einer Schwäche und Ohnmacht befallen, so dass sie bewusstlos in's Bett zurückgefallen sei. — Als sie wieder zu sich gekommen, habe sie auf dem Kinde gelegen. Dasselbe habe nur noch schwach geathmet und sei alsbald verstorben.	Habe ohnmächtig auf dem Kinde gelegen.	I.		Wegen fahrl. Tödtg. zu 1 J. Gef. verurtheilt.
Poliz. Vern. Im Freien, hinter einem Busch, entbunden und dort das Kind niedergelegt. Will im Augenblick der Geburt vollständig fassungslos gewesen sein und keine klaren Gedanken gehabt haben. **I.** „Ich gebar, während ich stand, ein Kind, wurde gleich darauf ohnmächtig und mochte etwa ½ Stunde bewusstlos dagelegen haben. Als ich erwachte, war das Kind todt." **II.** und **H.** Sie sei während des Gebäraktes ohnmächtig gewesen.	Fand das Kind todt vor.	I.		Freigesprochen.
I. Bewusstlosigkeit nicht behauptet. **H.** „Ich lag im Bett, als das Kind kam. Ob es gelebt hat, weiss ich nicht, da ich schwach und ohnmächtig wurde. Als ich zu mir kam, lag es an der Seite zwischen meinen Beinen, mit dem Gesichte nach oben. Ich nahm es auf und fand es todt. Die Nachgeburt war mir schon da abgegangen."	Fand das Kind schon todt vor.	H.		Freigesprochen.
I. Auf dem Pflaster des Hofes entbunden und sofort in Ohnmacht gefallen. Als sie wieder zu sich gekommen, sei das Kind todt gewesen. Nachgeburt erst 1 Stunde später.	Fand das Kind schon todt vor.	I.	Mit dem Kinde seien Handlungen vorgenommen, deren Ausführung	Wegen fahrl. Tödtg. zu 2 J. Gef. verurtheilt.

Lfde. Nummer	Bezeichnung der Strafsache	Ort u. Datum der Hauptverhandlung	Angabe der Ange- ihre Körperstellung während des Gebäraktes	ihren Geisteszustand während des Gebäraktes
103	K. 42/85. Dienstmagd, 22 Jahre.	Lissa i./P.	Von einem Kasten sich erhebend.	
104	K. 26/80. Häuslerwittwe, 40 Jahre alt, 4 mal ehelich, 2 mal ausserehelich geboren.	Lissa i./P.	Stehend.	
105	K. 21/81. Wittwe, 26 Jahre alt.	Lissa i./P.	Stehend.	
106	K. 15/83. unverehelichte, 23 Jahre, 1 mal im Alter von 15 Jahren geboren.	Lissa i./P.	Im Bette liegend.	**I.** Will im Bett geboren haben und während des ganzen Geburtsaktes ohne Bewusstsein gewesen sein. **II.** „Unmittelbar nach der Geburt wurde ich so schwach, dass ich bewusstlos dalag. Ich erinnere mich, dass ich das Kind neben mich gelegt hatte. Es war ohne Lebenszeichen.“ Die Ohnmacht habe 2 Stunden gedauert.

schuldigten über: ihren Geisteszustand nach dem Gebärakte	den Tod des Kindes	Bei welcher Vernehmung sind die Angaben über den Geisteszustand zum ersten Mal gemacht?	Sectionsbefund und ärztliches Urtheil	Strafmaass und sonstige Bemerkungen
			mit der Angabe einer Ohnmacht bei der Geburt in Widerspruch ständen.	
I. „Ich habe in der ganzen Zeit mein Bewusstsein gehabt und weiss genau Alles, was mit mir vorgegangen ist; ich war auch noch stark, dass ich allein hätte in's Bett gehen können." Sie will nämlich, als die Wehen kamen, sich auf einen Kasten gesetzt und als sie sich von diesem erhob, das Kind geboren haben, so dass dieses mit dem Kopf auf den Lehmfussboden aufschlug. **H.** „Als das Kind kam, lag ich auf der Erde. Die Schmerzen waren so gross, dass ich nicht wusste, wie mir war. Ich war so schwach, dass ich nicht in's Bett gehen konnte." Auf weiteres Befragen: „Das habe ich gewusst, dass ich das Kind geboren und dass ich grosse Schmerzen hatte."		H.		Wegen fahrl. Tödtg. zu 2 J. Gef. verurtheilt.
Poliz. Vern. Bewusstlosigkeit nicht behauptet. **I.** Will im Stehen geboren und gleich darauf „betäubt zusammengesunken sein." Als sie aus der Ohnmacht erwachte, war das Kind todt.	Fand das Kind schon todt vor.	I.	Am Schädel keine Verletzungen.	Wegen fahrl. Tödtg. zu 1½ J. Gef. verurtheilt.
I. Vor dem Bette stehend und im Begriff, in dasselbe zu steigen, sei das Kind von ihr auf den Ziegelboden gestürzt. — Sie sei sofort ohnmächtig neben das Bett gestürzt. Als sie wieder zu sich kam, sei das Kind todt gewesen.	Fand das Kind schon todt vor.	I.	Erstickung, ohne äussere Verletzungen.	Wegen fahrl. Tödtg. zu 1 J. Gef. verurtheilt.
	Fand das Kind schon todt vor.	I.	Erstickung, ohne äussere Verletzungen.	Kurz vor der Entbindung hat sie gedroschen, kurz nach derselben im Bett aufrecht gesessen, mit einer Mitmagd gesprochen und es verhindert, dass diese das Deckbett in die Höhe hob. Wegen fahrl. Tödtg. zu 2 J. Gef. verurtheilt.

Lfde. Nummer	Bezeichnung der Strafsache	Ort u. Datum der Hauptverhandlung	Angaben der Ange- ihre Körperstellung während des Gebäraktes	ihren Geisteszustand während des Gebäraktes
107	X.	Ratibor.	Stehend.	
108	X. Näherin, 1 mal geboren.	Erfurt. 19./11. 84.	Halbsitzend.	**I.** Hatte sich in einer regnerischen kalten Nacht auf dem Walle niedergesetzt. Konnte vor Schmerz nicht aufstehen. „Als ich mich zu erheben suchte, stürzte ich wieder hin und kann es nicht beschreiben, wie mir jetzt zu Sinnen wurde. Als ich wieder zu mir kam, hatte ich vollständig geboren, das Kind befand sich vollständig ausserhalb des Mutterleibes und lag mir zwischen den Füssen. Ich wollte nach dem Kinde greifen, konnte es aber nicht, denn ich fiel wieder zurück. Ich habe weder ordentlich gelegen, noch ordentlich gesessen, ich lehnte mit dem Rücken gegen eine Erhöhung, welche mir wie eine Esse vorkam.“
109	c/a B. Haustochter, 15 Jahre.	Hildesheim, 21. 11. 84.	Im Bette liegend.	**I.** Klagt über Zahnschmerzen, legt sich Abends zu Bett. Wacht in der Nacht über Kreuzschmerzen auf, die immer schlimmer wurden, „so dass es mir vor den Augen wurde, als ob ich nicht sehen konnte, auch hatte ich ein heftiges Brausen vor den Ohren und verlor darauf die Besinnung. Ich musste in diesem Zustande lange gelegen haben, denn als ich aufwachte und die Augen aufschlug, war es schon ganz hell. Weil ich nun auf dem Deckbett lag, indem ich mich der Wärme wegen (es war in der Nacht vom 10. zum 11. August) nicht unter das Deckbett gelegt hatte, so sah ich plötzlich, dass das Kind mit der Nachgeburt mir zwischen den Beinen lag. Ich war sehr erschrocken, hatte von der ganzen Geburt nicht das Geringste gemerkt und aus diesem Grunde die Ehefrau S. nicht gerufen.“ Das Kind sei bereits kalt und todt gewesen. Sie verbarg es und ging bald wieder an ihre Arbeit.
110	c/a Sp. Dienstmädchen, 20 Jahre alt.	Hildesheim 27. 10. 85.	Im Bette liegend.	**I.** Wehen seit Nachmittag sehr stark, Geburt Abends zwischen 9 und 10 Uhr erfolgt. „Die Geburt ist sehr schnell erfolgt, ebenso die Nachgeburt. Während der Geburt hatte ich keine klare Besinnung. Als ich zu mir kam, legte ich das Kind und die Nachgeburt neben

schuldigten über: ihren Geisteszustand nach dem Gebärakte	den Tod des Kindes	Bei welcher Vernehmung sind die Angaben über den Geisteszustand zum ersten Mal gemacht? *)	Sectionsbefund und ärztliches Urtheil	Strafmaass und sonstige Bemerkungen
I. Sie habe unter heftigen Wehen stehend geboren. Als der Kopf des Kindes herausgekommen, sei sie umgesunken. Als sie nach ungefähr ½ Stunde zu sich gekommen, sei das Kind todt gewesen. **II.** Als das Kind mit dem Kopf herausgekommen, sei sie ohnmächtig geworden. Nach einer Weile sei sie wieder zu sich gekommen und habe stehend das Kind nun vollends herausgezogen. Dabei sei sie wiederum schwach geworden und das Kind zur Erde gefallen.		I.		
	Glaubte zu erkennen, dass das Kind athmete; „Dann athmete es nicht mehr.“ Sie habe es dann in einen Mantel gehüllt und in den Luftschacht (die vermeintliche Esse) geworfen.	I.	Erstickung, ohne äussere Verletzungen.	Wegen fahrl. Tödtg. mit 2 J. Gef. bestraft.
	Fand das Kind bereits todt vor.	I.	Erstickung, ohne äussere Verletzungen.	Wegen fahrl. Tödtg. 1 J. Gef.
	Todt geboren, später zum Fenster hinausgeworfen.	I.	Erstickung, ohne äussere Verletzung.	Wegen Kindesmordes 4 J. Gef.

Lfde. Nummer	Bezeichnung der Strafsache	Ort u. Datum der Hauptverhandlung	Angaben der Ange- ihre Körperstellung während des Gebäraktes	ihren Geisteszustand während des Gebäraktes
				mir ins Bett. Nach 1/4 Stunde bin ich aufgestanden" u. s. w. Die Nabelschnur sei von selbst zerrissen.
111	c/a H. Wittwe, 39 Jahre, 3 Kinder.	Hildesheim 12. 11. 84.	Am Wege sitzend.	**I.** Nach wiederholtem Leugnen, überhaupt geboren zu haben: Sie sei beim Kartoffelkrauen beschäftigt gewesen und dort von Wehen überrascht worden. „Nach etwa 1 Stunde gebar ich dann das Kind. Ich befand mich in einem besinnungslosen Zustande. Als ich wieder zu mir kam, habe ich das Kind in meine Schürze gewickelt und bin damit fortgegangen." „Bewegt hat es sich unmittelbar nach der Geburt, aber ich war da völlig ausser Stande, mich desselben anzunehmen, meine Kräfte hatten mich vollständig verlassen. Fast eine Stunde habe ich so gesessen, ehe ich im Stande war, mich auf den Weg zu machen, und von der herrschenden Kälte (September) war sowohl ich, wie auch das Kind ganz verklommen." **II.** „Ich setzte mich nieder und ging das Kind weg. Ich wurde ohne Besinnung und mag wohl 1 Stunde an der Stelle gelegen haben. Als ich wieder zu mir kam, wickelte ich das Kind in meine Schürze und ging weg." — „Wie das Kind zur Welt kam, strampelte es." —
112	c/a S. unverehelichte, 18 Jahr, hat schon vorher 1 mal geboren.	Hildesheim 11. 7. 84.	Stehend.	
113	c/a C. unverehelichte, 18 Jahr.	Hildesheim 5. 3. 84.	Auf dem Eimer sitzend.	

schuldigten über:		Bei welcher Vernehmung sind die Angaben über den Geisteszustand zum ersten Mal gemacht?	Sectionsbefund und ärztliches Urtheil	Strafmaass und sonstige Bemerkungen
ihren Geisteszustand *nach* dem Gebärakte	den Tod des Kindes			
	Bis zum Fortgehen habe das Kind in der Schürze eingewickelt an der Erde gelegen; auf dem Heimwege habe sie es ins Wasser geworfen.	I.	Erstickung, wahrscheinlich im Wasser.	Wegen Kindesmordes 5 J. Gef.
I. Sie habe sich übergeben müssen, wobei ihr das Kind „wegfiel". Sie nahm es vom Boden auf und trug es in den Keller. „*Ich war ganz ohne Besinnung.*" (Soll wohl bedeuten: nicht gewusst haben, was sie that!)	Fand das Kind ohne Lebenszeichen.	I.	Mangel an Pflege.	Fahrl. Tödtg. 2 J. 6 M. Gef.
I. Tag über Wehen, Nachts Stuhldrang, stand auf, legte sich wieder zu Bett und stand wieder auf, um Wasser zu trinken. „Ich war ganz schwindlig und taumelte in die Küche," wo sie sich auf einen Eimer setzte. Dabei sei ihr unter grossen Schmerzen etwas zwischen den Beinen weggefallen, was sie, ohne zu wissen, was es war, in die daneben stehende Wassertonne geworfen habe. Dann ging sie in die Stube, wo ihr die Mutter entgegen gekommen sei. „*Was weiter passirt ist, weiss ich nicht, es wurde mir ganz schwarz vor den Augen und wurde ganz schwindlig.*" „Ich weiss nur, dass mein Vater und meine Mutter in der Stube waren und nicht, dass die W. dort gewesen ist und dass ich etwas zu ihr gesagt habe." **II.** Sie sei so krank gewesen, dass sie *nicht bei Besinnung gewesen sei und nicht wisse, was sie mit dem Gegenstande gemacht habe.*	Hat das Kind unmittelbar nach der Geburt in die Wassertonne geworfen.	I.	Neuroparalyse (im kalten Wasser.)	Wegen Kindesmordes 3 J. Gef.

Lfde. Nummer	Bezeichnung der Strafsache	Ort u. Datum der Hauptverhandlung	Angaben der Ange- ihre Körperstellung während des Gebäraktes	ihren Geisteszustand während des Gebäraktes
114	c/a S. unverehelichte, 21 Jahr.	Hildesheim 11. 10. 80.	Im Bette liegend.	
115	K. 19/82. Wittwe.	Osnabrück.	Sitzend auf einem Torfhaufen.	**I.** Auf dem Wege von einem Dorf zum andern von der Geburt überrascht, habe sie dieselbe, auf einen Torfhaufen sich niedersetzend, überstanden. Sie sei dabei in Ohnmacht gefallen, habe, nachdem sie wieder zu sich gekommen, durch Betasten sich von dem Tode des Kindes, das schon kalt und steif gewesen sei, überzeugt und demnächst das Kind an derselben Stelle verscharrt.
116	I. K. 6/82. Dienstmagd, schon 2 mal geboren.	Verden.		
117	I. K. 3/85. Dienstmagd, vorher 1 mal geboren.	Verden.		**I.** Hatte die Absicht, ihr Kind zu tödten, will aber doch während der Geburt von der grossen Anstrengung ohnmächtig gewesen sein.
118	II. K. 10/80. Dienstmagd, 18 Jahre alt.	Verden.		**II.** Will über ihren Geisteszustand während der Geburt nichts wissen, sie erinnere sich dessen nicht; der Geburtsakt sei plötzlich gekommen. Sie habe ihr Kind für todt gehalten und glaube, es in den Sand gegraben zu haben.
119	K. 21/85. Ehefrau.	Dortmund.		**I.** Ist, während das Kind schon zur Geburt stand, in den Teich gesprungen oder gefallen und will, herausgezogen, bei der darauf folgenden Geburt „halb ohnmächtig“ gewesen sein.
120	X.	Dortmund.		**I.** Während des Gebäraktes (näher lässt sich der Zeitpunkt nach den Akten nicht bestimmen) ohnmächtig geworden und erst nach vollendeter Geburt wieder zur Besinnung gekommen. Alsdann hat sie ihr Kind getödtet.

schuldigten über:		Bei welcher Vernehmung sind die Angaben über den Geisteszustand zum ersten Mal gemacht?	Sectionsbefund und ärztliches Urtheil	Strafmaass und sonstige Bemerkungen
ihren Geisteszustand nach dem Gebärakte	den Tod des Kindes			
I. Ging wegen Magenschmerzen Nachmittag 5 Uhr zu Bett. „Ich bekam im Bett mehrmals Schwindelanfälle und weiss nur noch, dass ich gegen 11 Uhr noch gewacht habe. Zu dieser Zeit hatte ich noch nicht geboren, auch noch nichts von Wehen bemerkt. Erst als der Morgen graute — die Stunde kann ich nicht angeben (Monat Juli) — erwachte ich wieder und fand nun das Kind zwischen meinen Beinen liegend vor. Dasselbe war todt, kalt und steif" Die Nabelschnur will sie hierauf mit einer Scheere durchschnitten haben, dann aufgestanden und zur Arbeit gegangen sein.	Fand das Kind schon todt vor.	I.	Erstickung, ohne äussere Verletzungen	Die Zeugin N. hatte schon zwischen 11 und 12 Uhr Abends an dem einen entblössten Bein Blut bemerkt. Um 1 Uhr Nachts schien sie ihr ruhig zu schlafen. Um $5^3/_4$ Uhr sei sie aufgestanden und habe sehr blass ausgesehen.
	Fand das Kind schon todt vor.	I.		
II. Sie sei ganz unbesinnlich und verwirrt gewesen, als sie das Kind, das sie (anscheinend lebend) vergraben, in die Erde gescharrt hat.		II.		Zu 8 Jahren Zuchthaus verurtheilt.
		I.		Wegen fahrl. Tödtg. 1 J. 6 M. Gef.
		II.		Wegen Kindesmordes 3 J. Gef.
		I.		Zu 4 M. Gef. verurtheilt.
		I.		Zu 3 J. Gef. verurtheilt.

Lfde. Nummer	Bezeichnung der Strafsache	Ort u. Datum der Hauptverhandlung	Angabe der Ange-	
			ihre Körperstellung während des Gebäraktes	ihren Geisteszustand während des Gebäraktes
121	X.	Hagen.	Auf dem Abort sitzend.	**I.** Während des Verrichtens eines Bedürfnisses auf dem Abort bewusstlos geworden. Das Kind schrie, worauf Zeugen hinzukamen, die Angeschuldigte bei Besinnung fanden, ihr Wasser zu trinken gaben, worauf dann vor den Augen der Zeugen Bewusstlosigkeit eintrat.
122	X. 17jähriges Mädchen.	Hagen.	Im Bette liegend.	**I.** Abends heftige Leibschmerzen, dann eingeschlafen; über neue heftige Krämpfe im Leibe erwacht, sei ihr „etwas“ aus dem Leibe getreten, das sie von sich abgezogen, worauf sie wegen neuer Krämpfe bewusstlos geworden. Erst am Morgen habe sie entdeckt, dass sie ein todtes Kind geboren habe.
123	X.	Hagen.	Im Bette liegend.	
124	K. 5/84. Dienstmagd, 23 Jahr.	Cöln 23. 6. 84.	Aus stehender Stellung niederfallend.	**I.** Gegen Mitternacht heftige Schmerzen, stand aus dem Bette auf, „fiel aber sofort auf den Boden des Zimmers und wurde ohnmächtig. Als ich wieder zu mir kam, lag ein Kind unter meinem Bauche auf dem Boden des Zimmers und war das Kind von mir gelöst.“ Sie habe es für todt gehalten, ihm aber doch einen Leinenlappen in den Mund gestopft, da sie dachte, es könnte noch schreien. Im Widerspruch zu obigen Angaben sagt sie weiter: „Ich habe, so viel ich mich erinnere, bei der Geburt nicht geschrieen, die Schmerzen waren nicht so stark, dass ich dies musste.“
125	K. 7/85. Zackennäherin, 26 Jahre alt.	Cöln 21. 4. 85.	Auf dem Nachttopf sitzend.	

schuldigten über: ihren Geisteszustand nach dem Gebärakte	den Tod des Kindes	Bei welcher Vernehmung sind die Angaben über den Geisteszustand zum ersten Mal gemacht?	Sectionsbefund und ärztliches Urtheil	Strafmaass und sonstige Bemerkungen
		I.		Nach Lage des Abtritts ist nach ärztlichem Gutachten das Kind in denselben nicht hineingefallen, sondern hineingeworfen worden.
	Nach der Geburt todt vorgefunden.	I.	Tod durch Erwürgen.	
I. Als die Hälfte des Kopfes herausgetreten gewesen, wolle sie denselben, um das Heraustreten zu erleichtern, angefasst, in diesem Augenblick jedoch die Besinnung verloren, dieselbe erst bei eingetretener Dunkelheit (etwa nach einer Stunde) wiedererlangt und ihr Kind todt zu ihren Füssen gefunden haben. Während dieser Zeit war aber ihre Dienstherrin mit nur geringen Unterbrechungen in der Nähe der Angeklagten, ohne irgend welche Bewusstlosigkeit an ihr zu bemerken.	Nach der Geburt todt vorgefunden.	I.	Tod durch Erdrosselung.	Freigesprochen.
	Todt zur Welt gekommen.	I.	Erstickung durch Mundknebel und Erdrosselung (wohl mit einem Schürzenband).	Wegen Kindesmordes 3 J. Gef.
I. Will bei der Geburt nachgeholfen haben, ohne zu wissen, welche Theile des Kindes sie erfasst habe. Sie habe vor lauter Schmerzen ihre Mutter nicht rufen können. „Unmittelbar nach der Geburt wurde ich besinnungslos. Als ich dann, ich weiss nicht	Bei der Geburt nachgeholfen, das Kind nach der Geburt sogleich in ein Tuch gewickelt.	I.	Erstickung, äussere und innere Verletzungen am Halse und im Munde (Zerstörung des weichen	2 mal wegen Diebstahls bestraft. (Hebeamme in demselben Hause wohnend) Frei-

Lfde. Nummer	Bezeichnung der Strafsache	Ort u. Datum der Hauptverhandlung	Angabe der Ange- ihre Körperstellung während des Gebäraktes	ihren Geisteszustand während des Gebäraktes
126	c/a F. Dienstmädchen, 26 Jahre alt.	Düsseldorf 10. 3. 81.	Auf dem Abtritt sitzend.	**I.** Ging mehrmals auf den Abtritt, wobei ihr jedesmal blutige Masse abging. „Ich war dabei ohnmächtig vor Schmerz und hatte keine Ahnung davon, dass ich ein Kind geboren haben könnte.“ **II.** „Als ich wieder in die Kammer zurückkehrte, fiel ich dort nieder, kam nach einiger Zeit wieder zu mir und legte mich ins Bett.“ **H.** „Ich hatte mich kaum hingesetzt (auf den Abtritt), als ich hinten gegen die Wand fiel und ohnmächtig wurde. Als ich wieder zu mir kam, war ich ganz steif und konnte nicht aufstehen. Nach einiger Zeit kam ich so weit, um aufstehen zu können; ich war ganz schwindlig und konnte anfangs die Hausthür nicht finden. Im Hause angekommen, wusste ich mein Bett nicht zu finden und legte mich auf die Erde. Als ich wach wurde, lag ich neben meinem Bette auf der Erde.“
127	c/a Sch. Tagelöhnerin, 35 Jahre alt, hatte 2 mal vorher geboren, (1 Kind 15 Jahre alt.)	Düsseldorf 17. 5. 83.	Aus dem Bette steigend.	
128	c/a W. Dienstmädchen, 28 Jahre alt, hatte 2 mal vorher geboren.	Düsseldorf 22. 9. 83.	Im Bette liegend.	
129	c/a M. Dienstmädchen, 28 Jahre alt.	Düsseldorf 26. 6. 85.	Im Bette liegend	

schuldigten über: ihren Geisteszustand nach dem Gebärakte	den Tod des Kindes	Bei welcher Vernehmung sind die Angaben über den Geisteszustand zum ersten Mal gemacht?	Sectionsbefund und ärztliches Urtheil	Strafmaass und sonstige Bemerkungen
nach wie langer Zeit, zur Besinnung kam, habe ich das Kind in ein Tuch gedreht" etc.			Gaumens und der rechten Mandel.)	sprechung (weil Nachhilfe bei der Geburt aus der Art der Verletzungen anzunehmen).
	Weiss nichts.	I.	Erstickung durch menschliche Excremente. Die gefundene Schädelverletzung sowohl durch äussere Gewalt, als auch durch Sturz zu erklären.	Freigesprochen.
I. Gegen Morgen wegen allzuheftiger Wehen aufstehend, „fiel schon, ehe ich mich dessen versah, das Kind zur Erde. Da ich ohne jede Hülfe war und einer Ohnmacht nahe, schnitt ich die Nabelschnur durch und legte das Kind, welches lebte, ins Bett." Nach $^{1}/_{2}$ oder $^{3}/_{4}$ Stunden zurückgekehrt, habe sie das Kind schon todt gefunden. Die Nabelschnur war nicht unterbunden worden. **II.** Sie sei „in dem Tumulte" ohnmächtig geworden, weiss nicht, ob in oder ausser dem Bett, sie sei „ganz von der Welt ab" gewesen.	Das lebende Kind mit ununterbundener, abgeschnittener Nabelschnur im Bett liegen gelassen.	I.	Erstickung, ohne äussere Verletzungen.	Wegen Kindesmordes 2 J. 6 M. Gef.
I. „Das Kind kam plötzlich zur Welt und ich wurde ohnmächtig und habe das Bewusstsein verloren. Ich weiss nicht, was ferner passirt ist." Das Kind wurde hinter einem Bretterverschlag lebend gefunden. Sie will nicht wissen, wie es dort hinkam.		I.	(Das Kind ist am Leben geblieben.)	Wegen versuchten Kindesmordes 1 J. Gef.
Poliz. Vern. Habe das Kind noch schreien gehört. „Ich war in dem Augenblick noch so verwirrt, dass ich nicht wusste, wo das Kind sich befand. Als ich zu mir kam,	Könne in der Kommode, in die sie es eingewickelt gelegt, erstickt sein.	I.	Erstickung, ohne äussere Verletzungen.	Freigesprochen.

Lfde. Nummer	Bezeichnung der Strafsache	Ort u. Datum der Hauptverhandlung	Angaben der Ange- ihre Körperstellung während des Gebäraktes	ihren Geisteszustand während des Gebäraktes
130	c/a H Dienstmagd, 26 Jahre alt.	Elberfeld 7. 6. 80.	Stehend.	**I.** Sie sei an einem Baume oder Steinhaufen am Wege sich niedersetzend mehrfach von Ohnmachten befallen worden. „Als ich aus einer derselben erwachte, hatte ich geboren. . . . Ich fiel gleich, nachdem ich wahrgenommen, dass ich geboren, aufs Neue in eine Ohnmacht, aus der ich erst wieder erwachte, als bereits völlige Dunkelheit eingetreten war.“ (Die Geburt fand in der Dämmerung statt.) Wickelte das Kind, das todt war, in zwei alte Hemden und trug es weiter. Auf dem Wege habe sie sich noch mehrfach niedersetzen müssen, weil sie fortwährend von Schwindel befallen wurde. Sie habe das Kind auf dem Felde liegen lassen. **II.** Am Tage vorher soll eine starke Blutung aus den Geschlechtstheilen stattgefunden haben. Auf dem Wege sei sie von Schwindel befallen worden. „In Folge dessen lehnte ich an ein kleines am Wege belegenes Häuschen. Ich verlor hier stehend die Besinnung und fand mich, als ich einigermaassen wieder zu Sinnen kam, auf der Erde liegend vor. An meiner Seite lag ein Kindchen und es war mir klar, dass ich geboren hatte. Ich konnte mich um das Kind indessen nicht kümmern, indem ich sofort von weiteren Ohnmachten befallen wurde.“ Das Kind habe keine Lebenszeichen gezeigt. Sie müsse annehmen, dass sie stehend geboren und dann zur Erde gefallen sei, da das Kind, wenn sie liegend geboren hätte, zwischen ihren Beinen hätte gelegen haben müssen. — **III.** Gesteht, ihr Kind schon tags zuvor in ihrer Wohnung geboren zu haben. „Ich war gerade beschäftigt, das Fenster zuzumachen, als der Geburtsakt sich ereignete. Ich habe das Kind stehend geboren und fiel dasselbe zur Erde, wobei die Nabelschnur zerrissen sein muss. Ich habe nicht bemerkt, dass das Kind irgend ein Lebenszeichen von sich gegeben hat.“ „Ich war so aufgeregt und so voll Furcht, dass mich Jemand überraschen und meinen Zustand sehen könnte, dass ich das neugeborene Kind sofort in eine Unterjacke gewickelt und dasselbe in den auf der Stube befindlichen Wandschrank gelegt habe.“ **Kaum habe sie dies gethan gehabt, als sie ohnmächtig wurde.** „Als ich wieder aufwachte, sah ich, dass ich in

schuldigten über:		Bei welcher Vernehmung sind die Angaben über den Geisteszustand zum ersten Mal gemacht?	Sectionsbefund und ärztliches Urtheil	Strafmaass und sonstige Bemerkungen
ihren Geisteszustand nach dem Gebärakte	den Tod des Kindes			
fühlte ich dasselbe neben mir liegen.“ **I.** „Unmittelbar nach der Geburt war mir in Folge der Schmerzen und des Blutverlustes das Bewusstsein geschwunden. Als dasselbe mir wiederkehrte, fand ich das Kind im Bette auf dem Gesicht liegend vor.“ **II.** Wiederholt dasselbe.	Hat das Kind, ohne Lebenszeichen an demselben zu bemerken, eingewickelt in einen Schrank gelegt.	I.	Erstickung, ohne äussere Verletzungen.	Von der Anklage des Kindesmordes freigesprochen.

Lfde. Nummer	Bezeichnung der Strafsache	Ort u. Datum der Hauptverhandlung	Angaben der Ange- ihre Körperstellung während des Gebäraktes	ihren Geisteszustand während des Gebäraktes
				dem Augenblicke, wo ich das Kind in den Wandschrank gelegt hatte, niedergefallen sein musste; ich lag zum Theil im Wandschrank.“ Die Kindesleiche habe sie am nächsten Tage auf dem Wege ausgesetzt. **H.** In der Hauptverhandlung verbleibt sie bei ihrem Geständniss. Sie habe bei der Geburt gegen das Bett gelehnt gestanden, das Kind sei zu Boden gefallen, die Nabelschnur dabei zerrissen. Beim Fortlegen des Kindes sei sie gleich ohnmächtig geworden und habe nach dem Wiedererwachen das Blut mit den Kleidern weggewischt und den Boden gewaschen.
131	c/a P. Dienstmagd, 20 Jahre alt.	Elberfeld 8. 7. 81.	Auf der Bettkante sitzend.	
132	K. 56/82. unverehelichte, 21 Jahre alt, hatte schon 1 mal geboren.	Essen.	Im Zimmer auf und abgehend.	Dem hinzugerufenen Arzte erklärte sie, in einem Ohnmachtsanfalle geboren zu haben. **I.** Sie sei in ihrer Stube auf und ab gegangen, da sie es im Bett nicht habe aushalten können, plötzlich aber vor ihrem Bette umgefallen und bewusstlos geworden. Wieder erwacht, habe sie zwischen ihren Füssen auf ihren Kleidern liegend das neugeborene Kind gesehen. Das Kind sei gleich von der Nabelschnur getrennt gewesen.

schuldigten über: ihren Geisteszustand nach dem Gebärakte	schuldigten über: den Tod des Kindes	Bei welcher Vernehmung sind die Angaben über den Geisteszustand zum ersten Mal gemacht?	Sectionsbefund und ärztliches Urtheil	Strafmaass und sonstige Bemerkungen
I. Das Kind sei mit dem Kopfe zuerst geboren; sie habe sich dann auf die Bettkante gesetzt und mit den Händen am Kopf und Halse ziehend nachgeholfen. — Die Nabelschnur habe sie selber durchgerissen; das Kind schrie nicht, bewegte sich aber. — Nach der Geburt starker Blutgang. **II.** Will jetzt die Wahrheit bekennen. Sie habe das Kind in der Absicht, um es zu tödten, am Halse gewürgt. Es sei ohne Nachhülfe in der angegebenen Stellung aus dem Leibe gekommen. Sie habe es dann gleich mit beiden Händen am Kopf und Hals ergriffen und zu erwürgen gesucht. „Ich bekam aber nun einen Anfall von einer Ohnmacht und fiel mit dem Kinde auf den Boden nieder. Ich erholte mich aber bald wieder und setzte mich wieder aufs Bett.“ Riss die Nabelschnur ab und suchte es wieder zu erwürgen, wurde dabei aber durch Hinzukommen der Hausherrin und Anderer verhindert. Erst jetzt habe das Kind gewimmert, vorher nicht. — Sie habe es besonders mit der linken Hand gewürgt, weil sie linkshändig sei. Sie habe auch vorgehabt, dem Kinde, während sie es würgte, die Nothtaufe zu geben.	Geständig, es zu erwürgen versucht zu haben.	II.		Wegen Kindesmordes mit 2 J. Gef. bestraft.
	Geständig, dem Kinde den Schädel eingedrückt zu haben.	I.		Wegen Kindesmordes 4 J Zuchth.

Lfde. Nummer	Bezeichnung der Strafsache	Ort u. Datum der Hauptverhandlung	Angaben der Ange- ihre Körperstellung während des Gebäraktes	ihren Geisteszustand während des Gebäraktes
				Lebenszeichen habe sie an demselben nicht bemerkt. Sie habe es dann in den Unterrock gewickelt und in den Koffer gelegt. Gleich darauf erklärt sie, es habe allerdings geathmet, und auf weitere Vorhaltungen: sie habe es vorsätzlich getödtet, indem sie ihm Brust und Kopf eingedrückt habe. **II.** Im Zimmer auf- und abgehend, sei sie plötzlich ohnmächtig zu Boden gefallen. „Als ich wieder zu mir kam, lag das Kind unten zwischen meinen Füssen auf dem hintern Theil des Kleides, bedeckt mit dem vordern Theil; es weinte bezw. wimmerte leise. Ich hob es auf, habe aber nicht gemerkt, dass es an der Nabelschnur mit mir zusammenhing und weiss ich nicht, wie dieselbe getrennt ist.“ Sie habe es dann ins Bett gelegt und sich daneben. Nach etwa 10 Minuten habe sie sich plötzlich aufgerichtet, den Kopf des Kindes zwischen beide Hände genommen und zusammengedrückt. Als sie damit aufhörte, habe das Kind nur noch leise geröchelt, nach einiger Zeit fühlte sie nach dem Kinde und merkte, dass es kalt geworden.
133	K. 10/80. Dienstmagd, 23 Jahre alt.	Saarbrücken.	Unbekannt.	
134	K. 14/82.	Saarbrücken.	Auf dem Abtritt sitzend.	

schuldigten über: ihren Geisteszustand nach dem Gebärakte	schuldigten über: den Tod des Kindes	Bei welcher Vernehmung sind die Angaben über den Geisteszustand zum ersten Mal gemacht?*)	Sectionsbefund und ärztliches Urtheil	Strafmaass und sonstige Bemerkungen
I. Gleich nach der Geburt haben Frauen die Angeklagte mit dem ganzen Leibe auf dem in Kleidern eingewickelten Kinde in ohnmachtähnlichem Zustande gefunden. Ein Zusammenhang dieses Faktums mit dem Tode des Kindes sei nicht konstatirt, vielmehr sei der Mord erst zu späterer Zeit geschehen.		I.		
Die Angeklagte will den Abgang der Leibesfrucht noch empfunden haben, in demselben Moment jedoch, ohne das Herunterfallen derselben in den Abtritt, auf welchem sie sass, verhüten zu können, ohnmächtig geworden sein.		I.		Wegen vorsätzlicher Tödtung bestraft.

Anhang III.

Lfde. Nummer	Bezeichnung der Angeschuldigten	Alter an Jahren	Ort und Datum der Haupt-verhandlung	Wievielte Entbindung	Todesart des Kindes nach Angabe der Angeschuldigten
1	Unverehelichte W. aus M.	26	Allenstein 3. 3. 80.	II.	Keine Angabe; hat das Kind sogleich in einen Rock gewickelt.
2	Unverehelichte W. aus W.	22	Allenstein 14. 6. 81.	I.	Erwürgt und auf den Kopf getreten.
3	Unverehelichte F. aus A.	26	Allenstein 27. 10. 81.	II.	Todt zur Welt gekommen.
4	Unverehelichte G. aus H.	26	Allenstein 17. 10. 81.	?	Leugnet überhaupt geboren zu haben.
5	Unverehelichte K. aus S.	19	Allenstein 13. 4. 82.	I.	Schädel gegen den Zaun geschlagen.
6	Unverehelichte S. aus G.	19	Allenstein 9. 10. 82.	I.	Lebend in den Brunnen geworfen.
7	Wittwe W. aus B.	37	Allenstein 3 4. 83.	VIII.	Zwei Tage nach der Geburt erwürgt.
8	Unverehelichte K. aus R.	28	Allenstein 16. 6. 83.	II	Keine Angaben; hat das Kind sogleich im Schnee vergraben.
9	Unverehelichte Q. aus M.	20	Allenstein 16. 6. 83.	I.	Versuchte das Kind zu erwürgen und legte es hernach in den Schnee.
10	Unverehelichte R. aus Gr. G.	21	Allenstein 18. 10. 83.	I.	Das Kind sei von dem andern Dienstmädchen mit einem Steine erschlagen worden.
11	Unverehelichte Sch. aus W.	20	Allenstein 13. 2. 84.	I.	Mit dem Bettdeck erstickt, die linke Wade auf den Kopf des Kindes gelegt. (Das Kind habe bereits geschrieen, als es erst halb aus dem Leibe heraus war.)
12	Unverehelichte K. aus P.	22	Allenstein 16. 6. 84.	I.	Durch Auflegen ihrer Hand auf den Mund des Kindes.
13	Unverehelichte P. aus G.	20	Allenstein 18. 6. 84.	I.	Todt zur Welt gekommen.
14	Unverehelichte St. aus Sch.	19	Allenstein 6. 10. 85.	I.	Todt zur Welt gekommen.
15	Unverehelichte R. aus F.	24	Allenstein 13. 10. 85.	IV.	Zwischen ihren Beinen unter dem Zudeck erstickt.
16	Unverehelichte M. aus A.	18	Allenstein 13. 10. 85.	I.	Mit der Hand den Hals zugeschnürt.
17	Arbeiterfrau S. aus S. (seit 8 Jahren verheirathet).	21	Allenstein 2. 12. 85.	I.	Mit der Nabelschnur erdrosselt.
18	Unverehelichte B. aus W.	22	Bartenstein 18. 11. 79.	II.	Durch Erwürgen getödtet.

Sectionsbefund und ärztliches Urtheil	Körperstellung beim Gebärakte	Ob geständig	Urtheil und Strafmaass
Erstickung ohne äussere Verletzung.	Knieend und zugleich auf die Ellenbogen gestützt.	Nein	Kindesm., 3 J Zuchth.
Schädelverletzung.	Auf dem Boden des Stalles liegend.	Ja.	Kindesm., 4 J. Zuchth., 4 J. Ehrv.
Erstickung ohne äussere Verletzung.	In Kleidern auf dem Bette liegend.	Nein.	Kindesm., 4 J. Zuchth., 4 J. Ehrverl.
Erstickung ohne äussere Verletzung.	—	Nein.	Kindesm., 6 J. Zuchth., 6 J. Ehrverl. (Mutter wegen Beihilfe zu gleicher Strafe.)
Schädelverletzung (Tod erst nach 11 Tagen erfolgt.)	Sitzend, im Begriff aufzustehen.	Ja.	Kindesm., 3 J. Gef.
Wahrscheinlich Erstickung, vielleicht auch im Wasser (Obergutachten).	Im Bette liegend.	Ja.	Kindesm., 2 J. Gef.
Erwürgen.	Stehend, im Begriff sich über eine Wanne zur Nothdurft zu setzen.	Nein.	Kindesm., 3 J. Gef.
Todesart und Gelebthaben nicht mehr festzustellen, weil die Lungen fehlten.	Draussen hockend, fing das Kind mit den Händen auf.	Ja, später widerrufen.	Fahrl. Tödtg. 1 J. 6 M. Gef.
(Lebend aufgefunden und am Leben geblieben.)	Gehend.	Ja	Versuchter Kindesm., 1 J. Gef.
Schädelzertrümmerung.	Im Bette liegend.	Ja.	Kindesm., 3 J. Zuchth. (Das andere Dienstmädchen zum Tode verurtheilt.)
Erstickung ohne äussere Verletzung.	Im Bette liegend.	Ja.	Kindesm., 3 J. Gef.
Erstickung durch Erde und Kohlenpartikel	Stehend.	Ja.	Freisprechung (später wegen fahrl. Tödtg. mit 3 M. Gef. bestraft.)
Ertrinkungstod.	Im Bette liegend.	Nein.	Fahrl. Tödtg., 1 J. 6 M. Gef.
Ertrinkungstod.	Beim Verrichten der Nothdurft auf dem Düngerhaufen stehend.	Nein.	Kindesm., 3 J. Gef.
Todesart nicht mehr festzustellen.	Im Bette liegend.	Ja.	Kindesm., 4 J. Gef.
Erstickung; doch nicht durch Ertrinken, trotzdem die Leiche im Wasser gefunden worden.	Im Bette liegend.	Ja.	Kindesm., 2 J. 6 M. Gef.
Erstickung durch Strangulation.	Auf Heu an der Erde liegend.	Ja.	Kindesm., 3 J. Zuchth.
Tod durch Erwürgen. Schädel unverletzt.	Stehend. (Das Kind fiel mit dem Kopfe auf das Steinpflaster.)	Ja.	Kindesm., 4 J. Zuchth., 4 J. Ehrverl.

Lfde. Nummer	Bezeichnung der Angeschuldigten	Alter an Jahren	Ort und Datum der Hauptverhandlung	Wievielte Entbindung	Todesart des Kindes nach Angabe der Angeschuldigten
19	Unverehelichte B. aus B.	34	Bartenstein 8. 3 80.	III.	Keine Angabe. Will das Kind am Kopfe hervorgezogen haben.
20	Unverehelichte B. aus W.	23	Bartenstein 4. 10. 80.	I.	In Folge des Gebrauches von Abortivmitteln sei das Kind todt zur Welt gekommen.
21	Unverehelichte S. aus W.	21	Bartenstein 17. 10. 81.	II.	Durch Fall zur Erde.
22	Unverehelichte S. aus V.	25	Bartenstein 28. 10. 81.	I.	Vermuthlich Erstickung.
23	Unverehelichte F. aus S.	26	Bartenstein 6. 6. 82.	II.	Vermuthlich Erstickung durch Sand.
24	Unverehelichte G. aus P.	30	Bartenstein 9. 11. 82.	I.	Ertrinken in der Wanne.
25	Separirte Maurerfrau K. aus E.	28	Bartenstein 13. 11. 82.	V.	Will nur abortirt haben.
26	Unverehelichte P. aus B.	23	Bartenstein 18. 6. 83.	II.	Erstickung durch Heraufwälzen ihres Körpers auf das Kind.
27	Unverehelichte T. aus Sch.	19	Bartenstein 5. 11. 83.	I.	Tod durch Hineinfallenlassen in den Eimer.
28	Unverehelichte R. aus Kl. B.	20	Bartenstein 3. 3. 84.	I.	Weiss nicht.
29	Unverehelichte F. aus V.	24	Bartenstein 28. 3. 85.	I.	In der Flüssigkeit des Eimers erstickt.
30	Unverehelichte B. aus A.	24	Bartenstein 24. 3. 85.	I.	Todt zur Welt gekommen.
31	Unverehelichte V. aus Dt. T.	23	Braunsberg 6. 4. 80.	II.	Im Bette erstickt.
32	Unverehelichte E. aus P.	23	Braunsberg 26. 10. 80.	II.	Erwürgt und Schädel gegen einen Pfahl geschlagen.
33	Unverehelichte W. aus Sch.	20	Braunsberg 21. 6. 81.	I.	Lebend in den Sack gesteckt.
34	Unverehelichte St. aus R.	28	Braunsberg 13. 6. 82.	I.	Durch Erwürgen.
35	Unverehelichte L. aus T.	30	Braunsberg 12. 11. 83. u. 13. 3. 84.	I.	Erster Zwilling todt zur Welt gekommen. (Der zweite Zwilling wurde noch aufgefangen.)
36	LosfrauR.ausNeuL.	35	Insterburg 12. 12. 79.	III.	Verblutung in Folge Durchreissens der Nabelschnur.
37	Unverehelichte H. aus G.	24	Insterburg 11. 10. 80.	I.	Erstickung durch Hineinwerfen in die Retirade.
38	Unverehelichte St. aus I.	20	Insterburg 11. 10. 80.	I.	Erschlagen durch Schläge gegen den Schädel.
39	Unverehelichte B. aus S.	20	Insterburg 20. 10. 80.	I.	Erstickung durch Bedecken des Gesichts.
40	Unverehelichte St. aus K.	23	Insterburg 20. 10. 80.	I.	Erstickung durch Drücken des Gesichts gegen die Brust der Mutter.

Sectionsbefund und ärztliches Urtheil	Körperstellung beim Gebärakte	Ob geständig	Urtheil und Strafmaass
Tod durch Erwürgen.	Im Bette liegend.	Nein.	Freisprechung.
Schädel- und Brustkorbverletzungen.	Breitbeinig stehend.	Nein.	Kindesm., 5 J. Zuchth., 5 J. Ehrverl.
Verblutung aus der Nabelschnur.	Stehend.	Ja.	Kindesm., 3 J. Gef.
Erstickung ohne äussere Verletzung.	Im Bette liegend.	Nein.	Fahrl. Tödtg., 9 M. Gef.
Erstickung ohne äussere Verletzung.	Stehend.	Nein.	Kindesm., 2 J. 6 M. Gef.
Erstickung durch Asche. (Verbrennung mit heisser Asche an der Körperoberfläche.)	Stehend.	Nein.	Kindesm., 3 J. Gef.
Erstickung, nicht im Wasser.	?	Nein.	Freisprechung.
Erstickung ohne äussere Verletzung.	Im Bette liegend.	Ja.	Kindesm., 3 J. Zuchth.
Todesursache wegen vorgeschrittener Verwesung nicht mehr festzustellen, wahrscheinlich Ertrinkungstod.	Ueber dem Eimer sitzend.	Ja.	Kindesm., 3 J. Zuchth.
Erstickung ohne äussere Verletzung.	Im Bette liegend.	Nein.	Kindesm., 4 J. Gef.
Erstickung durch Vorhalten der Hand über Nase und Mund.	Ueber einem Eimer stehend.	Nein.	Kindesm., 3 J. Gef., 3 J. Ehrverl.
Todesursache nicht mehr festzustellen.	Stehend.	Ja.	Kindesm., 3 J. Zuchth., 3 J. Ehrverl.
Erstickung ohne äussere Verletzung.	Im Bette hockend.	Ja.	Kindesm., 3 J. Zuchth.
Erstickung durch Erwürgen und Schädelverletzungen.	Stehend, gegen den Stall gelehnt.	Ja.	Kindesm., 5 J. Zuchth.
Erstickung ohne äussere Verletzungen.	Auf dem Düngerhaufen hockend.	Ja.	Kindesm., 4 J. Gef.
Erwürgt.	Am Tische stehend.	Ja.	Kindesm., 4 J. Gef.
Kratzstellen an Gesicht und Hals. Erstickung durch Vorhalten der Hand vor Nase und Mund. Obergutachten: Tod durch Erstickung in Flüssigkeit.	Zur Nothdurft über einen Stüppel sitzend.	Nein.	Fahrl. Tödtg., 9 M. Gef.
Verblutung aus der Nabelschnur.	Stehend resp. in gebückter Stellung.	Nein.	Kindesm., 1 J. Gef.
Erstickung. Die Ursache der Erstickung ist das Eindringen einer erdig-sandigen Masse in die Rachenhöhle	Sitzend.	Nein.	Freisprechung.
Gehirnschlagfluss. Der Tod ist durch mechanisch wirkende äussere Gewalt herbeigeführt.	Stehend.	Ja.	Kindesm., 2 J. 5 M. Gef.
Gehirnschlag in Folge Abschliessens der Luft von Nase und Mund.	Im Bette liegend.	Ja.	Kindesm., 2 J. Gef.
Section hat nicht stattgefunden, da die Leiche des Kindes nicht zu finden war.	Im Bette liegend.	Nein.	Freisprechung.

Lfde. Nummer	Bezeichnung der Angeschuldigten	Alter an Jahren	Ort und Datum der Haupt-verhandlung	Wievielte Entbindung	Todesart des Kindes nach Angabe der Angeschuldigten
41	Unverehelichte P. aus Kl. D.	30	Insterburg 22. 10. 80.	II.	Todt zur Welt gekommen.
42	Unverehelichte B. aus B	21	Insterburg 12. 5. 81.	I.	Erstickung in Folge Hineinstecken der Finger in den Schlund des Kindes.
43	Unverehelichte L. aus E.	27	Insterburg 11. 10. 81.	II.	Todt zur Welt gekommen und in den Brunnen geworfen.
44	Unverehelichte M. aus G.	21	Insterburg 8. 2. 82.	I.	Erstickung durch Einwickeln in Lappen.
45	Unverehelichte Z. aus W.	18	Insterburg 8. 2. 82.	I.	Kind lebend nach der Geburt in die Tranktonne geworfen; das Kind wurde von fremden Leuten gefunden und ist am Leben erhalten.
46	Unverehelichte T. aus W.	19	Insterburg 5. 6. 82.	I.	Unbekannt. Angeblich todt zur Welt gekommen.
47	Unverehelichte R. aus U.	24	Insterburg 18. 10. 82.	I.	Durch Werfen in den Brunnen.
48	Unverehelichte R. aus P.	21	Insterburg 2. 6. 83.	I.	Erdrosselung.
49	Unverehelichte M aus K.	29	Insterburg 4. 6. 83.	II.	Erdrosselung.
50	Unverehelichte L. aus K.	31	Insterburg 8. 10. 83.	II.	Unbekannt. Angeblich todt zur Welt gekommen.
51	Unverehelichte S. aus Sch.	22	Insterburg 15. 5. 84.	II.	Erfrieren.
52	Separirte Frau Z. aus G.	38	Insterburg 22. 10. 84.	IV.	Angeklagte hat angegeben, das lebende Kind in einen Teich geworfen zu haben.
53	Unverehelichte M. aus F.	24	Insterburg 22. 10. 84.	II.	Erdrosselung.
54	Unverehelichte T. aus K.	22	Insterburg 24. 10. 84.	I.	Erstickung durch Bewickeln mit der Schürze und Verscharren in die Erde.
55	Unverehelichte S. aus Gr. B.	24	Insterburg 2. 2. 85.	II.	Kind hat gelebt. Nachdem das Kind über Nacht im Garten gelegen und dort den Einflüssen der Witterung ausgesetzt gewesen, hat Angeklagte den Hals desselben durchschnitten.
56	Unverehelichte P. aus I.	20	Insterburg 5. 6. 85.	I.	Todt zur Welt gekommen.
57	Unverehelichte R aus G.	22	Insterburg 21. 10. 85.	I.	Angeblich todt geboren und sodann in einen Teich geworfen.

Sectionsbefund und ärztliches Urtheil	Körperstellung beim Gebärakte	Ob geständig	Urtheil und Strafmaass
Erstickung. Es ist wahrscheinlich, dass das Kind in dem Tuche, in welches es bald nach der Geburt von der Mutter gehüllt worden, an Erstickung gestorben ist.	Sitzend im Graben.	Nein.	Kindesm., 1 J. Gef.
Erstickung (ohne nähere Angabe).	Stehend in der Küche.	Ja.	Kindesm., 4 J. Gef.
Lebend in den Brunnen geworfen und in demselben den Ertrinkungstod erlitten.	Sitzend auf dem Hofe.	Nein.	Kindesm., 4 J. Zuchth.
Erstickung (ohne nähere Angabe).	Im Bette liegend.	Nein.	Kindesm, 4 J. Gef., 4 J. Ehrverl.
—	Im Bette liegend.	Ja.	Kindesm., 3 J. Gef.
Das Kind ist in Folge von Wärmeentziehung an Gehirnschlagfluss gestorben.	Sitzend auf dem Hofe.	Nein.	Freisprechung.
Lebend in den Brunnen geworfen und in demselben den Ertrinkungstod gefunden.	An der Erde liegend im Garten.	Nein.	Kindesm., 3 J. Gef.
Das Kind ist an Stick- und Schlagfluss gestorben in Folge Einwirkung einer mechanischen Gewalt, welche auf die vordere Seite des Halses gewirkt hat.	Im Bette liegend.	Ja.	Kindesm., 4 J. Gef. 4 J. Ehrverl.
Erstickung. Die Erstickung des Kindes ist durch Erdrosseln erfolgt.	Stehend gegen einen Stall gelehnt.	Ja.	Kindesm., 3 J. Zuchth. 3 J. Ehrverl.
Erstickung. Die Erstickung ist durch Erwürgen herbeigeführt worden. Das Erwürgen ist die alleinige Todesursache.	Im Bette liegend.	Ja.	Kindesm., 3 J. Gef. 3 J. Ehrverl.
Gehirnschlag in Folge Kopfsturz bei der Geburt oder durch Hinwerfen auf den Erdboden event. Einwirkung der kalten Witterung. Obergutachten: Das Kind ist in Folge Blutergusses in die Schädelhöhle gestorben.	Stehend im Garten mit auseinandergebreiteten Beinen.	Ja.	Kindesm., 1 J. 6 M. Gef., 2 J. Ehrverl.
Erstickung. Es ist wahrscheinlich, dass die Erstickung durch Zuhalten von Mund und Nase mit einem weichen Gegenstand herbeigeführt ist.	Im Bette liegend.	Ja.	Kindesm., 3 J. Gef.
Das Kind hat nach der Geburt gelebt und ist an Erstickung gestorben.	Stehend in der Küche.	Ja.	Kindesm., 3 J. Gef.
Erstickung durch Verscharren des Kindes in die Erde.	Sitzend auf dem Felde.	Nein.	Freisprechung.
An Verblutung gestorben, welche durch die Schnittwunde am Halse herbeigeführt worden.	Liegend auf der Erde.	Ja.	Kindesm., 4 J. Gef., 4 J. Ehrverl.
Das Kind hat gelebt. Dasselbe ist gestorben in Folge von äusseren Schädlichkeiten. Diese konnten sein: Ertränkung, Aussetzen in das Freie, oder gegen den Kopf geübte Gewaltthätigkeiten.	Liegend im Bette.	Nein.	Fahrl. Tödtg., 3 J. Gef.
Erstickung in Folge Absperrung der äussern Luft, wahrscheinlich vermittelst Bedecken mit einem weichen Gegenstande.	Liegend im Bette.	Nein.	Freisprechung.

Lfde. Nummer	Bezeichnung der Angeschuldigten	Alter an Jahren	Ort und Datum der Haupt-verhandlung	Wievielte Entbindung	Todesart des Kindes nach Angabe der Angeschuldigten
58	Unverehelichte W. aus B.	25	Insterburg 26. 10. 85.	I.	Erschlagen durch Faustschläge gegen den Kopf.
59	Unverehelichte D. aus D.	26	Königsberg 13. 12. 79.	II.	Hat das Kind mit dem Unterrock bedrückt.
60	Unverehelichte Ch. aus C.	21	Königsberg 15. 12. 79.	I.	Hat das Kind in die Torfgrube geworfen.
61	Unverehelichte S. aus K.	23	Königsberg 23. 6. 81.	I.	Hat dem Kinde Mund und Nase zugehalten.
62	Unverehelichte P. aus A.	22	Königsberg 24. 6. 81.	I.	Hat das Kind mit den Beinen erdrückt.
63	Unverehelichte N. aus T.	36	Königsberg 7. 10. 81.	III.	Hat das Kind, nachdem es die Kellerstufen in Folge der Sturzgeburt hinuntergerollt war, mit einem Brett bedrückt.
64	Unverehelichte S. aus K.	26	Königsberg 23. 1. 82.	III.	Ausstopfung des Mundes mit einem Lappen.
65	Unverehelichte K. aus F.	27	Königsberg 24. 1. 82.	II.	Mit den Betten erdrückt.
66	Unverehelichte K. aus Sch.	21	Königsberg 29. 4. 82.	I.	Vermuthet, dass das Kind zwischen Bettdecke und Laken erstickt sei.
67	Unverehelichte G. aus B.	20	Königsberg 6. 11. 82.	I.	Hat das Kind gleich nach der Geburt, die auf der Landstrasse vor sich ging, in den Brunnen geworfen.
68	Unverehelichte A. aus K.	20	Königsberg 23. 4. 83.	I.	Zuhalten von Nase und Mund.
69	Unverehelichte H. aus S.	29	Königsberg 24. 9. 83.	II.	Durch Erwürgen.
70	Unverehelichte M. aus W.	23	Königsberg 26. 9. 83.	I.	Hat das Kind ins Wasser geworfen.
71	Unverehelichte R. aus R	23	Königsberg 3. 10. 83.	I.	Hat dem Kinde den Zeigefinger in den Mund gesteckt.
72	Unverehelichte M. aus W.	26	Königsberg 3. 12. 83.	II.	Hat das Kind in einen Sack gesteckt.
73	Unverehelichte N. aus M.	31	Königsberg 10. 3. 84.	I.	Hat das Kind mit dem Kopf gegen die Wand geschlagen.
74	Unverehelichte P. aus K.	31	Königsberg 27. 6. 84.	III.	Weiss nicht.
75	Unverehelichte N. aus K.	24	Königsberg 28. 6. 84.	I.	In den Nachtstuhl hineingeboren.
76	Unverehelichte K. aus Sz.	25	Königsberg 22. 6. 85.	II.	Mit dem Fusse auf den Kopf getreten.
77	Unverehelichte G. aus K.	22	Königsberg 15. 12. 85.	I.	Hat das Kind gleich nach der Geburt verbrannt.
78	Unverehelichte W. aus P.	16	Lyck 24. 3. 80.	I.	Todt zur Welt gekommen.
79	Unverehelichte A. aus W.	25	Lyck 22. 6. 80.	II.	Hat das Kind erdrosselt.
80	Unverehelichte B. aus B.	27	Lyck 24. 6. 80.	III.	Todt zur Welt gekommen.
81	Unverehelichte B. aus S.	24	Lyck 9. 10. 80.	II.	Weiss nichts über die Todesart.

Sectionsbefund und ärztliches Urtheil	Körperstellung beim Gebärakte	Ob geständig	Urtheil und Strafmaass
Ueberfüllung des Gehirns mit Blut in Folge einer sehr bedeutenden mechanischen Gewalt.	Stehend im Garten.	Ja.	Kindesm., 3 J. Gef.
Erstickung ohne äussere Verletzung.	Auf dem Heuboden liegend.	Ja.	Kindesm., 2 J. Gef.
Erstickung durch Ertrinken.	Stehend.	Nein.	Kindesm., 3 J. Gef.
Erstickung ohne äussere Verletzung.	Liegend.	Ja.	Kindesm, 2 J. Gef.
Erstickung ohne äussere Verletzung.	Im Bette liegend.	Ja.	Kindesm., 2 J. Gef.
Schädelverletzung.	Auf der Kellertreppe stehend.	Ja.	Kindesm., 2 J. 6 M. Gef
Erstickung durch Verstopfung der Luftwege.	Im Keller?	Ja.	Kindesm, 3 J. Gef.
Erstickung ohne äussere Verletzung.	Im Bette liegend.	Ja.	Kindesm., 3 J. Gef.
Erstickung ohne äussere Verletzung.	Im Bette liegend.	Nein.	Freisprechung.
Ertrinkungstod.	Auf der Landstrasse liegend.	Ja.	Kindesm., 2 J. Gef.
Erstickung ohne äussere Verletzung.	Im Bette liegend.	Ja.	Kindesm., 2 J. Gef.
Erstickung durch Erwürgen.	Im Bette liegend.	Ja.	Kindesm., 2 J. Gef.
Ertrinkungstod.	Sitzend.	Ja	Kindesm., 2 J. 6 M. Gef.
Erstickung.	Im Bette liegend.	Ja.	Kindesm., 2 J. Gef.
Erstickung ohne äussere Verletzung.	Auf einem Grashaufen liegend.	Ja.	Kindesm., 4 J. Zuchth., 4 J. Ehrverl.
Schädelverletzung.	Auf dem Heu liegend.	Ja.	Kindesm., 3 J. Gef.
Erstickung ohne äussere Verletzung.	Im Bette liegend.	Nein.	Kindesm., 2 J. Gef.
Erstickung durch Koth.	Auf dem Nachtstuhl sitzend.	Nein.	Freisprechung.
Schädelverletzung.	Stehend.	Ja.	Kindesm., 3 J. Gef.
—	Auf dem Sorgstuhl sitzend.	Nein.	Freisprechung.
Todesursache wegen vorgeschrittener Verwesung nicht mehr zu konstatiren.	Stehend.	Ja.	Fahrl. Tödtg., 3 M. Gef.
Wegen vorgeschrittener Verwesung weder Todesursache noch Spuren äusserer Verletzung zu ermitteln.	Kauernd.	Ja.	Kindesm., 3 J. Gef.
Erstickung ohne äussere Verletzung.	Liegend.	Nein.	Kindesm., 3 J. Gef.
Erstickung ohne äussere Verletzung.	Im Bette liegend.	Nein.	Kindesm., 4 J. Gef.

Lfde. Nummer	Bezeichnung der Angeschuldigten	Alter an Jahren	Ort und Datum der Haupt-verhandlung	Wievielte Entbindung	Todesart des Kindes nach Angabe der Angeschuldigten
82	Unverehelichte K. aus W.	23	Lyck 2. 5. 83.	II.	Von den Schweinen lebend verzehrt.
83	Unverehelichte Z. aus W.	30	Lyck 6. 6. 83.	?	Versuchte das Kind zu tödten.
84	Unverehelichte W. aus G.	25	Lyck 7. 1. 84.	II.	Vermuthlich unter dem Zudeck erstickt.
85	Unverehelichte M. aus K.	25	Lyck 7. 6. 84.	II.	Todt zur Welt gekommen.
86	Unverehelichte W. aus O.	31	Lyck 9. 6. 84.	III.	Hat das lebende Kind gleich nach der Geburt unter das Fundament eines Hauses gesteckt.
87	Unverehelichte G. aus S.	21	Lyck 23. 7. 84.	I	Hat das lebende Kind hinter einen Strauch gelegt.
88	Unverehelichte Sch. aus Sch.	27	Lyck 13. 10. 84.	II.	Mit der Hand dem Kinde den Mund zugehalten.
89	Unverehelichte P. aus W.	22	Lyck 12. 12. 85.	I.	Hat das Kind ertränkt.
90	Unverehelichte G. aus G.	25	Memel 28. 1. 82.	I.	Soll an der Brust saugend verstorben sein.
91	Unverehelichte D. aus D.	27	Memel 12. 5. 82.	III	Kind todt zur Welt gekommen.
92	Unverehelichte T. aus Sz.	43	Memel 11. 11. 82.	II.	Hat das Kind am Kopfe aus dem Leibe hervorgezogen.
93	Unverehelichte M. aus W.	23	Memel 16. 12. 82.	I.	Todt zur Welt gekommen.
94	Unverehelichte T. aus A.	20	Tilsit 12. 10. 80.	II.	Hat das lebende Kind in der Erde vergraben.
95	Unverehelichte L. aus L.	33	Tilsit 25. 4. 81.	IV.	Hat das lebende Kind mit Schnee bedeckt.
96	Unverehelichte B. aus L.	20	Tilsit 14. 11. 81.	I.	Hat das Kind während der Geburt erwürgt.
97	Unverehelichte Sch. aus P.	40	Tilsit 23. 3. 82.	II.	Bei der Selbstentbindung am Halse erfasst.
98	Unverehelichte P. aus M.	24	Tilsit 3. 6. 82.	I.	Weiss nicht Hat das Kind im Bettstrohsack versteckt.
99	Unverehelichte K. aus W.	30	Tilsit 11. 4. 83.	III.	Todt zur Welt gekommen.
100	Unverehelichte W. aus D.	30	Tilsit 22. 5. 83.	V.	In den Eimer hineingeboren
101	Unverehelichte D. aus R.	22	Tilsit 21. 9. 85.	I.	Hat das Kind erdrosselt.
102	Unverehelichte B. aus ?	28	Tilsit 29. 9. 85.	I.	Hat das Kind in den Koth gedrückt und dann in ein Hemd gewickelt.
103	Unverehelichte G. aus P.	24	Tilsit 5. 12. 85.	II.	Hat das Kind in der Badewanne ertränkt.

Sectionsbefund und ärztliches Urtheil	Körperstellung beim Gebärakte	Ob geständig	Urtheil und Strafmaass
Leiche nicht vorhanden, daher keine Sektion.	Stehend.	Ja.	Fahrl. Tödtg., 2 J. Gef.
(Kind am Leben geblieben.)	?	Nein.	Freisprechung.
Todesursache wegen vorgeschrittener Fäulniss nicht mehr zu ermitteln.	Liegend.	Nein.	Fahrl. Tödtg., 1 J. Gef.
Nabelschnurverblutung und Kälte.	Stehend.	Nein.	Fahrl. Tödtg., 6 M. Gef.
Fissur im rechten Stirnbein, Blutung innerhalb der Schädelhöhle.	Auf Heu sitzend.	Nein.	Fahrl. Tödtg., 2 J. 6 M. Gef.
Kälteeinwirkung.	Hockend.	Nein.	Fahrl. Tödtg., 1 J. Gef
Todesursache wegen vorgeschrittener Fäulniss nicht mehr zu konstatiren.	Auf der Leiter sitzend.	Ja.	Kindesm., 3 J. Gef.
Ertrinkungstod.	Stehend.	Ja.	Kindesm., 2 J. 6 M. Gef.
Erstickung ohne äussere Verletzung.	Liegend.	Nein.	Freisprechung.
Lungenschlagfluss.	?	Nein.	Freisprechung.
Schädelzertrümmerung.	Stehend.	Nein.	Fahrl. Tödtg, 1 J. 6 M. Gef.
Erstickung durch äussere Einflüsse.	Liegend.	Nein	Kindesm., 4 J. Gef. 4 J. Ehrverl.
Erstickung durch Anfüllung des Mundes mit Erde.	Liegend	Ja.	Kindesm, 3 J. Zuchth., 3 J. Ehrverlust.
Erstickung (nicht Erfrierung!).	Im Chausseegraben kauernd.	Ja.	Kindesm., 4 J. Zuchth., 4 J. Ehrverl.
Erstickung.	Im Bette liegend.	Ja.	Kindesm., 3 J. Zuchth.
Erstickung, wahrscheinlich durch Erwürgen.	Stehend.	Nein.	Kindesm., 2 J 6 M. Gef.
Erstickung durch Herz- und Lungenschlag. Keine äussere Verletzung.	Im Bette liegend.	Nein.	Fahrl. Tödtg, 2 J. Gef.
Todesursache wegen vorgeschrittener Fäulniss nicht mehr festzustellen.	Im Bette liegend.	Nein.	Fahrl Tödtg., 9 M. Gef.
Erstickung durch Flüssigkeit.	Ueber dem Eimer sitzend.	Nein.	Kindesm., 5 J. Zuchth., 5 J. Ehrverl.
Erstickung durch Zuschnüren des Halses.	Stehend.	Ja.	Kindesm., 2 J. 6 M. Gef.
Erstickung in kothiger Flüssigkeit.	Theils stehend, theils sitzend.	Ja.	Kindesm., 2 J. Gef.
Todesursache wegen vorgeschrittener Fäulniss nicht mehr festzustellen.	Im Bette liegend.	Ja.	Kindesm., 2 J. Gef.

GPSR Compliance

The European Union's (EU) General Product Safety Regulation (GPSR) is a set of rules that requires consumer products to be safe and our obligations to ensure this.

If you have any concerns about our products, you can contact us on ProductSafety@springernature.com

In case Publisher is established outside the EU, the EU authorized representative is:

Springer Nature Customer Service Center GmbH
Europaplatz 3
69115 Heidelberg, Germany

Batch number: 10844655

Printed by Printforce, the Netherlands